# Kulturgeschichte der häuslichen Wäschepflege

# Kulturgeschichte
# der häuslichen Wäschepflege

## Frauenarbeit und Haushaltstechnik im Spiegel der Jahrhunderte

HOHENSTEINER
INSTITUTE

## Bibliografische Information Der Deutschen Bibliothek

Die Deutsche Bibliothek verzeichnet diese Publikation in der Deutschen Nationalbiliografie; detaillierte bibliografische Daten sind im Internet über http:dnb.ddb.de abrufbar.

## Impressum

### Kulturgeschichte der häuslichen Wäschepflege

Frauenarbeit und Haushaltstechnik im Spiegel der Jahrhunderte
Autor: Josef Kurz

Herausgeber: Hohensteiner Institute · Bönnigheim · www.hohenstein.de
Gestaltung, Typografie, Reproduktion: Papyrus Publishing Co. Pvt. Ltd.
Herstellung: Wachter GmbH, Bönnigheim
© 2006 erschienen bei Edition Braus im Wachter Verlag · Heidelberg
www.editionbraus.de · www.wachter.de

ISBN 3-89904-248-4
ISBN 978-3-89904-248-1

# Inhaltsverzeichnis

# Geleitwort

## Präsidentin/Geschäftsführerin Deutscher Hausfrauen-Bund, Berufsverband der Haushaltsführenden e. V., Angelika Grözinger

Es ist schon ungewöhnlich, dass die Geschichte einer über Jahrhunderte von Frauen ausgeführten Arbeit so sorgfältig betrachtet wird.

Aber diese Geschichte, eine kleine Revolution, steht nicht für sich, sondern spiegelte die rasanten gesellschaftlichen Veränderungen wider, durch die die letzten drei Generationen gegangen sind.

Mit ihnen hat sich auch der Beruf Hausfrau gewandelt.

Die Gründerinnen des Deutschen Hausfrauen-Bundes standen selbst einem großen Haushalt mit entsprechendem Personal vor. Sie verstanden sich auf die Arbeiten, die im Haushalt auszuführen waren, führten sie aber keineswegs alle selber aus.

Spätestens nach dem Zweiten Weltkrieg waren Hausangestellte im bürgerlichen Haushalt keine Selbstverständlichkeit mehr. Frauen standen andere Berufe offen. Den eigenen Haushalt galt es selbst zu versorgen.

Eine Entwicklung, die zu Beginn des 20. Jahrhunderts mit dem ersten selbsttätigen Waschmittel und mechanischen Waschmaschinen begann, gewann so unglaublich an Dynamik.

Der Deutsche Hausfrauen-Bund hat diese Entwicklung unterstützt, indem er Neuerungen seinen zahlreichen Mitgliedern vorstellte und sie bewertete. Dazu diente vor allem die „Praktisch-Wissenschaftliche Versuchsstelle für Hauswirtschaft" die 1925 in Leipzig ihre Arbeit aufnahm. Das Verbandslogo des DHB wurde aus dem Prüfzeichen der Versuchsstelle entwickelt. Die Waren, die seinerzeit das Prüfzeichen erhielten, gingen zuvor durch eine harte Qualitätsprüfung. Die Versuchsstelle war die Vorläuferin der Stiftung Warentest.

Die Testsieger wurden damals in der Zeitung des Verbandes vorgestellt. Eine erste Verbraucherberatungsstelle des Verbandes in Berlin erlaubte es, Haushaltsgeräte kennen zu lernen und so die Kaufentscheidung zu finden.

So nahm der Deutsche Hausfrauen-Bund nicht unerheblich Einfluss auf die Entwicklungsarbeit der Industrie.

Waschen im Haushalt hat nun nichts mehr mit schwerer körperlicher Arbeit zu tun. Elektrisch betriebene Maschinen und Haushaltschemie erleichtern die Arbeit entscheidend. Mit geringem Arbeitseinsatz ist es möglich, immer gepflegte Wäsche zur Verfügung zu haben. Der Anspruch an den Zustand der Wäsche ist gestiegen. So wird häufig ein Wäschestück nur noch einmal getragen und dann schon wieder zur Schmutzwäsche gegeben.

Die körperliche Arbeit wurde ersetzt durch Maschinen, die Energie benötigen und hochentwickelte Waschmittel mit entsprechendem Chemieeintrag.

Angesichts der gewaltigen Stoffströme, die der Prozess Waschen heute in Bewegung setzt, wird sofort deutlich, dass gutes Waschen zugleich nachhaltiges Waschen sein muss.

In Deutschland werden jährlich 330 Millionen Kubikmeter Wasser, 6 Milliarden Kilowattstunden Strom, 600.000 Tonnen Waschmittel auf den Waschprozess verwendet.

Der Deutsche Hausfrauen-Bund hat es sich mit vielen anderen im Bereich Waschen Tätigen zur Aufgabe gemacht, die Haushaltsführenden dazu zu bringen, den häuslichen Waschprozess zu verbessern und nur die notwendigen Mengen an Wasser, Energie und Chemie einzusetzen.

In diesem Jahr ist zum dritten Mal der Bundesweite Aktionstag Nachhaltiges Waschen durchgeführt worden. Mehr als 100 Aktionen auf öffentlichen Plätzen, in Einkaufszentren, in Schulen und Verbraucherberatungsstellen fanden statt mit dem Ziel, die neuen Möglichkeiten zur Wäschepflege, die moderne Maschinen und Waschmittel bieten, zu demonstrieren.

Stand die Hausfrau früher vor dem Problem, die umfangreiche und schwere Arbeit mit bescheidenden Hilfsmitteln zu bewältigen, so ist es jetzt ihre Aufgabe, hervorragende moderne Hilfsmittel optimal einzusetzen.

Besonderes Gewicht wird darauf gelegt, in der hauswirtschaftlichen Berufsbildung aktuelles Wissen zu verbreiten und nachhaltiges Handeln einzuüben.

Waschen ist in unseren Haushalten auch schon lange keine reine Frauenarbeit mehr. Männliche Haushaltsführende und männliche Alleinstehende bewältigen sie ebenso wie Männer, die partnerschaftliche Haushaltsführung ernst nehmen.

Eines ist gleich geblieben: Gepflegte Wäsche ist ein Stück Lebensqualität. Sie sagt viel über ihren Benutzer aus. Wäschepflege und Wäscheeinsatz gehören zu den wesentlichen Bestandteilen unserer Alltagskultur.

Bonn, im Sommer 2006

Präsidentin
Angelika Grözinger

# Vorwort des Autors
## Prof. Dr. h.c. Josef Kurz

Meine ersten Erfahrungen mit der häuslichen Textilpflege machte ich als Zehnjähriger um 1944, als ich meiner Mutter helfen musste, die Wäsche auszuwringen. Ich selbst war wohl noch zu klein, um diese Arbeit alleine zu machen, aber zum Halten der Stücke an einem Ende reichte meine Kraft schon aus. Ehrlicherweise muss ich sagen, dass ich das ausgesprochen widerwillig getan habe, weil die ganze Umgebung in der Waschküche so ungemütlich war und die Mutter nicht die beste Laune hatte, wie überhaupt der Waschtag ein Horror für die ganze Familie gewesen ist, aber er musste halt sein!

Wie war ich da froh, als es um 1950 schon kleine Wäscheschleudern gab, die mich in der Waschküche entbehrlich machten!

Ob Vorsehung oder Strafe, ich weiß es nicht, jedenfalls bin ich dann in meinem Berufsleben in die Textilreinigungsbranche gekommen und musste mich in Theorie und Praxis mit dem Waschen von Textilien befassen. Zunächst war es die gewerbliche Wäscherei, später kam dann das Waschen der Textilien im Haushalt dazu.

Wenn ich mich an die damalige Zeit richtig erinnere, so war ich von meiner Arbeit nicht gerade begeistert, aber je länger ich mich mit ihr befasste, umso mehr fand ich Gefallen an ihr. Ich erkannte, dass die physikalischen und chemischen Vorgänge beim Ablösen von Schmutz aus textilen Fasern äußerst kompliziert sind. Um sie zu verstehen, muss man sehr tief in die Grundlagen der Grenzflächenphysik und der Elektrokinetik eindringen. Nach einigen Jahren forscherischer Tätigkeit auf dem Gebiete des Waschens war ich fasziniert von den wissenschaftlichen

Perspektiven. Das Ergebnis war, dass ich bis zum Ende meiner aktiven Berufstätigkeit beim Waschen geblieben bin.

Im Rahmen meiner Arbeiten blieb es nicht aus, dass ich mich auch mit der Vergangenheit der Waschmaschinen und Waschverfahren zu befassen hatte. In Ermangelung eines meinen Vorstellungen entsprechenden zusammenfassenden Geschichtsbuches über die häusliche Textilpflege musste ich in mühevoller Arbeit die verschiedenste technische, chemische und textile Literatur durchsehen bzw. durchsehen lassen. Damals habe ich mir vorgenommen, die Geschichte der häuslichen Textilpflege in einem Buch zusammen zu schreiben – wenn ich denn die Zeit dazu hätte! Doch bis zum Jahre 2000 hatte ich sie nicht. Erst als ich nicht mehr fest in das operative Geschehen der Hohensteiner Institute eingebunden war, konnte ich mit den Arbeiten zu dem Buch beginnen, um sie dann Ende 2005 abzuschließen.

Das Buch wäre allerdings nicht zustande gekommen, wenn ich nicht von Fachkollegen und Fachfrauen unterstützt worden wäre. Ihnen allen möchte ich für die Hilfe herzlich danken. Ganz besonders anerkennenswert war die Hilfe von Klaus Wunderlich, der durch Anregungen und kritische Durchsicht des Manuskripts viel zum Gelingen des Werkes beigetragen hat. Mein Dank gilt auch meinen beiden Töchtern Manuela und Alexandra für die Gestaltung und die Schlusskorrekturen, sowie Andrea Schäfter für die elektronische Umsetzung der Texte.

Die Präsidentin Angelika Grözinger vom Deutschen Hausfrauen-Bund e.V. hat das Buch durch ein gehaltvolles Geleitwort bereichert, dafür herzlichen Dank. Last but not least, danke ich den Hohensteiner Instituten, insbesondere dem Leiter, Dr. Stefan Mecheels, für die Herausgabe des Buches, in das durch die tatkräftige Unterstützung des Direktors der Abteilung Consumer Tests, Florian Girmond, auch die kontemporären Entwicklungen eingeflossen sind.

Möge das Buch die Erwartungen der Leser erfüllen und dazu beitragen, dass der mühevolle Weg der Frauen vom anstrengenden Waschtag zur heutigen Nebentätigkeit nicht in Vergessenheit gerät.

Bönnigheim, Schloss Hohenstein, im Sommer 2006

Prof. Dr. h.c. Josef Kurz

# Vorwort des Herausgebers

Dr. Stefan Mecheels, Hohensteiner Institute

Als mein Großvater, Prof. Dr.-Ing. Otto Mecheels, 1946 das Forschungsinstitut Hohenstein gründete, musste er mit den einfachsten Prüfgeräten und der primitivsten Laborausstattung auskommen, denn ein Jahr nach dem Ende des Zweiten Weltkriegs konnte man noch nichts Modernes kaufen, sondern man war an dem froh, was man aus den Kriegsjahren gerettet hatte.

Ob mein Großvater damals schon eine Waschmaschine in den Laboratorien hatte, weiß ich nicht, aber bereits in den ersten Jahren befasste er sich mit den waschtechnischen Problemen jener Zeit. So mussten chemische Kampfstoffe aus der Kleidung entfernt werden, wie auch die durch lange Lagerzeit modrig gewordene Wäsche gesäubert werden.

Seit diesen Nachkriegsjahren ist das Entfernen von Schmutz aus Textilien ein bis heute wichtiges Arbeitsfeld in den Hohensteiner Instituten geblieben.

Eine besondere Stellung nimmt dabei die häusliche Textilpflege ein, weil sie so richtig in das Aufgabenspektrum des Instituts passt. Zum einen spielten die Entwicklung der Textilfasern, die Ausrüstung und Konfektion eine wichtige Rolle, zum anderen sind die Waschmittel und die Waschmaschine eine synergetische Einheit, die auf den Schmutz einwirken muss.

In der für die Hohensteiner Institute typischen ganzheitlichen Bewertung von textilen Produkten hat die häusliche Wäsche einen festen Platz bekommen. Die dazu notwendige Kompetenz haben sich die Mitarbeiter durch praxisnahe Forschungsprojekte und langjährige Prüferfahrung erworben. In Anerkennung dieser fachlichen Kenntnisse ist das Institut mit der Durchführung zahlreicher Waschmaschinentests und Waschmitteltests beauftragt worden.

Im Laufe der Jahre nahm das Auftragsvolumen so stark zu, dass innerhalb des Instituts eine eigens dafür zuständige Abteilung „Consumer Tests" gegründet werden musste, um die Auftragsabwicklung zu konzentrieren, vor allem aber die Sachkompetenz zu bündeln.

Die vom Namen her so einfach klingende „häusliche Wäsche" ist zu einem Innovationsfeld ersten Ranges geworden, das auch mehr und mehr internationalisiert wird, wenngleich die nationalen Waschgewohnheiten eine enge Verzahnung der Waschverfahren erschweren. Wichtig ist jedoch, dass man gegenseitig voneinander lernen kann.

Die Innovationsmotoren für die Weiterentwicklung der häuslichen Textilpflege waren und sind die Maschinen- und Waschmittelhersteller. Doch bevor sie mit ihren neuen Produkten an den Markt gehen, wollen sie das Urteil einer neutralen Stelle einholen, und hier verstehen sich die Hohensteiner Institute als fachkompetenter Partner mit viel Erfahrung im praxisnahen Prüfwesen. Es geht ja nicht nur um die qualifizierte Durchführung von Reihenuntersuchungen, sondern um die aus der umfangreichen Prüferfahrung gewonnenen Beurteilungskriterien, die weder in einer Norm stehen noch in einem Lehrbuch zu finden sind.

Zum ganzheitlichen Anspruch der Hohensteiner Institute in der häuslichen Textilpflege gehört aber auch, dass man an die Wurzeln denkt, denn man sollte nicht nur wissen, wohin man will, sondern auch wissen, wo her man kommt. Diese Wurzeln hat der langjährige Abteilungsdirektor an den Hohensteiner Instituten, Prof. Dr. Josef Kurz, in einer bemerkenswerten Arbeit zusammengetragen und als Buch verfasst. Dafür gebührt ihm der Dank der Fachwelt.

Für die Hohensteiner Institute ist es eine Verpflichtung gegenüber der Waschmaschinen- und Waschmittelindustrie, deren Leistungen durch die Herausgabe dieses Buches sichtbar zu machen.

Dies ist auch eine gute Gelegenheit, der Industrie für die Fortschritte zu danken, die der heutigen Hausfrau das Waschen so leicht machen.

Danken möchte ich auch der Präsidentin des Deutschen Hausfrauen-Bundes, Angelika Grötzinger, für das interessante Geleitwort zu diesem Buch. Es ist stilvoll, dass auch die Repräsentantinnen der Hausfrauen zu Wort kommen, denn schließlich sollen die technischen und chemischen Innovationen den Hausfrauen, und neuerdings auch den Hausmännern, nutzen.

In diesem Sinne danke ich allen, die an dem Entstehen des Buches mitgewirkt haben, und hoffe auf eine Bereicherung der kulturhistorischen Literatur.

Bönnigheim, Schloss Hohenstein,
im Sommer 2006

Dr. Stefan Mecheels

Den Waschmaschinenherstellern und der Waschmittelindustrie gewidmet für ihre erfolgreichen Anstrengungen, die häusliche Wäschepflege so einfach wie möglich zu machen und damit die Frauen, und wo zutreffend auch die Männer, bei der mühevollen Hausarbeit zu entlasten.

# Einleitung

Im Spiegel der Geschichte reflektieren sich nur die letzten zwei Jahrhunderte häuslicher Textilpflege in einem klaren Bild. Die Zeit davor erscheint verschwommen und ist ohne erkennbares Profil. Das bedeutet zwar nicht, dass die häusliche Textilpflege damals keine Bedeutung gehabt hätte, nur die Datenlage und das Bildmaterial geben nicht viel her. Dagegen sind die letzten zwei Jahrhunderte gut dokumentiert. In ihnen ist wahrscheinlich mehr passiert als in den tausend Jahren zuvor.

Wie sich die Waschmittel, Geräte und Textilien in diesen zweihundert Jahren verändert haben, ist in den nachfolgenden Seiten ausführlich beschrieben. Die Menschen kommen dabei allerdings etwas zu kurz, weil die Informationen über sie nur sehr spärlich sind. Die frühere Literatur konzentrierte sich mehr auf den technischen Fortschritt als auf die sozialen Gegebenheiten.

Um 1800 bestand das höchste Ziel der häuslichen Textilpflege darin, möglichst schonende Waschverfahren anzuwenden, denn der Erhalt der Wäsche als Kapital war das Wichtigste. Also übernahmen die Hausfrauen die Waschverfahren der Leinenbleicher und beuchten ihre Wäsche. Es störte die Hausfrauen nicht, dass sie stundenlang heiße Waschlauge über die in einem Bottich eingelegte Wäsche gießen mussten. Die Hauptsache war, dass die Wäsche so wenig wie möglich geschädigt wurde.

In jener Zeit war es auch nicht wichtig, dass die Textilien nach dem Waschen möglichst weiß waren. Es genügte, wenn sie sauber wurden. Aber das Statussymbol „weiß" gab es schon, allerdings in Verbindung mit neuen Textilien, damals fast ausschließlich Leinen. Ein schön weißes Leinen war teurer, weil das Bleichen auf der Wiese länger und

von besseren Fachleuten ausgeführt worden war als bei weniger weißem Leinen. Auch damals war die menschliche Arbeitskraft schon bares Geld wert.

Andererseits wussten die Hausfrauen, dass ihre Wäsche frühzeitig „mürbe" wurde, wenn sie zu lange auf der Bleichwiese lag. Der Widerspruch zwischen Erhalt der Wäsche und Schönheit war auch damals vorhanden. Er verstärkte sich, als gegen Ende des 19. Jahrhunderts chemische Bleichmittel auf den Markt kamen, mit denen man ein bis dahin nicht gekanntes Weiß auf schnelle Art erzeugen konnte. Plötzlich war das Weiß zu einem Statussymbol für die Wäsche geworden. In den Köpfen setzte sich die Meinung fest, dass weiß auch gleich sauber sei, also gewissermaßen ein Indikator für die Schmutzfreiheit.

So richtig trauten die Frauen den neuen chemischen Bleichmitteln nicht. Zurecht, wie man weiß, denn die Chlorbleichmittel konnten enorme Faserschädigungen bewirken, wenn man die Bleiche falsch durchführte.

Es blieb aber der Wunsch nach einer schön weißen Wäsche - ohne Schädigung der Wäsche. Diesen Wunsch erfüllte die Waschmittelindustrie mit den Bleichmittel enthaltenden Waschpulvern. Damit verließen die Hausfrauen die strenge Doktrin der Werterhaltung zu Gunsten einer ästhetischen Komponente. Doch der Wandel ging nur sehr langsam vonstatten. Bis nach dem Zweiten Weltkrieg haben die Waschmittelhersteller mit dem Argument der Faserschonung geworben, um so auch der letzten Hausfrau die Angst vor dem scharfen Bleichmittel zu nehmen.

Um 1950 begann dann der totale Wandel in der Einstellung der Frauen zur häuslichen Wäsche. Der Waschtag ist nicht mehr als Bewährungsprobe für das Organisationstalent der Frauen angesehen worden, sondern als eine lästige Pflicht, besonders von den berufstätigen Frauen, die eine Erwerbsarbeit außer Haus mit den häuslichen Aufgaben verbinden mussten. Jetzt stand nicht mehr die Frage der Wäscheschonung im Vordergrund, jetzt kam es darauf an, möglichst viel an Handarbeit durch mechanische Hilfen zu ersetzen. Die Waschmaschine kam wie gerufen. Es begann die große Zeit der Technisierung des Haushalts.

Mit der Waschmaschine erfand die Werbung auch ein neues Frauenbild. Nicht mehr die aufopferungsvoll waschende Hausfrau war das Ideal, sondern die fürsorgliche Ehefrau und Mutter, die Zeit für ihre Familie hat. Damit war das neue Ziel für Waschmittel- und Waschmaschinenhersteller thematisiert: Zeitgewinn für die Frau durch Arbeitsentlastung beim Waschen.

Die Waschkessel in der Waschküche wurden durch Bottichwaschmaschinen in der Wohnküche ersetzt, die ihrerseits durch Trommelwaschmaschinen substituiert worden sind. Das Waschen wanderte von einem nassen Kellerraum in die trockene Wohnung. Die Hausfrauen konnten ihren Individualismus voll ausleben, denn sie mussten nicht mehr mit anderen die Waschküche teilen.

Die Waschmaschinen der 50er Jahre mussten teilweise noch von Hand bedient werden, was die Anwesenheit der Hausfrau während des ganzen Waschgangs notwendig machte. Durch die Halbautomaten und später den Vollautomaten ist auch diese Arbeit den Frauen abgenommen worden. Die Arbeitsentlastung und der Zeitgewinn durch die Waschmaschine sind heute Wirklichkeit. Als dann noch der Wäschetrockner für die Wohnung dazu kam, war auch das Wäsche aufhängen überflüssig geworden. Zwar fehlen noch einfache Bügelmaschinen, aber durch die Tumblertrocknung ist die Bügelarbeit wesentlich leichter geworden oder nicht mehr notwendig.

Man muss sich fragen, welche Rolle die Frau bei dieser Entwicklung gespielt hat, denn sie war ja die Hauptperson. Sie musste zunächst einmal lernen und sich daran gewöhnen, mit Maschinen umzugehen. Dann musste sie Vertrauen in die Technik bekommen, der sie ihre Wäsche anvertraute. Nicht zuletzt musste sie die Einschränkungen, die ein maschinelles Waschen im Vergleich zum händischen Waschen aufwies, gegeneinander abwägen. Und die meisten Frauen kamen in den 60er Jahren zu dem Ergebnis: die Wäsche wird nicht genügend sauber! Dies war übrigens auch bei den ersten Geschirrspülmaschinen so. Selbst die ersten Elektrobügeleisen hatten es schwer gegen die alten Kohleeisen.

Dieses Urteil war nun keineswegs ein k.o.-Kriterium für die Waschmaschinen. Die Maschinen hatten so viele Vorteile, dass die Frauen nach Wegen suchten, wie sie ihre Wäsche sauber bekamen. Ein Punkt war der Verschmutzungsgrad der Wäsche. Die Waschmaschinen schafften es einfach nicht, die eine Woche lang getragenen Hemden und vierzehntäglich gewechselte Unterwäsche richtig zu säubern, würden es übrigens auch heute nicht schaffen. Die Waschmittelchemie und die Waschmaschinentechnik stießen an ihre Grenzen.

Jetzt war die Initiative der Anwender, der Hausfrauen, gefordert. Die Lösung war an sich sehr einfach: man durfte die Wäsche nicht so lange benützen wie früher. Uns siehe da, ein ganzes Volk änderte seine Tragegewohnheiten. Der Verschmutzungsgrad der Wäsche wurde an die Leistungsfähigkeit der Waschmaschinen angepasst! So ist es auch heute noch. Nach außen und in der Werbung wird das als „Fortschritt in der Hygiene" dargestellt, was sicherlich richtig ist, aber nicht der Auslöser sondern eine Folgeerscheinung der Entwicklung war.

Auch die Textilindustrie hat aus diesen Veränderungen gelernt, indem sie Produkte entwickelte, die leicht zu waschen, vor allem aber leicht zu bügeln sind, denn mit den Waschmaschinen hatte sich das Problem des Bügelns noch nicht erledigt. Bügelfreie Textilien kamen auf den Markt und erleichterten, und tun es auch heute noch, die Pflege der Wäsche. Die Waschmaschine in der Wohnung erleichterte der Hausfrau nicht nur das Säubern der Wäsche, sondern sie hat auch große Auswirkungen auf die Peripherie gehabt. Nicht nur, dass sie die Menschen zu öfterem Wäschewechsel erzog, sie initiierte auch die Forschung auf dem Textilgebiet zu pflegeleichten Materialien.

Aufgrund dieser peripheren Auswirkungen veränderte sich auch das Kaufverhalten der Frauen. Sie kauften möglichst nur solche Wäsche, die man in der Maschine waschen kann. Andererseits versuchen die Maschinenhersteller in Zusammenarbeit mit den Waschmittelproduzenten durch neue Verfahren so viel wie möglich in der Maschine waschbar zu machen.

Alle durch die Waschmaschine ausgelösten Interaktionen zwischen den einzelnen Industriegruppen verfolgen zunächst nur das eine Ziel, den Frauen die Arbeit des Wäschewaschens so einfach wie möglich zu machen. Als die aktiven Feministinnen in den 20er Jahren des letzten Jahrhunderts gefordert hatten, die Frauen von den beschwerlichen Hausarbeiten zu entlasten, ernteten sie viel Unverständnis ob solcher utopischen Forderungen. Gut 50 Jahre später war aus den Utopien eine Realität geworden, und heute ist es Selbstverständlichkeit.

# 1. Sozialgeschichtliche Etappen des häuslichen Waschens

## 1.1 Haushaltswäsche in vorindustrieller Zeit (von etwa 1750 bis 1815)

Von der Antike bis zur Neuzeit, eines über mehr als zwei Jahrtausende gehenden Zeitraums, haben sich die Grundzüge des Waschens herausgebildet. Wasser, Pottasche und Seife, sofern verfügbar, waren die grundlegenden Hilfsmittel. Später kam dann noch die Wärme in Form von heißem Wasser hinzu. Die menschliche Kraft wurde mit Schlagen, Treten, Bürsten oder Reiben der Wäsche eingesetzt. Daraus sind dann die gebräuchlichen Waschverfahren entstanden, die erst im Zeitalter der Industrialisierung, das heißt, ab etwa 1815, verändert worden sind und sich zu dem heutigen Stand entwickelt haben. Der Ausgangszeitraum war jedoch die vorindustrielle Zeit, in der die bis dahin bekannten Waschverfahren zu einem Optimum gebracht worden waren.

Ein Blick auf die wirtschaftliche Situation in der zweiten Hälfte des 18. Jahrhunderts zeigt, dass die Pflege der Wäsche unter sehr unterschiedlichen Gesichtspunkten zu betrachten ist:

70 bis 80 Prozent der Bevölkerung lebten auf dem Land, in Dörfern und Bauernschaften. Der Wohlstand einer bäuerlichen Wirtschaft wurde durch die Größe und die Bodenqualität bestimmt, aber auch durch die feudale Abhängigkeit. Von der Landbevölkerung besaßen nur 25 bis 30 Prozent ausreichend Land für einen Vollerwerb, ein knappes Drittel verfügte nur über eine kleines Stück Land und bildete die Gruppe der Kleinbauern. Ein weiteres Drittel war gänzlich ohne Land und etwa 10 Prozent betrieben ein „unzünftiges Handwerk", das heißt, eine gewerbliche Tätigkeit, die nicht in den Zuständigkeitsbereich der Zünfte fiel.

In den Vollerwerbshöfen lebten Familienmitglieder, Gesinde und Tagelöhner in einer häuslichen Gemeinschaft. Ihre Tätigkeit war jedoch nicht nur auf die Landwirtschaft ausgerichtet, sondern auch auf die Herstellung der Textilien für den Eigengebrauch. Ähnliches galt für die landarmen oder landlosen Familien, nur mit dem Unterschied, dass die Produktion der Textilien ausschließlich mit eigenen Familienmitgliedern erfolgte und ein Teil der Erzeugnisse an Zwischenhändler verkauft wurde, um sich so etwas Geld zu verdienen.

Im Hinblick auf die Textilien waren die Familien im 18. Jahrhundert sowohl Produzenten wie auch Konsumenten. Dies war da-

**Die Wäsche der reichen und der armen Leute**

Die feinen Leinengewebe der reichen Leute waren hauchzarte Flächengebilde, die in der ägyptischen Mythologie als „Leinene Nebel" bezeichnet worden sind. Die Tradition der Feinleinen ist im Mittelalter besonders in Schwaben, Schlesien und Westfalen gepflegt worden. Konstanz und der Bodenseeraum waren die Zentren der Leinenbatiste. Die armen Leute hatten Wäsche aus Grobleinen oder Bauernleinen. Das waren dicke, feste Gewebe von langer Haltbarkeit, die meistens im Hausgewerbe hergestellt worden sind. An das Aussehen sind keine besonderen Anforderungen gestellt worden, wichtig war, dass sie möglichst lange gebraucht werden konnten. Für Kleidung hat man Leinengarne mit Baumwollgarnen zusammen verwoben. Diese halbleinenen Stoffe waren weicher als reines Leinengewebe und angenehmer im Tragen. Die Gesellschafts- und Standesunterschiede machten sich im Wäschebesitz erkenntlich. Je schöner die Wäsche war und je mehr jemand davon besaß, umso angesehener war die Besitzerin. Ein Beispiel dazu ist auf der nächsten Seite dargestellt.

*Abbildung 1:* Von je her stellte die Wäsche der Bräute einen besonderen „Schatz" dar. Die in mühsamer Handarbeit über Jahre erzeugten Textilien waren Ausdruck des Familiensinns einer jungen Frau. Deshalb ist die „Brautwäsche", wie auf dem obigen Holzschnitt zu sehen ist, nicht in den Schrank gelegt, sondern am Hochzeitstag für jeden Gast sichtbar präsentiert worden.

mals auch die einzige Möglichkeit, die Textilversorgung in den Haushaltungen sicher zu stellen, denn die heute übliche Teilung der gewerblichen Arbeiten steckte noch in den Kinderschuhen. Erst mit der Industrialisierung im 19. Jahrhundert entstanden differenzierte Gewerbe, vor allem in der Textilindustrie mit Spinnereien, Webereien und Färbereien. Dadurch wurde es dann möglich, textile Produkte herzustellen, die billiger und schöner waren als die der Hausgewerbe. Dazu kam die Eisenbahn mit ihrer flächendeckenden Anbindung des Handels an die Hersteller und die Verbraucher.

Die Verbindung von Textilherstellung und Gebrauch in einer familiären Einheit hatte zur Folge, dass man die Bearbeitungsprozesse so weit es geht vereinheitlichen wollte, und dies ist beim Reinigen des rohen Leinengewebes und der schmutzigen Wäsche möglich gewesen. In beiden Fällen mussten unerwünschte Substanzen aus den Textilien entfernt werden. Im Falle des Rohleinens waren es die Rückstände aus den Stängeln des Flachses und eventuelle Anschmutzungen durch den Webstuhl oder die Weber, bei der Wäsche war es die Verschmutzung durch den Gebrauch.

Das Reinigen des Rohleinens erfolgte durch eine Beuche, wie man heute sagt. Damals ist Buuchen, Buken, Buiken oder Sechteln dazu gesagt worden. Im eigentlichen Sinn war es ein Auslaugen der rohen Textilien in des Wortes wahrster Bedeutung, nämlich eine Behandlung mit Lauge.

Das Prinzip des Beuchens bestand darin, dass die in Lagen geschichtete Wäsche in einem Bottich mit heißer Aschelauge durchtränkt wurde, die am Bottichboden durch ein Zapfloch ablaufen konnte. Die Lauge ist in einem Kübel aufgefangen, nochmals erhitzt und dann wieder über die Wäsche gegossen worden. Damit der Kübel unter den Bottich passte, stellte man ihn auf einen dreibeinigen Stuhl, den sogenannten Waschstuhl, der auch dann noch beibehalten worden ist, als das Beuchen der Wäsche längst nicht mehr durchgeführt worden ist.

Die Wäsche ist innerhalb des Bottichs so gelegt worden, dass ganz unten die großen, groben und schmutzigsten Teile lagen, dann folgten die feineren Stücke und ganz oben wurden dann die kleinen Stücke aufgelegt.

Die Aschelauge selbst ist entweder außerhalb oder innerhalb des Bottichs hergestellt worden.

Außerhalb des Bottichs geschah dies so, dass die Holzasche mit kochend heißem Wasser übergossen und dann durch ein Leinentuch filtriert, nochmals erhitzt und auf die Wäsche gegossen worden ist. Um die Lauge innerhalb des Bottichs zuzubereiten, füllten die Wäscherinnen die Asche in ein aus Leinengewebe hergestelltes großes Kissen, das sie oben auf die Wäsche

## Textile Selbstversorgung

Im ausgehenden 18. Jahrhundert bis in die Mitte des 19. Jahrhunderts gab es in Deutschland noch keinen Textilmarkt in dem Sinne, dass man hätte fertige Wäsche oder Kleidung kaufen können. Die Bevölkerung war auf ihre eigene Arbeitskraft angewiesen, sich mit Textilien zu versorgen. Das fing beim Anbau des Flachses an, ging über das Spinnen bis hin zum Weben. Für das Färben gab es dann die Färber auf dem Lande und in der Stadt.

Das Konfektionieren der Wäsche und Kleidung ist dann von der Hausfrau alleine oder zusammen mit Dienstboten vorgenommen worden. Selbst wohlhabende Familien, die an den Knotenpunkten vorindustrieller Verkehrs- und Handelsplätze ansässig waren, kauften nur Rohstoffe und vorgefertigte Waren ein, um sie dann in eigener Regie zu gebrauchsfähigen Textilien weiter zu verarbeiten.

Es gab zwar damals schon Textilhändler, aber deren Angebot beschränkte sich vorwiegend auf Hüte, Hauben, Handschuhe, Strümpfe und Gürtel. Wanderkaufleute brachten die Waren, die man im Hausgewerbe nicht selbst herstellen konnte, wie Nähgarne, Knöpfe, Seide und Baumwolle in die Häuser.

Mit dem Beginn der Industrialisierung im 19. Jahrhundert wurden das Handspinnrad und der bäuerliche Webstuhl durch Maschinen ersetzt. Gegen die Mitte des Jahrhunderts war die textile Hausindustrie weitestgehend ausgestorben.

## Der weite Weg zum Fluss

Man ist geneigt, das Spülen der Wäsche als einen unwichtigen Arbeitsschritt zu betrachten. Doch weit gefehlt. Nur eine gut gespülte Wäsche ist wirklich sauber. Im 18. und 19. Jahrhundert war es jedoch nicht ganz einfach, genügend Wasser zum Spülen zu beschaffen. Das Ideal war das Spülen an einem fließenden Gewässer.

Wie wichtig das Spülen in fließendem Wasser war, wird aus einer Mitteilung aus dem Jahre 1809 deutlich, aus der hervorgeht, dass die Wäsche auf Wagen geladen wurde und eine Stunde weit gefahren werden musste, um an das fließende Wasser zu kommen. Dies war offensichtlich immer noch leichter, als das Wasser aus den Brunnen herbei zu schaffen. Ein zusätzlicher Vorteil des Flusswassers war, dass es im Gegensatz zum Brunnenwasser wenig Härtebildner enthielt und damit die in der Wäsche noch vorhandene Lauge bzw. Seife keine Kalkablagerungen bilden konnte.

Einen Haken hatte jedoch das Spülen am Fluss. Man konnte die Wäsche nicht bläuen. Doch die Leute wussten sich zu helfen. Entweder haben sie auf dem Wagen ein Fass mitgenommen oder sie haben gemeinschaftlich ein Fass an das Flussufer gestellt, damit alle darin ihre Wäsche bläuen konnten.

legten und dann mit heißem Wasser übergossen. Der Kreislauf von Einfüllen, Durchsickern, Ablaufen, Auffangen, Aufheizen und erneutem Einfüllen der Lauge wurde mindestens sechs bis sieben Mal wiederholt, bei sehr schmutziger Wäsche auch häufiger. In der letzten Lauge blieb die Wäsche dann oftmals bis zum nächsten Tage zur weiteren Bearbeitung stehen.

Mit dem Beuchen der Wäsche hatte die Lauge aber noch nicht ausgedient. Da sie durch die Zirkulation innerhalb der Wäsche an Schärfe verlor, konnten nach dem letzten Aufguss noch die bunten Sachen, die farbigen Hosen, Jacken und Röcke gewaschen werden.

Als dann die Wäsche sauber war, wurde die Lauge zum Schrubben der Steinfußböden benutzt und schließlich nach Verdunsten des Wassers als trockene Asche zum Düngen des Gartens verwendet.

Nachdem die Wäsche gebeucht war, mussten die besonders schmutzigen Stellen noch mit dem Schlagholz oder auf dem Waschbrett bearbeitet werden. Man bezeichnete diese Arbeit damals als „das Waschen". Anschließend ist die Wäsche dann gespült worden, vielfach auch Schwemmen genannt, was sich wiederum von „Schwimmen" herleitet.

Dieser letzte Arbeitsgang beim Säubern der Wäsche erforderte viel Sorgfalt, denn die Reste der Lauge und Seife mussten vollständig entfernt werden, damit die Wäsche nicht „mürbe" oder grau wurde. Doch meistens war das dazu notwendige Wasser nicht vorhanden oder nur mit viel Mühe zu beschaffen. Oft musste das Wasser in Kübeln vom Brunnen geschöpft und dann zu der Waschstelle getragen werden. Einfacher war es, die Wäsche an einem fließenden Gewässer zu spülen oder als Notlösung an einem Graben oder See.

Auch das Einweichen war in der vorindustriellen Zeit bereits bekannt und gängige Praxis. Vor allem für die grobe Leinenwäsche, die zudem durch das lange Liegen nach dem Gebrauch bis zur Wäsche etwas steif geworden war, machte sich dieser Vorgang bezahlt, weil ein großer Teil der Verunreinigungen schon im kalten Wasser aufquoll und dann beim anschließenden Beuchen mit wenigen Aufgüssen aus der Faser entfernt werden konnte.

Der große Vorteil des Beuchens lag darin, dass man mit einfacher Holzasche die Wäsche auf die billigste Art reinigen konnte und keine oder nur ganz wenig Seife benötigte, denn Seife war teuer und musste mit Bargeld bezahlt werden, was in den bäuerlichen Gesellschaften immer fehlte. Aber auch in wohlhabenden Haushalten ist an Seife gespart worden. So wird berichtet, dass im Schwerdter Schloss 1788 ein Gefäß zur Aufbewahrung der Asche und ein großer Bottich zum Beuchen der Wäsche vorhanden war.

In städtischen Hauswirtschaften der neuen Wirtschaftsbürger, wie sich die Verleger, Manufakturbesitzer und Exportkaufleute nannten, sowie Juristen, Ärzte, Professoren und die wachsende Zahl der höheren Beamten als Bildungsbürger, befand sich eine Waschküche oder ein Waschhaus. Hier ist dann teilweise schon das Kochen der Wäsche bekannt gewesen, also eine Form der Wäschesäuberung, wie sie erst im 19. Jahrhundert allgemein üblich wurde. Es scheint aber so, als ob es eine Frage des Geldes gewesen ist, ob man die Wäsche gebeucht oder gekocht hat. Zum Beuchen benötigte man nur Holzasche, zum Kochen zusätzlich noch Seife.

In den städtischen Haushalten der Unterschicht war das Waschen der Wäsche eine unwichtige Angelegenheit, wenngleich notwendig. Die zahllosen Tagelöhner, Handlanger, Kleinsthändler, Dienstboten, armen Handwerker, Witwen, Waisen und Almosenbezieher mussten sich um das tägliche Überleben kümmern. Für sie blieb ein öffentliches Waschhaus oder ein Gewässer die einzige Alternative, wenn sie es nicht vorzogen, in der Küche zu waschen. Dass dabei nur Holzasche verwendet wurde, steht außer Frage. Diese Unterschichtshaushalte hatten kein Geld für Seife zum Waschen der Wäsche. In den Häusern der städtischen Handwerker und Manufakturarbeiter oder den Tagelöhnerhütten in den Vorstädten befanden sich selten mehr als eine Kammer und eine Küche. Die städtischen Reihenmietshäuser waren noch beengter, dort teilten sich mehrere Familien einen Flur mit Herd. Vielfach betrieben die Familien ihr Gewerbe in dem gleichen Raum, in dem sie auch schlafen mussten. Diese Leute mit ihren armseligen Einkünften lebten von der Hand in den Mund und waren dankbar, wenn sie den Tag ohne Hunger überstanden hatten. Ans Wäsche waschen dachte man zuletzt.

Fasst man die Situation der häuslichen Wäsche in der vorindustriellen Zeit zusammen, so sind folgende Punkte besonders hervorzuheben:

Asche war das wichtigste Waschmittel, heiße Lauge erzeugte die beste Waschwirkung, mechanische Waschvorrichtungen waren kaum bekannt. Das höchste Ziel des Waschens war es, die Wäsche möglichst wenig zu schädigen, damit sie lange gebraucht werden konnte.

## Der Aschenmann

In vielen Familien war nicht genügend Asche vorhanden, um die Wäsche säubern zu können. Aus diesem Mangel machten andere ein Geschäft.

In Wien, sicherlich auch in anderen Städten, gab es Personen, die von Haus zu Haus gingen und Holzasche sammelten. Dafür musste man natürlich etwas bezahlen, denn aus der ordinären Asche war jetzt ein Waschmittel geworden. Dieses verkauften sie dann an Hausfrauen und Seifensieder weiter.

In Deutschland kannte man den Äscherer, der mit einem Handwagen umherlief und mit dem Kaufruf „An Aschen!" die Bewohner besserer Wohnungen auf sich aufmerksam machte. Es war keine sonderlich angesehene Tätigkeit, wenngleich von einiger Wichtigkeit für die waschenden Hausfrauen. Trotzdem hat der Wiener Dichter Ferdinand Raimund in seinem Theaterstück „Mädchen aus der Feenwelt" dem Aschenmann ein Denkmal gesetzt. Mit dem Aschenmann hat er die Armut, das Alter und die Gebrechlichkeit verkörpert. Allein im Leopoldstädter Theater in Wien erlebte das Stück 84 Aufführungen, aber auch in München, Hamburg, Prag und Berlin wurde es bekannt. 1826 hat Ferdinand Raimund zum letzten Mal den Aschenmann selbst gespielt.

## 1.2 Das Zeitalter der Industrialisierung (1815 bis 1914)

**Bessere Chancen durch große Mitgift**

Für die jungen Frauen verbesserte sich die Chance einer standesgemäßen Ehe durch einen umfangreichen Brautschatz. In einer Zeit, als die Ehe für die meisten Frauen die einzige Lebensperspektive darstellte, wurde schon im frühen Jugendalter damit begonnen, die Textilien für die Aussteuer herzustellen. Bereits mit 14 Jahren begannen die jungen Mädchen damit, meistens unter tatkräftiger Mithilfe der Mutter und des Gesindes.

Die Wäscheausstattung setzte sich zusammen aus selbstgewebten Leinenstoffen, die entweder als weiße oder buntgewebte Stoffbahnen auf Rollen gewickelt waren, oder bereits zu Bett- und Tischwäsche, Kissenbezügen, Paradetüchern und Hemden verarbeitet waren. Die Textilien sind in einer Truhe aufbewahrt und an der Hochzeit in das Haus des Mannes gefahren worden. Das Gewicht der „Leinentruhe" demonstrierte die Größe des Wäscheschatzes. In einigen Gegenden gehörte es zum Hochzeitsritual, dass die Wäschetruhe in einer symbolischen Kulthandlung mit vorgetäuschter Kraftanstrengung in das Haus transportiert wurde.

Das weibliche Gesinde durfte das Garn oder Gewebe, das es über das normale Tagessoll hinaus herstellte, für die eigene Aussteuer behalten.

Die Epoche von 1815 bis 1914 prägte die Wirtschafts- und Sozialstrukturen Europas wie keine andere. Auch in Deutschland haben sich entscheidende Transformationsprozesse abgespielt. In dieser Zeit verwandelten sich die im europäischen Vergleich eher rückständigen deutschen Agrarstaaten – nach dem Wiener Kongress 1815 bestand der Deutsche Bund ohne zentrale Macht aus 39, später 41 souveränen Ländern und Städten – in eine führende Industrienation.

Der Strukturwandel wird anhand der Veränderung der Beschäftigtenanteile im primären, sekundären und tertiären Sektor besonders deutlich: Zu Beginn des Jahrhunderts lag der Anteil der in der Landwirtschaft Beschäftigten bei etwa 65 Prozent. Bis zur Mitte des Jahrhunderts fiel er auf etwa 55 Prozent und betrug am Vorabend des Ersten Weltkriegs 1914 gerade noch 33 Prozent. Gleichzeitig nahm der Anteil der im produzierenden Gewerbe Beschäftigten von 20 auf 40 Prozent zu, der Rest ging im Dienstleistungssektor auf.

Eingeleitet wurde die Industrialisierung durch die Dampfmaschine. Sie revolutionierte den Produktionsprozess, veränderte aber gleichzeitig auch die gesamte Gesellschaft. Es entstand eine neue Wirtschaftsordnung, die Marktwirtschaft, und gleichzeitig verschwand die durch ständische Privilegien strukturierte Feudalgesellschaft. An die Stelle der alten Ordnung trat nun die durch Besitz oder Nichtbesitz von Kapital gekennzeichnete Marktgesellschaft.

Das besondere Charakteristikum dieser Marktgesellschaft des 19. Jahrhunderts war das Vordringen der Lohnarbeit und damit die Herausbildung der sozialen Klassen der Fabrikarbeiterschaft. Die Soziologen sind sich einig, dass die Proletarisierung von vielen Millionen Menschen die umfassendste gesellschaftliche Veränderung war, die sich seit dem Beginn der Neuzeit in der westlichen Hemisphäre vollzogen hat.

Mit der Proletarisierung war eine Binnenwanderung vom Land zur Stadt in einem bis dahin nicht gekannten Ausmaß verbunden.

Zu Beginn des 19. Jahrhunderts waren Wien mit 274.000 und Berlin mit 172.000 Einwohnern die größten Städte im Deutschen Bund, gefolgt von Hamburg mit 110.000, Breslau mit 61.000 und Köln mit 50.000. Die anderen Städte hatten nicht mehr als 20.000 Einwohner. Die Industrialisierung und die Verkehrserschließung hatten zu einer Ausdehnung der Städte weit über die gewachsenen Strukturen hinaus geführt. Der Anteil der städtischen Bevölkerung stieg von etwa 27 % um 1815 bis zur Gründung des

*Abbildung 2:* Auch in ärmeren Stadtteilen wurde darauf geachtet, dass ein Platz für das Trocknen der Wäsche vorhanden war. Wenn es auch nur ein Streifen entlang des Hauses war, so war es doch besser als auf einem Trockenboden unter dem Dach. Bewohner von Mietskasernen hätten sich allerdings glücklich geschätzt, wenn sie ihre Wäsche hätten auf den Dachboden hängen können. Dort ist aus kommerziellen Gründen jeder Quadratmeter möglicher Wohnfläche vermietet worden. Selbst die ursprüngliche Waschküche wurde zu Wohnraum umfunktioniert. Da blieb nur noch die Küche als Waschraum übrig.

*Abbildung 3:* Alcala Galiano stellte 1913 sein Bild „Wäscherinnen in der Bretagne" im Salon de Paris aus. Es zeigt eine realistische Darstellung der harten Arbeit und unterscheidet sich deutlich von den bis Ende des 19. Jahrhunderts entstandenen idyllischen und idealisierenden Wäscherinnenbildern. Die Wirklichkeit war wieder modern geworden.

deutschen Kaiserreichs 1871 auf 36 % an und lag um 1900 bei etwa 56 %. Um 1910 lebten bereits 22 % der Bevölkerung (ca. 14 Millionen Menschen) in Städten über 100 000 Einwohner.

## Die Wäschetruhe der armen Leute

Nicht alle jungen Frauen konnten sich eine voll gefüllte Wäschetruhe erarbeiten. Das weibliche Gesinde in den Bauernhäuser und die Töchter von Kleingewerblern und Tagelöhnern hatten nur das Notwendigste, wie aus einem zeitgenössischen Bericht aus Mecklenburg-Schwerin hervorgeht. Danach bestand die Aussteuer einer jungen Braut aus einer Tagelöhnerkate aus Unter- und Oberbett mit Pfühl und blauen Kopfkissen, zwei Paar Betttüchern, einigen Hemden und Hemdschürzen.

Aber auch ursprünglich etwas besser gestellten Familien konnte es passieren, dass die Töchter armselig ausgesteuert werden mussten, wenn wegen schlechter Ernte die Leinwand und die neue Wäsche verkauft werden mussten.

Die ärmsten Familien erhielten von den karitativen Einrichtungen das Allernotwendigste an Wäscheausstattung, damit sie wenigstens einen bescheidenen Anfang für die Ehe hatten.

Die moderne Industriestadt und der Rhythmus der Maschinen veränderten die Daseinsbedingungen für Millionen von Menschen, die bisher auf dem Lande oder in einer Kleinstadt gelebt hatten, ganz dramatisch. Zwar ist das Leben als Tagelöhner, Kleinbauer oder Handwerksgeselle auf dem Lande sicherlich auch nicht einfach gewesen, aber die Fabrik griff in den natürlichen Lebensrhythmus der Menschen ein, denn die Maschine duldete nicht einmal mehr den Tagesablauf nach dem Stand der Sonne. Jetzt musste sogar bei Nacht gearbeitet werden. Der Mensch wurde zum Sklaven der Maschine, die unerbittlicher war als jeder Handwerksmeister oder Gutsbesitzer hätte sein können. Diese Unterordnung in die Fabrikdisziplin war für viele Industriearbeiter der ersten Generation vermutlich schlimmer als die ohnehin schon fast unerträgliche physische Belastung.

Die Proletarisierung und Verstädterung hatte auch Auswirkungen auf die häusliche Wäsche. In der Stadt war alles anders als auf dem Land. Zwar hatten sich die Bauherren von Häusern und Mietwohnungen für Handwerker und Manufakturarbeiter bis zur Mitte des Jahrhunderts in etwa an die ländlichen Zustände gehalten: es galt im frühindustriellen Arbeiterwohnungsbau die Prämisse, dass eine zentrale Küche mit Feuerstelle – ähnlich wie in einem ländlichen Bauernhaus – von mehreren Familien genutzt werden kann. An eine Möglichkeit zum Waschen der Wäsche wurde in vielen Fällen auch gedacht, wenngleich das Herbeischaffen des Wassers zu einem großen Problem wurde, da es noch keine öffentliche Wasserversorgung gab und die Brunnen oftmals weit entfernt von den Wohnungen lagen. Nicht in allen Städten war die Wasserversorgung so bequem wie in Berlin um 1850:

Auf Berlins Straßen gab es ungefähr 900 Brunnen und auch die meisten der 9 000 Häuser besaßen im Hof eine derartige Vorrichtung. Zum Waschen der Wäsche war diese Wasserversorgung geradezu vorbildlich, allerdings nicht aus hygienischer Sicht für die Trinkwasserqualität. Die Berliner Hausbesitzer sahen dies jedoch anders. Sie sahen keine Notwendigkeit, die Situation durch eine zentrale Wasserversorgung zu verbessern. So stieß der Baubeginn zur zentralen Wasserversorgung Anfang der 1850er Jahre auf wenig Gegenliebe. Als dann 1856 das Wasserwerk seinen Betrieb aufgenommen hatte, zählte man bei einer Einwohnerzahl von etwa 500 000 Menschen gerade einmal 669 Haushalte mit einen Wasseranschluss!

Wo Wasser verfügbar war, gleichgültig ob aus Brunnen oder von einem Wasserwerk, wurde das Waschen selbst nach den bis dahin üblichen Methoden vorgenommen und an die Gegebenheiten der baulichen Verhältnisse angepasst. Teilweise konnten die Hausfrauen auch die öffentlichen Waschhäuser benutzen und später dann die städtischen Waschanstalten. Dort fanden sie dann bereits moderne Geräte zur Säuberung der Wäsche vor, aber auch Einrichtungen zum Trocknen und Glätten der Wäsche. Nähere Ausführungen dazu sind unter dem Kapitel „Von der kommunalen Waschanstalt zum privaten Münzsalon" ausführlich beschrieben.

Nach den Revolutionsjahren 1848/49 änderte sich die Einstellung der privaten und städtischen Bauherren im Mietwohnungsbau. Die Verknüpfung von Haushalt und Familie wurde zum Leitbild der architektonischen Wohnraumgestaltung. Die gemeinsam genutzten Flure und Herdstellen im Zentrum der Häuser wurden abgeschafft. Dafür entstanden abgeschlossene Etagenwohnungen mit eigener Küche.

Mit dem Wandel im Mietwohnungsbau wurde die Grundlage für die moderne Haushaltstechnik geschaffen, wie man sie heute kennt. Es dauerte allerdings noch einige Jahrzehnte, bis ein spürbarer Fortschritt in der Technisierung der Haushalte eintrat.

Zunächst mussten breite Bevölkerungsschichten in den Städten mit Raumnot, Umweltverschmutzung und Wasserverknappung zurecht kommen. Infolge der dichten Bebauung verschwanden freie Flächen, die früher zum Bleichen der Wäsche genutzt wurden, und die öffentlichen Waschplätze an den Fluss- und Bachufern wurden wegen der zunehmenden Wasserverschmutzung unbrauchbar. Schon um die Mitte des 19. Jahrhunderts beklagten sich die Bürger über die Verschmutzung der fließenden Gewässer. Dazu kam, dass viele Wohnungen weit ab von Flüssen und Bächen gebaut wurden und der lange Weg zum Wasser sehr mühsam war.

An die Stelle der früheren einstöckigen Wohnungen waren mehrgeschossige Mietskasernen mit Seitenflügeln und Hinterhöfen getreten. Hier stand Berlin einsam an der Spitze und wurde zum Vorbild im Städtebau der zweiten Hälfte des 19. Jahrhunderts, wenn auch nicht überall so hoch und dicht gebaut wurde. In Berlin waren um die 60er Jahre fast alle Mietskasernen drei- und viergeschossig. Die Zahl der Bewohner pro Gebäude stieg von 1864 bis 1867 von 29 auf 51, um 1900 lag sie bei 77 Personen, fiel dann allerdings langsam wieder ab.

In den Mietskasernen mangelte es an sanitären Einrichtungen. Aborte befanden sich auf den Höfen, Außentoiletten für mehrere Familien in den Zwischenetagen. Keller und häufig auch Dachböden sind als Wohnungen genutzt worden. In den Parterreräumen siedelten sich Kleinhändler an, die den täglichen Bedarf der Mieter und Anwohner deckten.

## Textile Vorratshaltung

Die Wäscheaussteuer war weniger zum Verbrauch bestimmt als zur Vorratshaltung und wurde als Leinenrollen oder Wäsche an die nachfolgenden Generationen vererbt. Von der Aussteuer ist zunächst nur die Erstausstattung des Haushalts bestritten worden. Dazu schreibt ein zeitgenössischer Kommentator:

„Wie reichlich auch eine junge Frau ausstaffiert worden ist, nimmt sie von jeder Sorte nur so wenig Stücke wie irgend möglich in Gebrauch. Bei einer aus vier Köpfen bestehenden Familie werden von den zwölf bis sechzehn vorhandenen Handtüchern nur drei Stück ständig gebraucht (alle gebrauchen ein und dasselbe Handtuch), die restlichen bleiben unbenützt in der Wäschetruhe. Verschleißen die drei Stücke, werden drei neue dafür gewebt, nur um nicht den zurückgelegten Vorrat anrühren zu müssen. Genauso hält man es mit den Brottüchern und der Leibwäsche."

Textilien waren im 18. und bis zur Mitte des 19. Jahrhunderts echte Investitionsgüter, die man bei Bedarf in bares Geld umsetzen konnte. Erst als die Industrieproduktion riesige Mengen an Textilien auf den Markt warf, wurden die Textilien zu einem Konsumartikel und sind es bis heute geblieben.

Einige Mietshäuser, bei weitem aber nicht alle, verfügten über eine Waschküche, die allen Mietern zur Verfügung stand, doch nicht alle konnten sie nutzen, wie aus einem Bericht aus dem Jahre 1854 zu entnehmen ist:

„In sehr vielen Häusern der Stadt (Berlin) gibt es besondere Waschlokale (Waschkeller oder abgesonderte kleine Waschhäuser), die von den einwohnenden Familien abwechselnd benutzt werden. Nur den Wohlhabenden, deren Wäschevorrat so bedeutend ist, dass sie nur etwa alle 6 bis 8 Wochen das Waschen vornehmen zu lassen brauchen, verlohnt es sich, von diesen besonderen Waschlokalen Gebrauch zu machen. Bei nur geringer Quantität der Wäsche wird die Benutzung des Waschlokals zu teuer, da das Feuer unter den eingemauerten Kesseln zu viel Material verzehrt. Die Frauen der unbemittelten Familien benutzen daher in der Regel diese besonderen Waschlokale nicht, sondern ziehen es vor, in ihrer eigenen engen Wohnung zu waschen, um das Feuer zugleich zum Kochen der Speisen oder zur Erwärmung der Wohnung verwenden zu können."

Die Wohnungen der städtischen Unterschicht verfügten in der Regel nur über ein einzig heizbares Zimmer, das war die Küche. Die Stadt Berlin weist 1861 aus, dass in diesem Zimmer statistisch 4,1 Personen wohnten. Das war damals normal. Die Berliner Behörden definierten 1871, dass nur solche Wohnungen „übervölkert" sind, in denen sich sechs oder mehr Personen einen Raum teilen müssen, bzw. zehn und mehr auf zwei Räume kommen.

Das Waschen in der Wohnung der Arbeiterfamilien bedeutete, dass die Wäsche zunächst eingeweicht, was in Anbetracht der räumlichen Enge schon problematisch war, dann auf dem Küchenherd gekocht, anschließend gerubbelt und ausgewrungen werden musste. Zum Spülen ist die Wäsche in den Hof oder auf die Straße an einen Brunnen getragen worden, zumindest in den Jahren, in denen noch keine Wasserleitung in den Häusern vorhanden war.

Zum Trocknen wurde die Wäsche dann wieder hoch in die Wohnung getragen, weil in den meisten Mietshäusern keine Möglichkeiten zum Wäschetrocknen vorhanden waren. Außerdem war das Trocknen auf Straßen, Plätzen, Promenaden und den als Erholungsgebieten ausgewiesenen Arealen in vielen Städten als eine „Zurschaustellung der Wäsche" polizeilich verboten! Was blieb da den Hausfrauen anderes übrig, als in dem einzig beheizbaren Zimmer, der Küche, eine Schnur zu spannen, an der sie die nasse Wäsche aufhängen konnten?

Eine „große Wäsche" gab es für die Arbeiterfamilien nicht – hatte sie jedoch auch vorher nicht gegeben, als die Menschen noch in ihrer ländlichen Umgebung gewohnt hatten. Denn sie

*Abbildung 4, Seite 28:*

**Waschtag ohne Idylle**

Das Bild spiegelt die Wirklichkeit des Waschens im Industriezeitalter wider. Es verzichtet auf alles idyllische Beiwerk, das in den zahllosen Kupferstichen und Holzschnitten der Genreszene enthalten ist. Die Kulisse einer beeindruckenden Stadt und geschäftige Wäscherinnen an einem schönen Fluss oder See fehlen hier völlig. Es ist die Realität. Ein langsam dahin fließender Bach, der vielleicht einige hundert Meter aufwärts die Turbine einer kleinen Fabrik treibt, und Frauen mit ernstem Gesicht, denen man die Anstrengung der Arbeit ansieht.

*Abbildung 5, Seite 30:*

**Hofraum einer amerikanischen Mietskaserne**

In New York waren die Verhältnisse während des Industriezeitalters im Proletariat nicht viel anders als in Deutschland. Enge Wohnungen, kleine Zimmer, mehrere Stockwerke, Toiletten auf den Etagen, Waschen in der Küche. Trocknen im Hof – wie es das Bild eindrücklich vor Augen führt.

Auf den Leinen hängt vorwiegend kleine Wäsche, von Bettlaken und Betttüchern ist nicht viel zu sehen. Diese Teile wurden im Vergleich zur Leibwäsche nicht so oft gewaschen, wie in zeitgenössischen Kommentaren nachzulesen ist.

Betrachtet man die vielen Personen im Innenhof, so ist anzunehmen, dass die Wohndichte damals in New York genauso hoch gewesen sein musste wie in Berlin mit sechs bis sieben Personen pro Zimmer.

hatten so wenig Wäsche, dass sie sie waschen mussten, sobald sie schmutzig war. In einem Bericht aus dem Jahre 1913 ist zu lesen: „Das Waschfass steht fast die ganze Woche in der Küche im Gebrauch, weil jedes Mal, wenn ein schmutziges Leibstück abgelegt wird, dieses gleich wieder gewaschen werden muss!"

Fasst man die Bedingungen für das Waschen der Wäsche in den Haushaltungen der proletarischen Bevölkerung zusammen, so kommt man zu dem Schluss, dass sich in dem hundertjährigen Industriezeitalter von 1815 bis 1914 absolut kein technischer Fortschritt ergeben hat.

Wie war nun die Situation in den anderen Bevölkerungsschichten? Schließlich gab es nicht nur das Proletariat sondern auch die Mittel- und Oberschicht, nicht zu vergessen die noch verbliebene ländliche Bevölkerung.

Die **Oberschicht** verfügte über geräumige, gut eingerichtete Waschküchen und das zum Waschen notwendige Personal, entweder als fest angestellte Dienstboten im Haus oder im Tagelohn arbeitende Wäscherinnen, manchmal auch beide gleichzeitig. In diesen Haushalten sind dann auch die neuen Entwicklungen in der Waschtechnik eingeführt und benützt worden. Angefangen von den Dampfwaschkesseln über die hölzernen Waschmaschinen bis hin zu den ersten elektromotorisch betriebenen Waschgeräten ist dort alles ausprobiert worden. Auch die neuzeitlichen Errungenschaften der Waschmittelchemie fanden Eingang in die Waschküchen der vorwiegend städtischen Oberschicht.

Die **Mittelschichthaushalte** konnten sich in der Regel keiner eigenen technisierten Waschküche bedienen. Für sie gab es jedoch in den Mietshäusern und in den öffentlichen Anstalten ausreichend Waschgelegenheit. Zum einen hatten sie die finanziellen Mittel, um die Kosten für die Benützung der Waschküchen samt Geräten zu begleichen, zum anderen aber auch genügend Wäsche, um einen aus wirtschaftlichen Gründen sinnvollen Waschzyklus von 4 Wochen und mehr einzuhalten. Alles Voraussetzungen, die für das Proletariat nicht zutrafen.

Die Einrichtungen der Waschküchen und Waschhäuser war sehr unterschiedlich und reichte vom einfachen, holzbefeuerten Waschkessel bis hin zu einer mit Einzelantrieb versehenen Trommelwaschmaschine. Die Energiewirtschaft hatte hier zwei nützliche Hilfen geboten, das Gas und den elektrischen Strom.

Als ab 1850 die Städte ihre Gasanstalten bauten, hätte Gas nicht nur zur Beleuchtung sondern auch zum Kochen, Heizen und Bügeln verwendet werden können, aber erst um 1880 kamen brauchbare Gaskochgeräte und Gasbügeleisen auf den Markt; um die Jahrhundertwende machte die Industrie die ers-

**Wie lange hält die Leinenwäsche?**

Ein gedruckter zeitgenössischer Ratgeber für die Hausfrau sagt dazu folgendes:

„Soviel man durch langjährige Erfahrung hat bemerken können, befindet sich die Leinwand bis ins zwölfte Jahr völlig gut, dergestalt, dass sie bis dahin der jungen einjährigen immer noch ganz gleich zu achten ist. Nach dem zwölften Jahr wird das Abnehmen ihrer Festigkeit schon etwas merklich. Ist sie im fünfzehnten Jahre, so kann man schon ein Drittel ihrer Dauerhaftigkeit als Abgang rechnen, und von nun an wird sie Jahr für Jahr mürber."

Es ist bemerkenswert, wie lange die Leinenwäsche im 19. Jahrhundert gehalten hat. Im 20. Jahrhundert ist eine solche lange Lebensdauer nicht mehr erreicht worden.

ten Versuche, auch Waschmaschinen mit Gas zu heizen. Wie es jedoch scheint, spielte die Gasheizung für die häusliche Wäsche bis vor dem Ersten Weltkrieg so gut wie keine Rolle – mit Ausnahme des Bügelns –, obwohl um 1912 die Gasanschlusszahlen der privaten Haushalte schon recht beachtlich waren. In Bremen verfügten 83 Prozent, in Württemberg 72 Prozent der Haushalte über einen Gasanschluss. Die niedrigsten Anschlusszahlen hatte Schlesien mit 21 Prozent.

Aber auch der elektrische Strom drang nicht bis in die Waschküche oder den Haushalt vor, obwohl bereits 1881 die von Emil Rathenau (*1838 †1915) gegründete Deutsche Edison Gesellschaft (seit 1887 AEG) helles Licht in die Häuser brachte. Dies regte die Erfinder für elektrische Haushaltsgeräte an, aber mit Ausnahme des Elektromotors konnte sich keine Erfindung bis zum Ersten Weltkrieg gegen das Gas durchsetzen. Der Grund dafür lag in der Verfügbarkeit des elektrischen Stroms. Man brauchte genauso wie beim Gas ein Verteilungssystem. Ein flächendeckendes Stromversorgungsnetz aufzubauen war jedoch viel komplizierter als eine Gasversorgung. 1888 gab es in Deutschland 16 Elektrizitätswerke, 1890 bereits 36 und 1894 schon 139. Dennoch waren in Berlin bis 1910 erst 3,5 Prozent aller Wohnungen an das Stromversorgungsnetz angeschlossen; 1914 waren es 5,5 Prozent.

Trotz allem technischen Fortschritt in der Energiewirtschaft von 1880 bis 1914 blieben selbst Glühlampen ein Luxusprodukt, für das 1890 acht bis sechzehn Reichsmark bezahlt werden mussten.

Die **Landwirtschaft** veränderte sich im Industriezeitalter von einem lohnintensiven zu einem kapitalintensiven Wirtschaftszweig. Durch die Gründung von Genossenschaften und die Entstehung von dörflichen Spar- und Darlehenskassen, die auf der Solidarhaftung der kreditnehmenden Mitglieder basierten, konnten die Landwirte das notwendige Kapital beschaffen. Ab den 60er Jahren trug die künstliche Düngung zu einem starken Anstieg der Produktion im Pflanzenanbau bei. Der technische Fortschritt verbesserte die Boden- und Viehproduktivität, aber auch die Produktionsleistung pro Arbeitskraft erhöhte sich rasant, im dritten Quartal des 19. Jahrhunderts um mehr als 50 Prozent.

Trotz der mächtigen Veränderungen in den Produktionsmethoden der Landwirtschaft hat sich bei der Säuberung der Wäsche nicht viel bewegt. Zwar gingen die Hausfrauen vom traditionellen Beuchen weg und bevorzugten den Waschkessel, der jedoch auch zu vielen anderen Tätigkeiten benutzt wurde. Es war also weniger ein reines Waschgerät als vielmehr eine Allzweckeinrichtung. Anstelle der Asche sind Soda und Seife, später dann konfektionierte Waschmittel verwendet worden. Das Spülen

Abbildung 6: In den 30er Jahren gehörte der Wringer zu der Grundausstattung einer städtischen Waschküche. Auf dem Land war dies noch keine Selbstverständlichkeit, dort ist die Wäsche in mühevoller Handarbeit ausgewrungen worden, wie die unterstehenden Bilder zeigen.

## Das selbsttätige Waschmittel

Als die Firma Henkel 1907 ihr Persil auf den Markt brachte, musste es gegen Seife und Soda antreten. Es waren die letzten 7 Jahre vor dem Ersten Weltkrieg und in der hohen Zeit der Industrialisierung. Die Deutschen hatten sich an die Veränderungen durch Technik und Chemie gewöhnt – aber nicht im Wäschewaschen!

Von zeitgenössischen Kommentatoren wird immer wieder berichtet, dass die traditionellen Waschverfahren beibehalten würden und der Grund dafür wird vielfach auf die Technikfeindlichkeit der Frauen geschoben. Es gibt jedoch auch andere Aussagen: Vielfach war das neue Waschmittel einfach zu teuer für die große Masse der einfachen Arbeiter und Tagelöhner. Sie hätten sicherlich auch gerne die Erleichterung des Waschens genossen, wenn sie sich es hätten finanziell leisten können. Stattdessen ist bis zum Kriegsanfang immer noch mit Soda und Seife gewaschen worden. Als dann der Krieg begann, war man froh, dass man überhaupt diese beiden Waschmittel noch hatte.

der Wäsche an fließenden Gewässern ist so lange es nur ging beibehalten worden. Erst als die Bauernhöfe an das kommunale Wasserleitungsnetz angeschlossen waren, hat es sich mit der Zeit geändert, allerdings nur langsam, denn das Leitungswasser kostete Geld, das Flusswasser war dagegen kostenlos und zudem oftmals weicher als das Leitungswasser.

Gegen Ende des Industriezeitalters um 1914 hatte sich das Waschen der Haushaltswäsche nur in den Haushalten der Oberschicht technologisch weiter entwickelt. Um die Jahrhundertwende offenbarte sich aber auch schon, dass der Einzelhaushalt in Zukunft eine neue technische Qualität bekommen wird. Allein schon die neuen Begriffe wie „Haustechnik" und „Haushaltstechnik" signalisierten diese Veränderung. Zwar konnten sich die meisten Hausfrauen unter der „Rationalisierung und Technisierung der Hausarbeit" nichts Konkretes vorstellen, aber allein schon der Gedanke an eine Erleichterung der täglichen Arbeiten in der Küche, vor allem aber des Wäschewaschens, erzeugte eine positive Grundstimmung. Die Planer hatten dann auch ein auf Kleinfamilien zugeschnittenes Konzept im Auge, das dem proletarischen Elend in den Mietskasernen ein Ende bereiten sollte. Arbeiterfrauen wie Mittelschichtshausfrauen sollten mit technischen Hilfen zu professionellen Managerinnen des Alltags werden.

*Abbildung 7:* Das selbsttätige Waschmittel Persil wurde von Henkel mit viel propagandistischem Aufwand vermarktet. Es wurde zum Synonym für das neuartige Waschen im Haushalt. Die herkömmliche Seife und Soda verloren immer mehr an Bedeutung. Der Weg zu den heutigen Vollwaschmitteln war damit vorgezeichnet.

## 1.3 Von Weltkrieg zu Weltkrieg (1914 bis 1945)

Die Zeit von 1914 bis 1945 brachte zwei Weltkriege, eine Inflation und eine verheerende Weltwirtschaftskrise. In diesen gut dreißig Jahren haben sich die politischen, wirtschaftlichen und gesellschaftlichen Strukturen Deutschlands grundlegend geändert. Nach zwei verlorenen Weltkriegen konnte aber auch nichts mehr so sein wie zuvor.

### Die Kriegszeit von 1914 bis 1918

Im Hinblick auf das Waschen der Haushaltswäsche vollzog sich im Ersten Weltkrieg kein technologischer Wandel, da die Industrie vorwiegend für die Rüstung produzieren musste. Zur Weiterentwicklung der Waschmaschinen fehlten sowohl die Ingenieure wie auch die Rohstoffe.

Aus sozialgeschichtlicher Sicht ist die Rolle der Frauen besonders interessant. Sie waren es nämlich, die schon kurz nach Kriegsausbruch die zum Wehrdienst eingezogenen Männer in den Fabriken ersetzen mussten. Die zivilen und militärischen Behörden bemühten sich, die Frauen für Arbeiten in den typischen „Männerindustrien" zu gewinnen. Bis zu einem gewissen Grade hatten sie auch Erfolg damit, denn die Frauenbeschäftigung stieg in der Metallindustrie, dem Maschinenbau, der elektrotechnischen und chemischen Industrie stark an. Das vom Staat angestrebte Ziel der „Frauenmobilisierung" wurde jedoch nicht erreicht. Dennoch blieben die Umschichtungen nicht ohne Auswirkungen auf die häuslichen Arbeitsverhältnisse, weil Hausfrauen, Mütter mit kleinen Kindern, Verkäuferinnen, Landarbeiterinnen und Dienstboten in den Fabriken arbeiteten. Sie mussten die bisherige Hausarbeit nach Feierabend erledigen. Dazu gehörte auch das Waschen der Wäsche.

Für diejenigen Frauen, die bisher ihre Wäsche in der eigenen Küche oder in der Gemeinschaftswaschküche gewaschen hatten, bedeute das eine Doppelbelastung durch Fabrikarbeit und Haushaltsführung. Es gab zwar Wäschereien, in die die Frauen die Wäsche hätten geben können, aber die Frauen konnten sich diese aushäusigen Dienste nicht leisten. Durch die Kriegsereignisse ging das Einkommen der Bevölkerung drastisch zurück, da fast alle erwerbsfähigen Männer zum Kriegsdienst eingezogen worden waren und kein Geld mehr zum Familienunterhalt verdienen konnten. Zwar zahlte der Staat eine „Familienunterstützung", die jedoch nur einen Bruchteil dessen ausmachte, was früher der Mann verdient hatte. Dadurch verschlechterte sich die Einkommenslage der Bevölkerung. Unter diesen dramatischen Verhältnissen, dazu noch bei ständig steigenden Lebenshaltungskosten, war es nicht möglich, die Wäsche in eine Wäscherei zu geben. Es fehlte ganz einfach das Geld dazu!

### Krise in der Textilwirtschaft

Seit der Gründung des Deutschen Reiches 1871 erfuhr die industrielle Produktion von Textilien ein stetiges Wachstum. Vor allem das hohe Niveau der Textilveredlung mit seiner gut entwickelten Färbekunst und der chemischen Verfahrentechnik sorgte für einen technologischen Vorsprung vor anderen europäischen Ländern. Mercerisierte Baumwolle mit Seidenglanz und hochechte Färbungen sowie ausgefallene Drucke begründeten den Wettbewerbsvorteil. Auch „künstliche Fasern" sind hergestellt worden. Allerdings konzentrierte sich die Produktion wegen der hohen Kapitalintensität auf einige wenige Unternehmen, von denen die Vereinigten Glanzstoff-Fabriken AG am bedeutendsten waren.

Mit dem Ausbruch des Ersten Weltkriegs trat eine empfindliche Krise ein. Die Selbstversorgung des Landes mit eigenen Rohstoffen war nicht mehr möglich, da seit etwa 1850 die Leinenindustrie wegen der Baumwollimporte praktisch verschwunden war. Kleidung war ab dem 1. August 1916 nur noch über Bezugsscheine zu erhalten.

*Abbildung 9, oben:* Der Blick in die Bügelstube eines Oberschichthaushalts um 1905 zeigt die Hausherrin mit ihren Dienstboten. Interessant ist, dass drei verschiedene Arten von Bügeleisen in Gebrauch waren: ein Kohlebügeleisen, ein Bolzeneisen und ein Spiritusbügeleisen.

*Abbildung 8, links:* In Millionen von Haushaltungen musste in dem einzig beheizbaren Raum der Wohnung, das war die Küche, auch die Wäsche gewaschen werden. Komfort gab es nicht, auch wenn die aufgeklärten Frauen zu Beginn des 20. Jahrhunderts für eine arbeitstechnische Emanzipation der weiblichen Bevölkerung kämpften. Bis nach dem Zweiten Weltkrieg sind die kargen Verhältnisse so geblieben.

**Patriotische Pflichten**

Das Pflegen und Reparieren der Textilien wurde 1914 zu patriotischen Pflichten der deutschen Bürger erklärt. Flicken, Stopfen und Nähen mussten die Neuanschaffung von Kleidung ersetzen. Allerdings gab es nicht genügend Nähfaden, weil Baumwolle knapp war. Dafür ist dann von den ehemaligen Baumwollspinnereien ein Papiergarn hergestellt worden, das schon beim Nähen gebrochen ist und sich beim Waschen aufgelöst hat.

Von der bereits 1915 eingerichteten „Reichsebewirtschaftungsstelle für Ersatzspinnstoffe" wurde veranlasst, dass aus allen möglichen inländischen Pflanzen, wie Brennnessel, Schilf, Hopfen und Lupinen einigermaßen brauchbare Ersatzfasern hergestellt wurden. Doch die Qualität war in den meisten Fällen so miserabel wie die des Papiergarns. Trotzdem ist die Bevölkerung aufgefordert worden, diese „Textilien" so pfleglich wie möglich zu behandeln, obwohl sie schon beim einfachsten Gebrauch kaputt gingen.

Der Rückgang des Volkseinkommens traf aber nicht nur die Unterschicht. Auch die Mittelschicht war davon betroffen. So mussten beispielweise in Berlin von Kriegsbeginn August 1914 bis März 1915 etwa 800 Kleinwäschereien und Plättereien ihren Betrieb schließen. Die bisherigen Kundinnen dieser Wäschereien mussten ihre Wäsche nun selbst waschen. Doch womit? Aufgrund der Rohstoffkrise waren Seife und Waschmittel knapp geworden. Von April 1916 an sind dann Seifen und Waschmittel rationiert worden. Sie waren dann nur noch auf die vom „Kriegsausschuss (KA) für pflanzliche und tierische Öle und Fette" ausgegebenen Bezugsscheine erhältlich. Auf einer Seifenkarte wurden die in einem Monat an eine Person abzugebenden Mengen festgelegt: Fünfzig Gramm Feinseife (Toilettenseife, Kernseife oder Rasierseife) sowie zweihundertfünfzig Gramm Seifenpulver. Der Anspruch verfiel nach Ablauf eines Monats.

Die Frauen mussten aber nicht nur mit weniger Seife und Waschmittel auskommen als früher, auch die Qualität wurde schlechter. Auf dem Lande konnte man sich behelfen, indem die tierischen Fette mit Alkali zu Seife verkocht wurden, in den Städten gab es diese Möglichkeit nicht.

Zu Beginn des Krieges war zunächst noch reichlich Soda vorhanden, um die reduzierten Seifenmengen in den Waschpulvern auszugleichen. Als jedoch bereits 1915 die Badische Anilin- und Sodafabrik BASF in die chemische Kampfstoffproduktion einbezogen wurde, gab es nicht mehr genügend Soda. So verschlechterte sich das Marktangebot an Waschmittel weiter, bis dann durch Verordnung vom 21. Juli 1916 die Herstellung von Waschmitteln auf Fettbasis endgültig untersagt wurde. Ab jetzt durften nur noch Waschmittel nach den Anweisungen des Kriegsausschusses (KA) aus den von ihm zugewiesenen Rohstoffen hergestellt werden. Die Produkte mussten den Aufdruck „KA-Seife" oder „KA-Waschmittel" tragen. Die Qualität dieser Seifen und Waschmittel war so katastrophal, dass nicht nur die Wäsche zerstört wurde, sondern oftmals auch Hautverätzungen bei Hausfrauen aufgetreten sind.

Als 1918 der Erste Weltkrieg zu Ende ging, waren die Industrieproduktion und das Sozialprodukt um etwa 40 Prozent niedriger als zu Beginn des Krieges. Der Neubeginn war schwierig. Fast 10 Millionen Soldaten und 1 Million deutsche Kriegsgefangene strömten zurück auf den Arbeitsmarkt. Doch der Industrie fehlten Kohle und Rohstoffe, die Landwirtschaft hatte keine Düngemittel. Massenarbeitslosigkeit, Kurzarbeit, Hunger und Elend waren die traurige Realität in den ersten Monaten nach dem Krieg. Diese Zustände bildeten auch den Hintergrund für die Revolution von 1918.

## Die Zeit der Weimarer Republik von 1919 bis 1933

Das Jahr 1919 leitete die konjunkturelle Wende ein. Es folgte ein Aufschwung mit hohen Wachstumsraten, der bis 1922 anhielt. Dann versank die Wirtschaft im Chaos und die Bevölkerung in der Hyperinflation. Bei der Währungsreform 1923 erhielt man für 1 Billion Mark eine Rentenmark, die dann 1924 eins zu eins in das endgültige Zahlungsmittel „Reichsmark" RM umgewandelt worden ist.

Die große Inflation hatte Gewinner und Verlierer. Die Verlierer waren Besitzer von Geldvermögen und die Gläubiger von öffentlichen und privaten Schuldscheinen, von Sparguthaben und sonstigem Geldkapital. Dazu gehörten große Teile des Mittelstandes, deren private Daseinsvorsorge zerstört war, aber auch Beamte und Besitzer von privaten Versicherungen. Millionen von Arbeitnehmern und Gewerbetreibenden sind in die Armut getrieben worden.

Die Veränderungen in den Vermögensverhältnissen hatten auch Auswirkungen auf die Wäschepflege. Viele Haushaltungen konnten sich keine Dienstboten mehr leisten oder reduzierten das Dienstpersonal auf das Allernotwendigste. Dafür sind aushäusige Dienstleistungen in Anspruch genommen worden oder die Arbeiten im Hause selbst mit stundenweise entlohnten Zugehfrauen gemacht worden. Zwischen 1907 und 1925 stieg die Zahl der außerhalb des Haushalts wohnenden, aber im Haushalt arbeitenden Personen um 15,6 % auf 294 417 an. Für die Wäschepflege bedeutete dies eine Verlagerung der Schwerpunkte. An die Stelle einer autonomen Arbeitsweise im Hause mit fest eingefahrenen Arbeitsabläufen trat nun die Aufteilung zwischen aushäusiger und inhäusiger Arbeit. Die Bettwäsche, Tischwäsche und Küchenwäsche wurde an Großwäschereien oder kleine Motorwäschereien vergeben, während die kleinen Teile, vor allem die Feinwäsche, im Hause selbst bearbeitet worden sind.

Ein Teil der durch die Inflation um ihre Vermögen gebrachten Haushaltungen mussten die Wäsche nun selbst waschen, weil sie nicht mehr das Geld hatten, irgendwelche Dienstleistungen, weder in- noch aushäusig, in Anspruch zu nehmen. Die Einrichtungen zum Waschen der Haushaltswäsche haben sich auf Waschkessel, Waschbrett und einige Zuber beschränkt, genauso wie bei der Masse der Unterschichtshaushalte. Es bestand auch keine Hoffnung, dass sich das schnell ändert, denn nach der Inflation kam die Wirtschaft nur langsam wieder in die Gänge, wurde dann aber fünf Jahre später nachhaltig gebremst. 1929 setzte ein wirtschaftlicher Niedergang ein, wie ihn die Welt im Industriezeitalter bis dahin nicht erlebt hatte. Deutschland zählte zu den Ländern, die mit am härtesten getroffen wurden. In den Jahren von 1929 bis 1932 gingen das Sozialprodukt und die Industrieproduktion um etwa 40 Prozent

*Abbildung 10:*
**Mädchen für alles!**

In den hochherrschaftlichen Familien war die Dienstmädchenarbeit in vier Bereiche aufgeteilt. Für jeden Bereich gab es einen oder mehrere Dienstboten. Als nach der großen Inflation 1923/24 das Vermögen vieler bis dahin reichen Familien geschrumpft war, konnten sich die Haushaltungen nur noch ein einziges Dienstmädchen halten. Das war dann das sprichwörtliche „Mädchen für alles".

*Abbildung 11:* Wäschepflege in einer Behelfswohnung in einer Berliner Laubenkolonie um 1920.

**Technisierung des Haushalts als Programm der Frauenbewegung**

Die im Zentrum des Haushalts agierende Ehefrau, Hausfrau und Mutter sollte die Chance bekommen, sich geistig zu emanzipieren. Dazu wird in einem Kommentar aus dem Jahre 1929 geschildert, wie die Situation damals aussah:

„Gleichgültig ist es, ob es sich um die Nur-Hausfrau der Reste des Mittelstandes handelt, die durch den Mangel an Hilfskräften zu unentrinnbarer geistloser Arbeit mit Scheuerlappen und Staubwedel verurteilt, in den „Mußestunden" vor dem nie leer werdenden Flickkorb verbannt ist, oder um die mitverdienende Berufsfrau des Proletariats (....), die durch Doppelberuf der Hausversorgung und durch das Herbeischaffen der notwendigsten Unterhaltsmittel übermüdet und abgemattet in völliger Stumpfheit versinkt ...."!

Aus dieser Situation sollten die Frauen erlöst werden.

zurück, in etwa vergleichbar mit der Krise des Ersten Weltkriegs - auch hinsichtlich der Not und des Elends der Bevölkerung. Die Arbeitslosenquote lag 1932/33 bei gut 30 Prozent. Die Situation besserte sich erst nach 1933, als die nationalsozialistische Regierung umfangreiche Arbeitsbeschaffungsprogramme auflegte und so den Großteil der Arbeitslosen wieder in Arbeit und Brot brachte. Mit dem Dritten Reich begann auch eine neue Epoche in der Stellung der Frau im Haushalt.

Blickt man jedoch zunächst auf die Zeit der Weimarer Republik von 1919 bis 1933 zurück, so hat sich in diesem Zeitabschnitt ein neuer Geist im Verständnis der Hausarbeit entwickelt, der sich zwar nicht in unmittelbarem technischen Fortschritt auswirken konnte, aber die Grundlage für die Entwicklungen in den nächsten Jahrzehnten gelegt hat.

Der Ausgangspunkt war die im Ersten Weltkrieg entstandene Wertschätzung der Frauenarbeit in den Industriebetrieben und ihre Fähigkeit, daneben auch noch den Haushalt zu besorgen. Schon allein wegen der begrenzten Zeit mussten die häuslichen Arbeiten so rationell wie möglich gemacht werden. Dadurch wurde das Interesse der Öffentlichkeit in den ökonomisch stabileren Jahren der Weimarer Republik auf die Rationalisierung der Hausarbeit gelenkt, speziell unter dem Aspekt der Technisierung des Haushalts, wozu in erster Linie auch das Waschen der Wäsche gehörte.

Die Rationalisierungsidee war zwar keine Theorie, hatte jedoch zunächst wenig Chancen auf praktische Realisierung, weil die ökonomischen und technischen Rahmenbedingungen nicht gegeben waren. Aber sie förderte die technische Entwicklung von Geräten und regte den Wohnungsbau zur Integration der Energieversorgung in die Haushalte an.

Mit der Rationalisierungsidee entstand auch ein organisiertes Selbstbewusstsein, mit dem sich die Hausfrauen einen Aufstieg zur Berufsfrau und damit mehr Anerkennung für ihre Arbeit erhofften. Es entstand ein neues Frauenbild: Gefragt war die gesunde, qualifizierte, tatkräftige und auf der Höhe der Zeit stehende Ehefrau und Mutter. Das bisherige Leitbild der duldsamen, ausgemergelten und nervösen Frau hatte ausgedient, ebenso die aus der bewussten Andersartigkeit entstandene Repräsentantin einer höheren Schicht. Auch große Unternehmen stellten ihre Sozialpolitik unter das neue Motto. So entstand z.B. die legendäre „Siemensfamilie", die der Firmengründer Werner von Siemens 1870 mit viel Engagement ins Leben gerufen hatte. Die durch die Rationalisierung der Hausarbeit gewonnene Zeit sollten die Frauen der liebevollen Betreuung der Kinder und zärtlichen Hinwendung zum Ehemann verwenden, um damit auch die von der Gesellschaft beklagten „Zerfallsprozesse" als Folge der Industrialisierung aufzuhalten.

1915 wurde der Reichsverband deutscher Hausfrauenvereine gegründet, der zusammen mit den landwirtschaftlichen Hausfrauenvereinen die größte Gruppe im Bund Deutscher Frauenvereine der Weimarer Republik bildete. Die 1926 entstandene Reichsforschungsstelle für Wirtschaftlichkeit im Bau- und Wohnungswesen erstellte mehrere Versuchssiedlungen. An der Akademie für soziale und pädagogische Frauenarbeit in Berlin ist 1928 das erste Institut für Hauswirtschaftswissenschaft von Frauen gegründet worden. Die beiden Reichsverbände der städtischen und ländlichen Hausfrauenvereine Leipzig und Pommeritz errichteten eine Praktisch-Wissenschaftliche Versuchsstelle für Hauswirtschaft - ein Vorläufer der Stiftung Warentest!

Jedes für gut befundene Produkt erhielt für einen Zeitraum von drei Jahren einen Stempel mit dem Signum des Reichsverbandes Deutscher Hausfrauenvereine, dem Sonnenzeichen.

In der Zeit der Weimarer Republik ging die bereits vor dem Ersten Weltkrieg begonnene Versorgung der Haushalte mit Gas und Wasser weiter voran. Eine in Berlin 1928 durchgeführte Erhebung zeigte, dass die Zahl der stromversorgten Haushalte zwischen 1925 und 1928 von 27,4 auf 54,8 % gestiegen war. Über einen Gasanschluss verfügten 89,6 % der Haushalte. 1930 verfügten in Ostpreußen alle Städte über eine Stromversorgung und etwa 75 % der städtischen Haushalte waren an diese angeschlossen.

Im Hinblick auf die häusliche Wäsche sind die Zahlen der Berliner Erhebung vom Oktober 1928 sehr aufschlussreich: Danach besaßen 40,3 Prozent der Haushalte ein elektrisches Bügeleisen; es rangierte damit an erster Stelle aller Elektrogeräte im Haushalt, gefolgt vom Staubsauger. Demgegenüber hatten nur 0,3 Prozent der stromversorgten Haushalte eine elektrisch angetriebene oder elektrisch beheizte Waschmaschine. Bei den gasbeheizten Waschgeräten sah es noch schlechter aus. Nur 0,07 % aller Haushalte besaßen eine gasbeheizte Waschmaschine oder einen Dampfwaschtopf mit Gasbrenner.

Aus den Berliner Daten geht eindeutig hervor, dass in der Zeit von 1919 bis 1933 die Waschmaschine in den Privathaushaltungen keine Rolle gespielt hat. Die Wäsche wurde vorwiegend in der hauseigenen Waschküche oder in einer Gemeinschaftswaschküche gewaschen, für deren Einrichtung und Installation der Hausbesitzer zu sorgen hatte.

Die Einrichtungen einer Waschküche in einem Privat- oder Mietshaus unterschieden sich erheblich von denen einer Gemeinschaftsanlage. Während in den Waschküchen der Waschkessel die zentrale Rolle spielte, hatten die Gemeinschaftswaschanlagen mit Elektromotoren betriebene Waschmaschinen und Zentrifugen, die sich im technischen Stand an den gewerb-

**Sonnenzeichen**

*Abbildung 12:*

**Hausfrauenberatung 1925**

Die Zentrale der Hausfrauenvereine hatte in Berlin eine Beratungsstelle eingerichtet, aus deren Arbeit 1927 berichtet wird:

„Ganz besonders in den Hausfrauenvereinen erleben wir es täglich, wie wehrlos die Hausfrauenwelt der Flut der Reklame von Industrie und Handel gegenübersteht. Je lauter die Reklame, desto sicherer der Erfolg. Stellt sich der Kauf als Schund heraus, so sind die Hausfrauen und die deutsche Volkswirtschaft die Betrogenen".

Damit die Hausfrauen ein sichtbares Zeichen für eine geprüfte Qualität fanden, wurde von der Praktischwissenschaftlichen Versuchsstelle für Hauswirtschaft in Leipzig das Sonnenzeichen verliehen.

1933 sind die Praktischwissenschaftlichen Versuchsstellen der staatlichen Abteilung Volkswirtschaft – Hauswirtschaft unterstellt worden.

*Abbildung 13, oben:* Wenn es die Witterung und die Örtlichkeiten erlaubten, wurde der große Waschtag in den Oberschichthaushalten im Freien abgehalten, aber unter Aufsicht und tätiger Mitwirkung der Hausherrin, denn schließlich war das Waschen eine viel zu wichtige Angelegenheit, als dass man sie hätte den Dienstmädchen allein überlassen können. Das Foto entstand nach dem Ersten Weltkrieg.

*Abbildung 14, rechts:* Der Waschkessel war bereits um die Wende vom 19. zum 20. Jahrhundert überall bekannt, aber nicht vorhanden. Wer einen besaß, konnte sich glücklich schätzen, weil der Kessel die Wascharbeit doch erheblich erleichterte. Oft standen die Waschkessel im Freien und konnten selbst in der kalten Jahreszeit nicht in das Haus gestellt werden, da ein Kaminanschluss fehlte.

**Haushaltsjahr zur Vermeidung von Arbeitslosigkeit**

In den Jahren 1933 und 1934 verließen außergewöhnlich viele junge Leute die Schule und hätten bei der ohnehin schon großen Arbeitslosigkeit nur die Zahl der Arbeitssuchenden vergrößert. Um wenigstens für ein Jahr die Arbeitslosigkeit zu vermeiden, ist das Haushaltsjahr für die Mädchen eingeführt worden. Die Jungen mussten zum Arbeitsdienst.

lichen Wäschereien orientierten. Zum Betrieb und zur Instandhaltung, aber auch zur Terminplanung war ein Waschmeister angestellt. Das Waschen der Wäsche selbst mussten die Hausfrauen persönlich erledigen. Die Kosten für die Amortisation der Anlagen erfolgte über einen Zuschlag zur Miete. Darüber hinaus wurde eine Benutzungsgebühr erhoben, die entweder als Pauschale oder aber pro Kilogramm gewaschener Wäsche zu bezahlen war. Ende der 20er Jahre hatten die Benutzerinnen von Gemeinschaftswaschanlagen monatlich zwischen 20 und 40 Pfennig zu bezahlen.

Auf dem Land gab es sogenannte Maschinengemeinschaften, ja sogar mobile Gemeinschaften, bei denen die Waschmaschine und die Schleuder auf einem Handwagen in die eigene Waschküche gefahren werden konnten.

## Das nationalsozialistische Deutschland von 1933 bis 1945

Nach der Machtübernahme durch die Nationalsozialisten 1933 wurde die Rationalisierung und Technisierung des Haushalts weitergeführt, denn sie passte durchaus in das Konzept der nationalsozialistischen Familienpolitik, allerdings mit einer anderen Zielsetzung als in der Weimarer Republik. Damals war das Ziel, die Hausfrau zu entlasten und damit die aushäusige Ausbildung und Berufstätigkeit sowie die politische Mitwirkung in allen gesellschaftlichen Bereichen zu erleichtern. Im Dritten Reich trat genau das Gegenteil ein; die Emanzipation zur Hausfrau und Mutter wurde in den Vordergrund gerückt. Dazu passte auch, dass die Verbandsinitiativen im Umfeld der Haushaltswissenschaften in die Politik der NS-Frauenorganisationen integriert worden sind. Im Geiste der nationalsozialistischen Planwirtschaft bekam die Hausarbeit einen neuen volkswirtschaftlichen Stellenwert. Dazu gehörte auch die häusliche Wäsche, denn das Waschen diente nach den damaligen Vorstellungen nicht nur der Volkshygiene sondern stellte auch einen wesentlichen Beitrag zum Erhalt des größten Volksvermögens in den Haushalten, nämlich der Textilien, dar. Die Behandlung der Wäsche war keine Privatsache mehr, da „nach Schätzung maßgebender Sachverständiger allein die vermeidbaren Verluste durch vorzeitige Zerstörung von Geweben beim Waschen 300 bis 500 Millionen jährlich Reichsmark betragen".

Diese Aufforderung zum schonenden Umgang mit den Textilien hatte keinen ideologischen sondern einen realen wirtschaftlichen Hintergrund. In Deutschland wurden im Jahre 1934 pro Kopf der Bevölkerung fünf Kilogramm Baumwolle verbraucht, die aus überseeischen Ländern gegen Devisen eingeführt werden musste. Diese Einfuhren beliefen sich auf elf Prozent der Ausfuhren der baumwollexportierenden Länder. Das war den damaligen Machthabern zu viel. Sie brauchten die Devisen für

*Abbildung 15:* Waschen in der Stadt: Um 1939 waren Waschzuber, Wringer und Waschbrett die Standardausrüstung einer Haushaltswaschküche.

*Abbildung 16:* Waschen auf dem Lande: Gemauerter Waschkessel, aber bereits fließendes Wasser.

**Hausarbeit in der Planwirtschaft**

Der volkswirtschaftliche Stellenwert der Hausarbeit ist 1935 von den Nationalsozialisten genau definiert worden. Allerdings klafften Anspruch und Wirklichkeit weit auseinander. Gewollt war ein Verständnis im neuen Geiste der Frau:

„Die Art und Weise, wie die Arbeiten im Haushalt von der Frau durchgeführt werden, berührt heute nicht nur die eigenen Verhältnisse, sondern die gesamte Wirtschaft unseres Volkes. Die Hausfrau handelt bewusst, wenn sie jede Arbeit durchdenkt und nicht nur die Folgen für sich selbst , sondern auch für die Allgemeinheit überlegt."

Reparationsabzahlungen nach dem Versailler Vertrag und für den Import von Rohstoffen für die Rüstungsindustrie.

Die Hausfrauen bekamen schon in den ersten Jahren des nationalsozialistischen Regimes junge Helferinnen für die Hausarbeit. Bereits 1934 ist für die große Zahl der Schulabgängerinnen ein Haushaltsjahr eingeführt worden, in dem sie in größeren oder kinderreichen Haushaltungen „als Familienmitglied ohne Barentgelt" mitarbeiten mussten. Mit dem „Hausjahrmädel" stand für das Waschen der Wäsche eine zusätzliche Arbeitskraft zur Verfügung.

Die in der Weimarer Republik übliche, weil aus wirtschaftlichen Gründen notwendige gewerbliche Arbeit der Frauen ist im Dritten Reich quasi verboten worden. Die Frauen sollten sich ausschließlich auf ihre Rolle als Mutter und Ehefrau konzentrieren. Doppelverdiener wurden als „Volksschädlinge" verunglimpft.

Im Wohnungsbau sind schmucklose, aber praktische „Wohnmaschinen" verordnet worden. Neu war, dass auch ein Wohnzimmer vorgesehen war. Die Einrichtung für die Küche sollte zwar mit modernen Haushaltsgeräten ergänzt werden, aber nur ein Bruchteil der Bevölkerung konnte sich das leisten. Neben elektrischer Bratpfanne, Eierkocher, Toaster, Waffeleisen und Geschirrspülautomat wurde auch eine elektrische Waschmaschine empfohlen. Eine große Verbreitung hat sie nicht gefunden, wie eine Erhebung in einer deutschen Industriestadt mit 200 000 Einwohner 1937/38 zeigt: Waschmaschinen, Schleudern und Elektromangeln zusammen lagen unter 5 Prozent. An der Spitze lag nach wie vor das Elektrobügeleisen, aber nun nicht mehr gefolgt vom Staubsauger sondern vom Rundfunkempfänger.

In der Zeit von 1933 bis zum Kriegsbeginn 1939 klafften Anspruch und Wirklichkeit weit auseinander. Im Hinblick auf die häusliche Wäsche bedeutete dies, dass die Wäsche in der Waschküche gewaschen worden ist, ohne Waschmaschine, im altbewährten Waschkessel. War keine Waschküche vorhanden oder die Benützung zu teuer, dann haben die Hausfrauen genauso wie in der Weimarer Republik die Wäsche auf dem Küchenherd gekocht.

Als 1939 der Zweite Weltkrieg begann, gab es genauso wie in der Zeit des Ersten Weltkriegs fast keine Konsumgüter mehr. Alle Anstrengungen wurden in die Rüstungsindustrie gesteckt, und auch das ursprünglich hehre Ziel, dass die deutschen Frauen nur Mütter und Gattinnen sein sollen, ist in Vergessenheit geraten, als es darum ging, die Männer in den Rüstungsbetrieben zu ersetzen. Im Grund lief alles gleich ab wie im Ersten Weltkrieg.

*Abbildung 17:* Durch die Bombardements auf deutsche Städte wurde in den letzten Kriegsjahren die Hausarbeit immer mehr erschwert. Verlust der eigenen Wohnung, Zerstörung des Hausrats, Evakuierung oder Unterbringung in Notunterkünften machten eine geregelte Wäschepflege nahezu unmöglich. Zwischen Fliegeralarm, Entwarnung und Ausgangssperre konnte man kaum mehr die notwendigsten Besorgungen machen.

Viele Familien hatten nicht mehr als ein Zimmer, in dem sie wohnen, kochen, waschen, trocknen, bügeln und schlafen mussten. Ähnlich wie die in der Abbildung dargestellte Frau mit ihrem Kind in einer Nissenhütte.

*Abbildung 18:* Am 13./14. Februar 1945 wurde Dresden von den Angriffen englischer und amerikanischer Bomberverbände durch Brand- und Sprengbomben schwer getroffen. In der mit schlesischen Flüchtlingen überfüllten Stadt starben nach den Angaben des Statistischen Bundesamtes rund 60.000 Menschen. Enttrümmerung und Wiederaufbau kamen nur langsam voran, so dass sich die Überlebenden mit einfachen Wohnungen begnügen mussten. Die häusliche Wäschepflege wurde improvisiert, so gut es eben ging, so wie auch in anderen zerbombten Städten Deutschlands.

Die häusliche Wäsche wurde beschwerlicher je länger der Krieg dauerte, weil Waschmittel immer knapper wurden. Daran änderte auch die von den Firmen Henkel und Böhme-Fett-Chemie für ihre Produkte Persil und Fewa betriebene Erinnerungswerbung nichts, die eigentlich nur als Brücke zur Nachkriegszeit gedacht war. Wohlweislich hatten sich die Hersteller von Markenwaschmitteln gehütet, die in der Kriegszeit auf den Markt gekommenen Einheitswaschpulver mit ihren Markennamen zu versehen. Die Erfahrungen nach dem Ersten Weltkrieg hatten sie gelehrt, dass sich der schlechte Ruf der Ersatzwaschmittel auf das Originalprodukt überträgt, wenn die Zeiten wieder besser werden. Im Gegensatz zum Ersten Weltkrieg konnten sich die Leute bei der Waschmittelknappheit weit weniger behelfen, denn es wusste ja kaum noch jemand, wie man Seife aus Fetten und Ölen herstellt oder dass man mit Holzasche anstelle von Soda hätte waschen können.

Da auch Kohle, Gas und Strom bewirtschaftet waren, herrschte an allen Ecken und Enden Mangelwirtschaft. Ob die Wäsche weiß war oder nicht, zählte nicht mehr, Hauptsache sauber!

In den letzten Kriegsjahren 1944/45 war auch die Wäsche nicht mehr wichtig, denn es ging nur noch ums Überleben. Die immer mehr in das Landesinnere drängende Kriegsfront, vor allem aber die ständigen Bombardierungen deutscher Städte bedrohten die Bevölkerung. 500 000 deutsche Zivilisten kamen im Zweiten Weltkrieg ums Leben.

Die Last des wirtschaftlichen Lebens lag ausschließlich auf den Schultern der Frauen, da alle wehrtauglichen Männer und Jugendliche zur Wehrmacht eingezogen worden waren. Viele Tausende von Frauen mussten in der Rüstungsindustrie arbeiten und dort die an die Front abgezogenen Männer ersetzen.

Die Bilanz des Krieges sah katastrophal aus. Insgesamt verloren 55 Millionen Menschen ihr Leben. In Deutschland waren zahlreiche Städte zerstört, viele Industrieanlagen beschädigt und die Infrastruktur, vor allem der Verkehr, stark beeinträchtigt. Die Verhältnisse, unter denen die Menschen 1945 leben mussten, waren trostlos.

Bei allem Elend, das der Krieg gebracht hatte, fiel die ökonomische Bilanz nicht ganz so schlecht aus. Der Rüstungswettlauf der Kriegsjahre hatte der deutschen Industrie einen Modernisierungs- und Konzentrierungsschub gebracht. Zukunftsorientierte Branchen, wie die Elektroindustrie und die Großchemie, hatten sich stark entwickelt. Selbst traditionelle Wirtschaftsbereiche waren zur Rationalisierung ihrer Herstellungsmethoden gezwungen worden. Die Fließbandarbeit hatte in einigen Industrien Fuß gefasst. Die Produktionsprozesse waren insgesamt besser geworden und die Fachkräfte hatten ihr Potential erweitert. Dennoch war es für die Menschen bei Kriegsende unvorstellbar, dass dem Chaos und Elend nach wenigen Jahren ein wirtschaftlicher Aufschwung ohne Beispiel folgen sollte. Niemand glaubte daran, dass die Kriegswirtschaft bei all den Einschränkungen eine relativ günstige Ausgangsposition für den Wiederaufbau geschaffen hatte.

## 1.4  Vom Kriegsende bis zur Währungsreform

Als nach der Kapitulation 1945 die Bombenangriffe aufgehört hatten, brauchte man zwar nicht mehr um sein Leben zu fürchten, aber die wirtschaftliche Situation war nicht besser geworden. Nach wie vor fehlte es an den elementaren Dingen des Lebens und die Energieversorgung unterlag weiterhin der Zwangsbewirtschaftung. Zudem waren gut fünfzig Prozent der Wohnungen durch Bomben und Granaten beschädigt. Infolgedessen herrschte ein akuter Mangel an Wohnraum. Alle verfügbaren Räume der Häuser wurden zu Wohngelegenheiten umfunktioniert, so auch die Waschküchen und die Trockenböden. Das Waschen musste damit zwangsläufig in die Küchen verlagert werden.

Die chaotischen Versorgungszustände blieben bis zur Währungsreform 1948 bestehen, in Berlin aufgrund der Blockade bis Frühjahr 1949. Mit der Geldentwertung und der Einführung der Deutschen Mark in den drei westlichen Besatzungszonen war die Zwangswirtschaft 1948 endgültig vorbei.

**Nicht planbare Prioritäten**

Um 1920 waren die ersten Waschmaschinen mit Gasbeheizung und elektrischem Antrieb auf dem Markt. Eine nennenswerte Verbreitung fanden die Maschinen jedoch nicht. Erst nach 1960 setzten sich die Waschvollautomaten flächendeckend durch. Diese lange Umsetzungsphase hängt wohl mit der Psyche der Menschen zusammen. Nicht anders ist es zu erklären, warum Geräte, mit denen die mühsame Arbeit des Waschens erleichtert hätte werden können, nicht gekauft wurden, während die Geräte der Unterhaltungsindustrie, wie Radio und Fernseher, sich relativ schnell verbreiteten. So gab es 1952 nur 1000 Fernsehgeräte, 1957 ist die erste Million gezählt worden und 1964 waren es 9 Millionen.

## 1.5 Wiederaufbau, Wirtschaftwunder, 21. Jahrhundert

**Extremsituation bei den Wäschereien**

Das Fehlen der häuslichen Waschgelegenheiten stellte die gewerblichen Wäschereien vor eine besondere Herausforderung, denn sie waren auf das Haushaltswäsche-Geschäft nicht vorbereitet. Sie mussten zunächst die Kriegsschäden beheben und ihre alten Waschmaschinen modernisieren oder einen neuen Maschinenpark anschaffen, wozu in vielen Fällen das notwendige Kapital fehlte. Zudem wusste man zu Beginn der 50er Jahre nicht, wie sich die Zukunft entwickeln wird. Dass die karge Nachkriegszeit in ein Wirtschaftwunder münden werde, daran wagte damals niemand zu denken, ja man konnte es sich schlichtweg nicht vorstellen.

Diejenigen Wäschereien, die mit billigen Preisen und gutem Service auf dem Markt waren, konnten sich vor Aufträgen kaum noch retten. Es waren allerdings nur wenige, denn die in jener Zeit notwendige Geschäftspolitik unterschied sich grundsätzlich von der bisherigen Handwerksmentalität. Das bewährte Dienstleistungsspektrum mit Waschen, Stärken, Pressen, Bügeln war nicht mehr gefragt, sondern nur das Waschen und Schleudern. Wer sich darauf einstellte, machte das Geschäft!

Die ersten Jahre nach der Währungsreform brachten zunächst keine Verbesserung der Versorgungslage der Bevölkerung. Es gab zwar wieder alles zu kaufen, aber hohe Arbeitslosigkeit und steigende Preise drückten auf die Kaufkraft. Erst ab 1952 machte sich durch amerikanische Kapitalhilfe ein Wirtschaftsaufschwung bemerkbar. Für die breiten Schichten der Bevölkerung war jedoch nicht daran zu denken, sich eine Waschmaschine zu kaufen. Die Wirtschaftspolitik dachte da etwas weiter. Sie ging davon aus, dass durch einen steuerlich begünstigten Anreiz zum Kauf einer Waschmaschine mehr Haushalte eine kaufen würden, und sich durch die höheren Stückzahlen die Preise senken ließen. Mit der „Aktion Volkswaschmaschine" wollte der damalige Bundeswirtschaftsminister Ludwig Erhard 1955 ein marktpolitisches Signal setzen. Obwohl es keine staatliche Unterstützung beim Kauf einer Waschmaschine gab, war für die Konsumgüterindustrie doch eine klare Linie in Richtung Haushaltsgeräte vorgeben worden. Kühlschrank, Waschmaschine und Fernseher waren die Symbole für den Wohlstand im Haushalt. Dieses Marktsegment versprach auch für die Hersteller ein gutes Geschäft, da der Krieg und die gesellschaftliche Integration von Vertriebenen und Flüchtlingen einen erheblichen Bedarf in der Haushaltsausstattung geschaffen hatten.

Eine positive Auswirkung auf die Technisierung der Haushalte und im besonderen auf die Anschaffung einer Waschmaschine hatte der Nachkriegswohnungsbau. Aus rein wirtschaftlichen Gründen schien es zunächst sinnvoll, an den Weimarer Siedlungsbau mit seinem rationellen Baustil anzuschließen. Das hieß, funktionelle, kleine Wohnungen und dazu eine Siedlungsinfrastruktur mit Gemeinschaftswaschküche. Als sich jedoch die Möglichkeit abzeichnete, dass die Waschmaschine in die Wohnung integriert werden kann, konnte man auf die gemeinsame Waschküche im Haus verzichten. Allerdings wagte es die Bauwirtschaft bis in die 1960er Jahre noch nicht, Mehrfamilienhäuser ohne Waschküche zu bauen. Doch in den folgenden Jahren machte sich der Trend zur technischen Autonomie der Haushalte immer deutlicher bemerkbar und setzte sich dann als Standard durch.

Eine nicht unerhebliche Unterstützung erfuhr die Waschmaschine durch die Familienlobby. Der Hausfrau sollte mehr Individualität und mehr Entfaltung in der privaten Intimität der Familie ermöglicht werden. Da war es nur logisch, die Waschmaschine in ihren privaten Besitz einzureihen, anstatt sie in der Gemeinschaftswaschküche aufzusuchen und sie mit dem Hausfrauenpublikum zu teilen. Interessanterweise waren einige Jahre zuvor die Militärbehörden der Besatzungsmächte der Auffassung gewesen, dass einer „nicht-arbeitenden" Hausfrau geringere Essensrationen zustehen als der arbeitenden. Jetzt hatte man die Arbeitskraft der Hausfrau wieder entdeckt und versuchte, sie als familiäre Wohltat zu würdigen, indem man ihr eine eigene Waschmaschine in ihrer Küche zugestand. Aber noch besaßen die meisten Haushalte keine eigene Waschmaschine. Es gab ja nicht einmal genügend Waschkessel in den deutschen Haushaltungen!

Außerdem gab es bis etwa 1960 in den städtischen Ballungsgebieten keine ausreichende Zahl von Gemeinschaftswaschküchen oder die Einrichtungen war so veraltet, dass man sie nicht mehr benützen konnte. Für die betroffenen Haushalte bestand dann die einzige Möglichkeit in der Inanspruchnahme der Dienste einer gewerblichen Wäscherei, sofern sie das notwendige Geld dazu hatten. Aber auch die Wäschereien mussten sich an den finanziellen Möglichkeiten der Bevölkerung orientieren. Deshalb führten sie die in der Weimarer Zeit bereits vorhandene Dienstleistungsart, die Nasswäsche oder Sackwäsche, wieder ein. Hier wurde die Wäsche nur gewaschen, dann geschleudert und im feuchten Zustand an die Kunden wieder ausgeliefert. Das Trocknen und Bügeln besorgten die Hausfrauen selbst. Mit dieser Art der Arbeitsteilung zwischen Wäscherei und Hausfrau gelang es, die Anfangsjahre der Bundesrepublik in sauberer Wäsche zu überstehen.

In den Großstädten eröffneten Investoren und Heimkehrer Münzwäschereien und Mietsalons für die Menschen ohne eigene Waschmöglichkeiten. Zusätzlich zur reinen Waschleistung konnte man auch gegen ein geringes Entgelt die Wäsche trocknen und mangeln.

Trotz aller wirtschaftlichen Schwierigkeiten gab es mutige Menschen, die an die Zukunft glaubten und mit neuen Ideen innovative Produkte herstellten. Einer davon war Peter Pfennigsberg, der sich kurz nach der Währungsreform als Maschinenbauer selbstständig gemacht hatte. Auf der Bauausstellung Constructa in Hannover stellte er 1951 eine nach amerikanischem Vorbild gebaute Trommelwaschmaschine mit dem typischen Bullauge an der Vorderfront vor. Über eine Programmscheibe konnten die einzelnen Abläufe eingestellt werden, dazu gab es einen separaten Schleudergang. Der Energieverbrauch war so groß, dass ein Kraftstromanschluss notwendig war. Wegen der Unwucht beim Schleudern war eine Zementsockelverankerung notwendig. Da zudem der Preis weit über 2.000 DM betrug und das durchschnittliche Familieneinkommen 1951 bei 350 DM im Monat lag, hatte die Maschine in dieser Form keine Chance als Haushaltswaschmaschine. Trotzdem hat sie der Entwicklung der Haushaltswaschmaschinen den richtigen Weg gewiesen.

*Abbildung 19:*

**Bottichwaschmaschinen als Synonym für fortschrittliche Haushaltstechnik**

Wenn die deutschen Hausfrauen nach dem Zweiten Weltkrieg eine neue Bottichwaschmaschine in ihre Küche einbauen ließen, dann hatten sie das sichere Gefühl, das Neueste auf der Welt bekommen zu haben. Nur die wenigsten wussten, dass die Bottichmaschinen schon Jahrzehnte vorher in den USA entwickelt worden sind und dort in zahllosen Haushaltungen in Betrieb waren. Wohltuend war das Bewusstsein, dass auch die japanischen Hausfrauen, sofern sie eine entsprechend große Wohnung besaßen, ebenfalls die Segnungen der Bottichwaschmaschinen nach dem Krieg genossen haben.

## Konsumorientierung – Teilhabe an der Kultur

Von den Soziologen ist Anfang der 60er Jahre herausgefunden worden, dass sich die Frauen breiter Schichten nach der Teilhabe an der Kultur sehnen – und Kultur war nichts anderes als Konsum! Der sichtbare Ausdruck dafür waren die Kleidung, die Wohnungseinrichtung und der Tourismus. Weiter wurde gesagt, dass die Tadellosigkeit der persönlichen Erscheinung und der Wohnung durch Askese gewonnen werden und resümierten mit der Feststellung: Fast sieht es so aus, als ob sich der zivilisierte Mensch hohe Ziele setzt, damit er es nicht zu bequem hat.

Ironische Zeitgenossen haben die Konsumorientierung in dem Satz zusammen gefasst: Kaum ist die Not vorbei, erfindet sich der Mensch den Lebensstandard!

Unter dem Markennamen CONSTRUCTA hat sie dann in späteren Jahren ihren Weg in die deutschen Haushalte gefunden.

1951 kopierte die AEG als erste deutsche Firma ein amerikanisches Prinzip, das der Wellenradmaschine. Die Maschine wog gerade mal 40 kg und fasste 2,5 kg Trockenwäsche. Sie konnte an jede Schukodose angeschlossen werden, besaß einen beweglichen Ablassschlauch und wurde von einem Wechselstrommotor mit einem maximalen Anschlusswert von 500 W angetrieben.

Das Gerät hatte eine viereckige Gehäuseform und passte sich damit den Forderungen der modernen Küche an. In der Folgezeit kopierten auch andere Hersteller die viereckige Form der Geräte und orientierten sich in der Gestaltung an den Gegebenheiten der neuen Einbauküchen. Sie wurden unter dem Sammelbegriff „Bottichwaschmaschinen" geführt.

Wer nun glaubte, die deutschen Hausfrauen würden sich mit Begeisterung auf diese neuen Bottichwaschmaschinen stürzen, der sah sich getäuscht. Der erste Vorbehalt war die nach Ansicht vieler Hausfrauen ungenügende Waschwirkung.

Der zweite Vorbehalt gegen die Bottichwaschmaschinen der ersten Generation war das Fehlen einer elektrisch betriebenen Entwässerungseinrichtung. Also musste eine zusätzlich Schleuder angeschafft und aufgestellt werden, die allerdings nicht in die Küche passte. Daraus lernten die Maschinenhersteller und entwickelten das Waschbüffet, das in den 60er Jahren auf den Markt kam. In ihm war neben dem Waschbottich an der rechten Seite ein Schleuderkorb mit der halben Größe des Bottichs untergebracht. Dadurch wurden die Geräte zwar breiter, aber man konnte sie mit einer durchgehenden Platte abdecken, womit sie wiederum in das Konzept der Einbauküchen passten, jedoch nicht überall. Das erklärte Ziel der Maschinenhersteller war, eine Waschmaschine zu bauen, die nicht mehr Platz beansprucht als ein normaler Kühlschrank, waschen und schleudern in einem konnte, jedoch so wenig Unwucht erzeugte, dass sie nicht im Küchenboden verankert werden musste.

1958 gelang es dem Ingenieur August Leppler, eine Waschmaschine mit elastisch-nachgiebiger Trommelhalterung zu konstruieren und auch patentieren zu lassen. Die Bottichwaschmaschinen mit integrierter Schleuder verschwanden daraufhin vom Markt und der Siegeszug des Trommelwaschvollautomaten begann. Innerhalb weniger Jahre folgten weitere Maschinen mit anderen Schwingungssystemen und die befestigungsfreie Aufstellung von Waschvollautomaten rückte verkaufsstrategisch in den Vordergrund. Durch die neuen Schwingungssysteme wurde es auch möglich, die Schleuderdrehzahlen von ursprünglich 400 auf 1.000 pro Minute zu erhöhen.

Die Soziologinnen gehen davon aus, dass sich durch die technische Entwicklung des Waschens vom Kessel in der Waschküche bis zum Waschvollautomaten in der Wohnung eine Verminderung des Arbeitsaufwandes für die Frauen um etwa 90 Prozent eingetreten ist. Aber auch die Auswirkungen auf die Umgebung sind anders geworden. Die mit Einweich- und Spülwasser gefüllten Zuber sind zugunsten eines einzigen Gerätes verschwunden. Die nassen Fußböden gehörten der Vergangenheit an. Man brauchte keine wasserfesten Schuhe mehr und die Schürze wurde auch nicht mehr nass. So gesehen, kann man den Fortschritt in der Waschtechnik auch an der Kleidung der Hausfrauen ablesen, wie nachfolgend zu sehen ist.

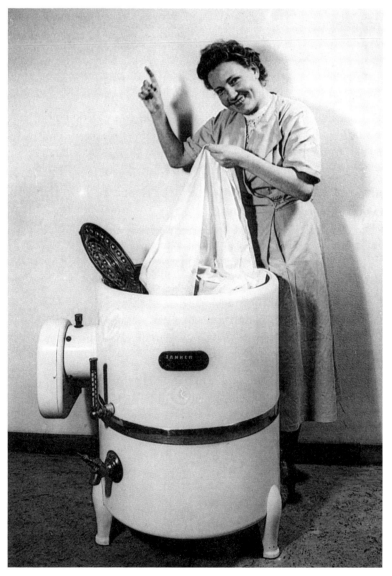

*Abbildung 20:* Als die Waschmaschine der Firma Zanker um 1950 auf den Markt kam, trugen die Hausfrauen noch immer die gewohnte Kittelschürze. Sie gehörte zur Standardkleidung in der Kochküche wie auch in der Waschküche.

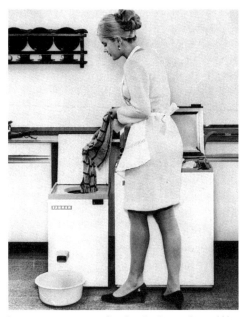

Mitte der 50er Jahre reichte eine Latzschürze (links) und später sogar eine Cocktailschürze beim Waschen.

Mit den Waschvollautomaten verschwand die Schürze, weil die Alltagskleidung nicht mehr geschützt zu werden brauchte.

*Abbildung 21:* Anhand der Abbildungen kann man nachvollziehen, wie der nach dem Zweiten Weltkrieg eingesetzte Wandel von der „Keller gebundenen" Waschmaschine zur „Etagenfähigen" Waschmaschine verlaufen ist. Man kann sich kaum mehr vorstellen, dass Wäsche waschen eine strapaziöse Arbeit gewesen sein soll.

Obwohl die Waschvollautomaten in den 60er Jahren in großer Zahl und guter technischer Ausstattung auf dem Markt waren, verzögerte sich die flächendeckende Einführung wegen des verhältnismäßig hohen Preises von 1.500 bis 2.500 DM. Vergleichsweise waren unbeheizte Holzbottich-, Rührflügel- und Wellenradmaschinen schon zwischen 300 und 500 DM zu haben. Teilautomaten kosteten 700 bis 900 DM, der Preis für ein Waschbüfett betrug etwa 1.100 DM und eine elektrische Schleuder kostete zwischen 200 und 400 DM.

Interessanterweise konnten sich die billigeren Waschmaschinen nicht durchsetzen. Sie waren bis Ende der 60er Jahre nur in einem Drittel der deutschen Haushalte zu finden. Der Grund dafür lag sicherlich in der Konkurrenz der Waschvollautomaten, die ab Mitte der 70er Jahre mit etwa 60 Prozent zur Standardausrüstung bundesdeutscher Haushalte gehörten. Dabei zeigte sich eine deutliche Abhängigkeit vom Haushaltseinkommen. In den unteren Einkommensklassen bis ca. 1.000 DM monatlich waren sie 1973 nur in etwa einem Drittel der Haushalte vorhanden.

## Statussymbol Waschmaschine

Zeitgenössische Kommentatoren der deutschen Wirtschaftsgeschichte weisen darauf hin, dass die Anschaffung eines Waschvollautomaten auch in einer Zeit des Aufschwungs für viele Haushalte eine extreme Beanspruchung war. Sie vermuten, dass viele Familien mit dem Kauf einer Waschmaschine warteten, bis sie sich das Geld für eine hochwertige Maschine zusammengespart hatten, denn die teuren Haushaltsgeräte, wozu zweifellos die Waschmaschine zählt, hatten für die Frauen in der Nachkriegszeit immer einen doppelten Sinn. Zum einen waren es arbeitserleichternde Werkzeuge, zum anderen Statussymbole des familiären Aufstiegs. In dieser Doppelfunktion war die automatische Waschmaschine wie kaum ein anderes Gerät der Beweis für Wohlstand und Modernität in der Wohnungseinrichtung.

*Abbildung 22:* Das „Bullauge" der von Peter Pfennigsberg konstruierten und gebauten Trommelwaschmaschine CONSTRUCTA wurde zum Synonym für fortschrittliche Haushaltstechnik in der Nachkriegszeit.

Die automatische Waschmaschine in der Küche half aber auch den Millionen von Frauen, die aushäusige berufliche Tätigkeit mit ihrer Rolle als Hausfrau verbinden mussten. Sie konnten nach einem Erwerbsarbeitstag ohne die Mithilfe von Familienmitgliedern die große und kleine Wäsche waschen. Die Arbeit beschränkte sich auf intelligente Bedienung mit wenigen Hand-

**Der Anfang der „Männerarbeit" in der häuslichen Wäschepflege.**

Wenn in bäuerlichen Gemeinschaften heißes Wasser gemacht werden musste und zu den Waschplätzen zu tragen war, dann ist dies die Aufgabe der Männer gewesen. Sie sorgten für das Holz und die Feuerstelle. Alle schweren Arbeiten sind an sie delegiert worden. Dazu gehörte auch der Transport der Wäsche an die fließenden Wässer, sofern diese Arbeit den Frauen wegen der körperlichen Anstrengung nicht zumutbar war.

Mit dem eigentlichen Waschen, also dem Entfernen des Schmutzes aus den Textilien hatten sie nichts zu tun, das war reine Frauenarbeit.

In der deutschen Literatur gibt es kein einziges Bild, das einen „Wäsche waschenden Mann" zeigt. Erst nach 1900 treten in einigen Fotografien die Männer als Helfer beim unmittelbaren Waschen auf, bis dann ab den 70er Jahren die deutschen Männer vor den Waschautomaten erschienen.

griffen. Die eigentliche Mühe begann erst dann, wenn die Maschine entladen war und die schleuderfeuchte Wäsche weiter bearbeitet werden musste. Doch auch hier hat die Haushaltstechnik große Erleichterung gebracht. Allerdings mussten die Hausfrauen bis Mitte der 60er Jahre warten.

Die Maschinenhersteller kamen mit den Haushaltstrocknern nur zögerlich auf den Markt, da ihnen die Marktstudien keine großen Verbreitungschancen vorausgesagt hatten. Dies war auch richtig, so lange es Trockenplätze, Dachböden und Platzmangel in den Wohnungen gab. Doch im Laufe der Jahre verschwanden die Trockenplätze und der Platzmangel in den Wohnungen ließ nach, weil im Zuge des Wirtschaftwunders wieder größere Wohnungen, vor allem größere Küchen, gebaut wurden. Zudem verbesserte sich das Einkommen breiter Bevölkerungsschichten und ermöglichte, dass in Ergänzung zur Waschmaschine auch noch ein Trockner angeschafft werden konnte. Wenn auch 1986 nur etwa 15 Prozent der bundesdeutschen Haushalte über einen Wäschetrockner verfügten, so gehört er heute zum Standard einer Wohnung.

Das Bügeln mit Hilfe eines Bügeleisens, als letzte Stufe der Bearbeitung häuslicher Wäsche, benötigt noch fast den gleichen Zeitaufwand wie früher. Verändert haben sich die Temperaturregelung und das Gewicht. Eine zusätzliche Befeuchtung des Bügelgutes durch Dampf ist in den 50er Jahren dazu gekommen. Erleichterung der Bügelarbeit wurde durch die „Vorglättung" der Wäsche im Trockner erreicht, auch durch knitterarme Textilien und glättende Appreturen.

Für große Wäscheteile ist bereits 1928 eine für den Hausgebrauch konzipierte Bügelmaschine auf den Markt gekommen. Es folgten dann Miele und andere Firmen mit verbesserten Geräten. Die Beheizung erfolgte früher mit Gas, später mit Strom. Eine nachhaltige Unterstützung zur Erleichterung der Wäschepflege erhielten die Frauen von der Textilindustrie, die nichts unversucht ließ, um die Textilien nach dem Waschen möglichst leicht glättbar zu machen. Dieser Trend hält bis heute unvermindert an. Wenn auch einige der Werbeversprechungen nicht ganz mit der Realität übereinstimmten, so bedeuteten die pflegeleichten oder bügelarmen Materialien doch eine wesentliche Arbeitserleichterung im Haushalt.

Mit der Verfügbarkeit von vollautomatischer Waschmaschine, Wäschetrockner und für den Heimgebrauch geeigneter Bügelmaschinen war die Technisierung der häuslichen Wäschepflege im Prinzip abgeschlossen. Was nun kam, waren graduelle Verbesserungen in der Handhabung, Wirksamkeit, Ökonomie und Ökologie, wobei sich die Verbesserung in der ökologischen Ebene nur dann vermarkten ließ, wenn damit auch ökonomische Vorteile für die Hausfrauen verbunden waren.

Die im Laufe der Jahrzehnte erreichten Erfolge in der Technisierung der häuslichen Wäschepflege hatten ihren Ursprung in der geschlechterspezifischen Arbeitsteilung in den Familien. Die mit ihrer Doppelrolle als Hausfrau und Berufsfrau stark belastete Mutter und Ehefrau sollte entlastet werden. Teilweise war die Technik auch Ersatz für die Dienstboten in Oberschichthaushalten. Aus soziologischer Sicht hatten die Frauen einen großen Schritt nach vorne getan. Sie konnten über eine umfassende haushaltstechnische Ausstattung verfügen, die ihnen eine autonome Haushaltsführung ermöglichte. Sie waren nicht mehr auf die Hilfe einer Waschfrau angewiesen und mussten auch nicht mit anderen die Waschmaschine in der Gemeinschaftswaschküche teilen. Dazu kam, dass sie die aufgrund des gesteigerten Hygienebewusstseins erfolgte Zunahme der Wäschemenge selbst bewältigen konnten. Die häusliche Wäschepflege war so einfach und leicht wie nie zuvor. Hinzu kam, dass die notwendigen Geräte, allen voran die Waschmaschine, zu einem Statussymbol geworden waren. Die Individual-Waschtechnik ist in den Rang eines Kulturguts aufgestiegen.

Man darf bei aller Begeisterung für die Fortschritte der Maschinentechnik und der Waschmittelchemie nicht vergessen, dass die Textilindustrie auch einen Anteil an den Erfolgen für sich in Anspruch nehmen darf. Sie war es nämlich, die durch neue Fasern und neue Ausrüstungen die Voraussetzungen für die Erleichterungen schuf. Man denke nur an das pflegeleichte Oberhemd oder die pflegeleichte Bluse. Durch diese Ausrüstungen hat das Bügeln seine Schrecken verloren. Jetzt war es mit ein paar Bügelstrichen möglich, die Teile in einen gebrauchsfähigen Zustand zu versetzten.

Dies hatte enorme Auswirkungen auf das Trageverhalten der Männer und Frauen. Nun konnten sie jeden Tag das Hemd oder die Bluse wechseln, um frisch und adrett gekleidet zu sein. Das Waschen erledigte die Maschine und das Bügeln war kein Problem mehr. Dies führte ganz automatisch zu einer Integration des Waschens in die täglichen Abläufe einer Familie. Und wenn man so gerne von dem „Kultstatus" der Waschmaschine spricht, so sollte man doch bedenken, dass nicht nur die Maschine der Kult war, sondern die saubere, gepflegte Wäsche und Kleidung, die die Träger von den anderen abhob, die keine Waschmaschine hatten und alles von Hand waschen mussten, es deshalb nicht so oft taten, und damit nicht so gepflegt aussahen.

Trotz aller Wertschätzung für Technik und häusliche Wäschepflege blieb die Tätigkeit selbst eine Arbeit für die Frauen. Eine weitere Erleichterung durch technische Hilfen schien nicht mehr möglich. Folgerichtig wurde daher Mitte der 70er Jahre die Arbeitsteilung zwischen Mann und Frau im Haushalt virulent, denn

**Synthetische Fasern auf dem Vormarsch**

Die Weltproduktion an Textilfasern betrug 1970 etwa 21 Millionen Tonnen, 2004 ca. 62 Millionen Tonnen, also etwa das Dreifache.

Davon waren 1970 etwa 13 Millionen Tonnen Naturfasern (Wolle und Baumwolle) und ca. 8 Millionen Tonnen Chemiefasern. Im Jahre 2004 produzierten die Chemiefaserhersteller ca. 38 Millionen Tonnen, und der Verbrauch an Naturfasern lag bei 24 Millionen Tonnen, d.h. die Chemiefaserproduktion nahm um das 4,5-fache zu, die der Naturfasern nur um das Doppelte. Bei den Naturfasern ging die Produktion an Wolle von 1974 bis 2004 von 1,7 auf 1,2 Millionen Tonnen zurück, die von Baumwolle steigerte sich von 12 auf 23 Millionen Tonnen.

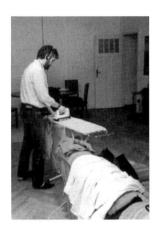

*Abbildung 23:* Die Männer haben gelernt, mit Haushaltsgeräten umzugehen, sowohl mit der Waschmaschine wie auch mit dem elektrischen Bügeleisen.

trotz aller Arbeitseinsparungen und Arbeitserleichterungen war die Aufteilung auf die Geschlechter nicht gleich groß. Immer noch hatten die Frauen wegen der Doppelbelastung im Haushalt geringere Chancen auf dem Arbeitsmarkt. In der gleichen Zeit hatte das normative Leitbild des bürgerlichen Familienmodells mit Mann als Ernährer und Frau als Hausfrau/Mutter zunehmend an Bedeutung verloren, was nicht zuletzt an der sprunghaften Zunahme nichtehelicher Lebensgemeinschaften, alleinerziehender Elternteile und vor allem an Ein-Personen-Haushalten abzulesen ist. Als Konsequenz daraus mussten auch die Männer lernen, wie man mit den Waschgeräten umgeht. Die geschlechterspezifische Trennung der häuslichen Wäschepflege hat aus soziologischen Gründen keinen Bestand mehr, wenngleich es nicht sicher scheint, dass bereits eine gleichgewichtige Verteilung eingetreten ist.

Blickt man auf die letzten zweihundert Jahre häuslicher Wäschepflege zurück, dann ist sehr deutlich zu erkennen, dass die Belastung für die Frauen ganz erheblich abgenommen hat und die Entlastung durch die Technik erfolgt ist. Aus der monatlichen großen Wäsche ist eine Zwischendurch-Wäsche geworden, gerade mal so nebenbei. Den Waschtag als harte Arbeit gibt es nicht mehr!

# 2. Seife, Asche, Licht und Wasser

## 2.1 Die Seife, das erste chemische Produkt der Menschheit

Irgendwann haben die Menschen gelernt, dass sich Schmutz von der Haut durch Wasser entfernen lässt. Dann war es wohl kein großer Schritt mehr bis zu den Textilien. Aber das Wasser für sich alleine hat nun einmal keine optimale Reinigungswirkung. Durch entsprechende Zusätze kann man die Reinigungskraft verstärken. Auch das hatten die Menschen begriffen. Nicht anders ist zu erklären, dass bereits dreitausend Jahre vor Christus von den Sumerern ein Rezept zur Herstellung von Seife aufgezeichnet worden ist. Wie die Sumerer oder deren Vorfahren die Seifenherstellung entdeckt hatten, ist nicht überliefert. Wenn es sich um eine systematische Vorgehensweise gehandelt hatte, dann müssten die Sumerer bereits etwas von Chemie verstanden haben, was in Anbetracht der Zeitspanne zu heute eher unwahrscheinlich ist.

### Die Seifenproduktion der Sumerer vor 5000 Jahren

Die Seifenherstellung ist, soweit man das heute beurteilen kann, einer der ältesten chemischen Prozesse, die von den Menschen systematisch durchgeführt worden sind. Man muss nämlich zwei Substanzen mit unterschiedlichen Eigenschaften miteinander reagieren lassen, wenn daraus Seife entstehen soll.

Die eine Komponente ist eine alkalisch reagierende Verbindung, die damals wohl schon als Pottasche bekannt war. Diese Pottasche ist nichts anderes als der Rückstand verbrannten Holzes oder allgemein von Zelluloseverbindungen. Offensichtlich hatten die Menschen schon recht früh erkannt, dass man mit dieser Asche die Haut und auch Textilien reinigen kann. Die Wirksubstanz ist Kaliumcarbonat, ein weißliches, körniges Pulver, das sich leicht in Wasser löst, und durch die teilweise eintretende Hydrolyse alkalisch reagiert. Im Gegensatz zu Natronlauge ist Kaliumcarbonat ein mildes Alkali.

Der Name Pottasche kommt daher, dass die Holz- oder Pflanzenasche mit Wasser ausgelaugt und dann in großen Pötten eingedampft wurde.

Die Pottasche ist für sich alleine bereits ein gutes Reinigungsmittel. Für die Haut kann sie etwas aggressiv sein, aber durch gutes Einölen nach dem Waschen lässt sich die Haut wieder glatt und geschmeidig machen. Bei Textilien beruht die Reini-

**Ältestes medizinisches Dokument**

Auf einer sumerischen Apothekertafel aus der Zeit um 2.200 vor Christus ist ein Rezept zur Herstellung einer „medizinischen" Seife aufgeführt. Nach diesem Apothekerrezept musste man pulverisiertes Tannenholz, die Haut einer Wasserschlange, die Wurzel einer Myrte, Alkaliasche und Gerste, zu Staub gemahlenes Tannenharz, Kusibupflanze und Wasser zusammen kochen und filtrieren. Mit dem Filtrat wurde dann der Patient eingerieben.

Interpretiert man die Ingredienzien dieser medizinischen Seife nach dem heutigen Stand der Kenntnis, so musste diese Seife auch einen guten Geruch gehabt haben.

*Abbildung 24:*

**Alfred Nobel** (*1833 †1896)
Jede Sache im Leben hat zwei Seiten, so auch die Erfindung der Seifenherstellung. Auf der einen Seite hat die Seife die Arbeit von Millionen von Wäscherinnen erleichtert und den Menschen viele Krankheiten erspart, weil sie nun ihren Körper hygienisch pflegen konnten.

Es gibt auch eine andere, zunächst düstere Seite. Bei der Seifenherstellung fällt Glyzerin als Abfallprodukt an, eine an sich harmlose, leicht süßliche Flüssigkeit. Aus ihr lässt sich Nitroglyzerin herstellen, mit dem man Millionen Menschen in die Luft sprengen kann. Der Schwede Alfred Nobel konzentrierte diese Kraft in einem Sprengstoff, den er Dynamit nannte, und für friedliche Zwecke empfahl. Doch die Zeitgenossen hielten sich nicht daran. Durch den Sprengstoff reich geworden, fühlte er sich aus moralischen Gründen verpflichtet, einen Preis für die friedliche Nutzung der Chemie und der Wissenschaft zu stiften – den Nobelpreis.

gungswirkung darauf, dass die bei der Hydrolyse im Wasser entstehenden Hydroxylionen den Schmutz und die Faser negativ aufladen, was zu einer gegenseitigen Abstoßung führt. Der von der Faser abgestoßene Schmutz geht dann in die Waschflotte über. Außerdem kann das Alkali freie Fettsäuren neutralisieren und damit löslich machen, teilweise auch Fette aufspalten und sie in Seife umwandeln. Und genau diesen letzteren Vorgang macht man sich bei der Seifenherstellung zu Nutze.

Seife ist das Alkalisalz einer Fettsäure, im Falle der Verwendung von Pottasche ist es das Kaliumsalz. Doch Fettsäuren kommen in der Natur vorwiegend in den Fetten vor, wo sie mit Glyzerin verbunden sind. Um die Fettsäuren zu erhalten, muss zunächst das Glyzerin von der Fettsäure abgespalten werden, was durch Erhitzen der Fette mit alkalischen Verbindungen geschieht. Im konkreten Falle nimmt man Olivenöl und kocht es mit Pottasche. Es entsteht Seife und übrig bleibt Glyzerin.

Der geniale Schritt der Sumerer bestand nun darin, dass sie erkannt hatten, dass eine als absolut nicht waschend bekannte Verbindung, nämlich ein Fett, zusammen mit Pottasche zu einer neuen Substanz mit großer Waschkraft umgewandelt wird. Bei allem Respekt vor der antiken Alchimie war diese Überlegung vor 5000 Jahren nicht zu erwarten. Es muss sich also um einen Zufall gehandelt haben, der von intelligenten Menschen beobachtet und richtig umgedeutet worden ist. Aus heutiger Sicht wäre der naheliegendste Zufall der gewesen, dass ein Fett durch bakterielle Zersetzung in Glyzerin und Fettsäure aufgespalten wurde. Wäre dieses aufgespaltete Fett in Kontakt mit Pottasche gekommen, so hätte sich sofort Seife gebildet, die durch starkes Schäumen zu erkennen gewesen wäre. Aber alles „wenn oder könnte" ist zwecklos. Man weiß schlichtweg nicht, wie eines der ersten chemischen Herstellungsverfahren für ein Kulturprodukt entstanden ist.

Dagegen ist die Dokumentation des Vorgangs lückenlos. Um etwa 3 000 vor Christus ist mit einem keilförmigen Stift in eine feuchte Tontafel der Geschäftsbericht einer sumerischen Tuchweberei eingeritzt worden. Die glühende Sonne machte die Tafel steinhart, viel dauerhafter als das ägyptische Papyrus und haltbarer als Pergament und Leder. Deshalb ist uns die postkartengroße Nachricht aus dem dritten Jahrtausend vor Christus erhalten geblieben.

Die Übersetzung des sumerischen Textes verdanken wir Professor Martin Levey von der Temple University in Philadelphia (USA). Er ist einer der wenigen Wissenschaftler, die das Sumerische lesen können. Seiner Ansicht nach befindet sich die Seifenherstellung auf den Tontafeln im Zusammenhang mit dem Waschen von Wolle, also das Entfetten und Reinigen der Rohwolle vor dem Spinnen, Weben und Färben.

Die Tontafel ist in Tello, einer kleinen Stadt im historischen Mesopotamien, dem Zweistromland zwischen Euphrat und Tigris, dem heutigen südlichen Irak, gefunden worden. Jetzt befindet sich die Tafel im Museum in Istanbul.

Nach den Aufzeichnungen der Sumerer kann man Seife aus 1 Teil Öl und 5 ½ Teilen Pottasche herstellen. Der verhältnismäßig hohe Anteil an Pottasche kommt daher, dass die Asche nicht reines Kaliumcarbonat, sondern mit anderen Bestandteilen der verbrannten Pflanzen vermischt war. Der Engpass in der Seifenherstellung wird damals nicht das Öl sondern das Alkali, sprich die Pottasche, gewesen sein. Interessantweise hielt dies bis in die Mitte des 19. Jahrhunderts an. Dann erst war dank der in England und Frankreich entwickelten chemischen Verfahrenstechnik genügend Alkali in Form von Soda für die Seifenherstellung vorhanden.

Im alten Babylonien wurde viel Wert auf die Herstellung der Pottasche gelegt. Aus den uns zugänglichen Quellen ist zu entnehmen, dass viele Pflanzen nur wegen ihres Alkaligehaltes angebaut worden sind. Sicherlich ist die Pottasche auch zum Reinigen der Haut verwendet worden, denn die Menschen der Antike wollten reinlich sein.

**Chemische Begriffe aus der Wäschersprache**

Mit „Verseifen" wird in der Chemie ein Vorgang bezeichnet, bei dem ein Ester in einen Alkohol und eine Säure aufgespalten wird. Es ist die Verallgemeinerung der Seifenherstellung, bei der ein Fett – das ist ein Ester aus dem dreiwertigen Alkohol Glyzerin und einer Fettsäure – in Glyzerin und Fettsäure gespalten wird.

Als Lauge bezeichnen die Chemiker auch heute noch eine alkalisch reagierende Substanz. Das Wort leitet sich von der in Wasser aufgelösten Pottasche ab, die die Wäscherinnen als Waschlauge verwendeten.

*Abbildung 25:* Tontafel aus der Zeit der Sumerer (etwa 3000 vor Christus), die im Museum in Istanbul aufgewahrt wird.

### Die Natronseife der Ägypter

Neben den Sumerern waren die Ägypter ein Volk mit einer hochstehenden Kultur. Eine so klare Überlieferung der Kenntnis der Seifenherstellung wie bei den Sumerern ist allerdings nicht vorhanden. Trotzdem kann man davon ausgehen, dass die Ägypter die Seife kannten und wussten, wie man sie herstellt. Dafür zeugen einige Hinweise auf alten Papyrus. Die dort aufgeführten Rezepte, bei denen man alkalisch reagierende Substanzen mit Fetten erhitzt, konnten nur zur Seifenherstellung benutzt worden sein. Außerdem hatten die Ägypter im Vergleich zu den Sumerern den großen Vorteil, dass sie nicht auf Pottasche angewiesen waren, sondern natürliche Sodavorkommen in ihrem Reiche hatten. Die Trona ist eine natürlich vorkommende Soda und ist im Natrontal als Kruste am Rande von Salzseen vorhanden (das Natrontal liegt 105 km westlich von Kairo und besitzt zehn Salzseen, die von Dezember bis Mai mit Wasser gefüllt sind. Im Sommer trocknen die Seen aus und werden seit dem Altertum zur Salz- und Sodagewinnung genutzt).

Die Ägypter waren für ihre Reinlichkeit bekannt, wie überhaupt jede Hochkultur auf Körperhygiene viel Wert gelegt hat. Mit Sicherheit benützten sie zum Waschen auch Seife.

In einem Wandgemälde, entstanden etwa 2.000 vor Christus in einem Felsengrab bei Beni Hassan in Oberägypten, sind die Tätigkeiten des Webens, Waschens, Wringens und Legens der Wäsche dargestellt. Aus authentischen Beschreibungen weiß man, dass in den Wäschereien des Pharao eine klare Hierarchie über die Verantwortung der Arbeiten geherrscht hat. Offensichtlich kam dem Waschen doch eine beachtliche Bedeutung zu.

*Abbildung 26:* Wandgemälde aus einem ägyptischen Felsengrab: Die mechanische Bearbeitung der Wäsche erfolgte schon 2.000 vor Christus durch Schlagen mit Hölzern oder Steinen. Diese Art der Lockerung des Schmutzes von der Faser ist bis um 1900 nach Christus erhalten geblieben, was bedeutet, dass sich innerhalb von fast 4.000 Jahren in dieser Technik nichts geändert hat.

## Seife aus Germanien für die Griechen

Die Kunst und die Technik der Seifenherstellung ist mit dem Untergang der Hochkulturen an Euphrat und Tigris bzw. am Nil in Vergessenheit geraten. Nicht anders ist es zu erklären, dass bei den Griechen kein Hinweis auf die Verwendung von Seife zu finden ist. Zwar sind auch die Griechen ein reinliches Volk gewesen, aber die Zeugnisse aus der Antike sind nur sehr spärlich. Bekannt ist nur ein Bild, das drei Frauen beim Zusammenlegen der Wäsche zeigt.

*Abbildung 27:* Auf dem Bild sind griechische Frauen mit dem Zusammenlegen der gewaschenen Wäsche beschäftigt.

Erst im zweiten Jahrhundert nach Christus hat man die reinigende Wirkung der Seife wieder entdeckt. Es war der griechische Arzt Galenos, neben Hippokrates der bedeutendste Arzt der Antike, der auf die positive Wirkung der Seife hingewiesen hat. Er schrieb, dass man damit neben der medizinischen Anwendung auch ganz gut Schmutz von Körper und Kleidung entfernen könne. Nach seiner Meinung sei die Seife aus Germanien die Beste.

Der Hinweis des Doktor Galenos änderte an den Waschgewohnheiten der Menschen jener Zeit wohl recht wenig. Die Römer benützten nach wie vor den vergorenen Urin, um ihre Tuniken und Togen zu säubern. Anderenorts wird man wie bisher die Pottasche als Reinigungsmittel angewandt haben. Dazu sind dann die Absude und Aufgüsse von Seifenkraut, Rosskastanie und Panamarinde zugesetzt worden.

## Urin anstelle von Seife

Die Römer kannten die Seife zunächst nicht und verwendeten zum Waschen der Textilien verfaulten Urin. Auch die professionellen Wäscher, die Fullones, waren auf dieses „Waschmittel" angewiesen. Damit sie genug davon zur Verfügung hatten, stellten sie in der Stadt irdene Gefäße auf und sammelten den Urin der römischen Bürger. Billiger konnten die Fullones kein Waschmittel beziehen und entsprechend gut verdienten sie. Das wiederum erweckte die Begehrlichkeiten des Staates und Kaiser Vespasian verhängte saftige Steuern für die Fullones, womit diese offensichtlich keine Probleme hatten, denn sie schrieben an ihre Türen „Salve Lucrum", d.h. „Gegrüßet seist du Gewinn"!

*Abbildung 28:*

**Kaiser Titus Flavius Vespasian** (*09 †79)

Er regierte das Römische Reich von 69 bis 79 n. Chr. Ob seiner Steuer auf die übel riechenden Urinbehälter angesprochen, soll er gesagt haben: „Pecunia non olet", im Sinne von Geld stinkt nicht!

## Von der Empirie zur wissenschaftlichen Seifenforschung

Eigentlich interessiert im Rahmen dieses Buches nur diejenige Seife, die zum Waschen von Textilien eingesetzt wird. Trotzdem soll der Bogen etwas weiter gespannt werden, weil in der historischen und auch kontemporären Literatur viel über Seife geschrieben ist. Eine klare Definition der Anwendung und Eigenschaften ist oft nicht vorhanden, sondern ergibt sich aus dem Umfeld der Informationen. Es fällt dabei aber selbst den Insidern oftmals schwer, genau zu unterscheiden zwischen den textilen Anwendungsbereichen und den anderen Verwendungsfeldern. Als kritischer Leser fragt man sich, wieso die eine Anwendung nicht auch zugleich die andere zulasse? Deshalb wird nachfolgen in groben Zügen erklärt, wie sich die historischen Fakten in die wissenschaftliche Klassifizierung einordnen lassen.

Damit aus einem Fett oder Öl überhaupt eine Seife entstehen kann, muss die Fettsäure zwischen 8 und 16 Kohlenstoffatome besitzen und linear aufgebaut sein. Dann gibt es grundsätzlich zwei Aggregatzustände der Seife: einen flüssigen und einen festen. Werden die Seifen mit Kaliumcarbonat, also Pottasche, hergestellt, entstehen flüssige, genauer gesagt pastenartige Seifenprodukte. Verwendet man zum Sieden Natriumcarbonat, also Soda, dann entstehen feste Seifen, die man in Stücke schneiden oder in die Form einer Kugel oder dergleichen bringen kann. Man definiert: Kaliseifen sind weich, Natronseifen sind fest.

Erinnert man sich an die Herstellungsmethode der Sumerer vor etwa 5000 Jahren, dann wird wohl eine weiche Seife, gewissermaßen eine Schmierseife entstanden sein, als sie Pottasche (Kaliumcarbonat) mit Fett zusammen gekocht haben. Da nach den Angaben aus jener Zeit die Seife zum Wollewaschen vorgesehen war, so würde man diese Seife heute als Textilhilfsmittel bezeichnen. Die Ägypter dagegen besaßen natürliche Soda, die Trona aus den Salzseen des Natrontales, und erhielten deshalb eine feste Seife. Wahrscheinlich werden sich weder die Sumerer noch die Ägypter Gedanken darüber gemacht haben, warum die Seife pastenartig oder fest ist.

Eher schon dachten die arabischen Alchimisten über solche Unterschiede nach. Zuverlässigen Quellen zufolge haben die Araber bereits im 7. Jahrhundert nach Christus die Seifenherstellung gekannt und waren in der Lage, weiße feste Seifen zu produzieren. Sie brachten dann die Kunst des Seifensiedens nach Spanien. Dort lernte man etwas Neues, nämlich das Herstellen von fester Seife aus Olivenöl mit einer anderen Art von Pottasche als bisher. Durch das Verbrennen von Strandpflanzen der Meeresküste entstand eine sodahaltige Asche, die zusammen mit Olivenöl eine schöne feste Seife ergab. Es dauerte nicht lange, bis im gesamten Mittelmeerraum bzw. überall

*Abbildung 29:* Die „Seifenfrau aus Sardinien" geht durch die Gassen und preist ihre Ware an, um 1850.

dort, wo der Ölbaum wuchs, die Geheimnisse der Seifensiederei bekannt waren. Besonders herausragende Plätze waren Alicante, Cartagena, Sevilla, Savona, Venedig, Genua und ab dem 16. Jahrhundert Marseille. So etwa ab 1550 hat sich die Seife als Reinigungsmittel für die Haut eingeführt, nicht jedoch für Textilien.

Besonders begehrenswert waren duftende Seifen, die man heute als Toilettenseifen bezeichnen würde. Damals hießen sie Luxusseifen, nicht zuletzt deswegen, weil es aus rein finanziellen Gründen ein Luxus war, sich mit Seife zu waschen. Die Seife ist mit hohen Steuern oder Zöllen belegt worden. Außerdem war in vielen Ländern die Seifenherstellung ein Staatsmonopol, die Preise daher obrigkeitlich verordnet.

Die betörendsten Düfte kamen aus Südfrankreich, dort, wo von alters her duftende Pflanzen angebaut werden, in der Provence aus der Gegend von Grasse. Wer etwas auf sich hielt, duftete nach diesen betörenden Seifen. Es gab gewissermaßen eine „Duftmode", die von Paris aus mit viel merkantilem Fingerspitzengefühl gelenkt wurde - ähnlich wie die Kleidermode.

In den nördlichen Ländern Europas konnte man mit den Luxusseifen der Südländer nicht mithalten. Trotzdem verfügten auch diese Länder über eine eigene Seifenindustrie. Um 800 war auch in Deutschland die Kunst des Seifensiedens bekannt. Karl der Große achtete auf die Konkurrenzfähigkeit der heimischen Seifensieder. Aus der Zeit um 1050 ist ein Rezept zur Herstellung von Seife aus England bekannt. Ab 1300 kannte man am Niederrhein die Seife, wobei sich die Holländer als Exportzentrum hervortaten.

Der prachtliebende französische König Ludwig XIV., genannt der Sonnenkönig, kümmerte sich höchst persönlich um die Seifenherstellung, aber nur um die Luxusseife, versteht sich. Sein Interesse an der Seife war aber rein merkantil, an seinen Körper kam sie wohl kaum. Um sich zu „waschen", benützte er stark riechendes Parfüm. Aber als Einnahmequelle war die Seife schon recht. Er beauftragte seinen Finanzminister Colbert, genuesische Seifensieder abzuwerben und eine französische Seifenindustrie aufzubauen. Mit den duftigsten Blumenölen der Provence und dem besten Olivenöl aus Südfrankreich begründete er in Marseille den weltweiten Ruf der französischen Luxusseifen. Marseiller Seife ist auch heute noch ein Begriff.

England war im 17. Jahrhundert ein hervorragender Exportmarkt für die duftenden Luxusseifen, weil die eigene Industrie nichts Gleichwertiges liefern konnte, die Engländer als Handelsnation aber über ein wohlhabendes Bürgertum verfügten. Auch in London wollte man so gut duften wie in Paris und kaufte in großen Mengen die Seifen aus Südfrankreich.

**Duft war wichtiger als Wirkung**

Die elegante Welt wollte die duftende Seife – und die weniger elegante auch! In den Palästen der Renaissancefürsten legten die Höflinge und ihre Damen nicht besonderen Wert auf Sauberkeit, aber sehr viel Wert legten sie auf einen guten Duft. Es gab regelrechte Duftmoden, die von Paris aus gesteuert wurden. Ähnlich wie in der Mode fiel den Franzosen immer wieder etwas Neues ein, um den Umsatz an edel duftenden Seifen in Gang zu halten.

Angefangen hatte die Duftmode mit den Kreuzzügen im 12. Jahrhundert. Damals brachten die Kreuzritter die duftenden Seifenkugeln aus Damaskus mit. Im 15. und 16. Jahrhundert waren es dann die Kaufherren aus Venedig, die mit den orientalischen Duftseifen einen blühenden Handel trieben, aber auch dafür gesorgt haben, dass duftende Seifen eine weite Verbreitung fanden. Sie waren auch die Wegbereiter für die vom französischen Sonnnenkönig Ludwig XIV. im 17. Jahrhundert begründete Seifenindustrie mit den duftigsten Blumenölen aus der Provence.

*Abbildung 30:*

**Michel Eugène Chevreul**
(*1786 †1889)

Er wurde 103 Jahre alt. Als ihn an seinem 100. Geburtstag der berühmte Fotograf, Ballonfahrer und Journalist Nadar interviewte und nach dem Grund für sein hohes Alter fragte, sagte der Chemiker: „Ich habe nie etwas anderes getrunken als Wasser" und fügte dann hinzu: „Trotzdem hat man mich zum Präsidenten der Anjou-Weine ernannt. Allerdings bin ich nur Ehrenpräsident"!

Obwohl Chevreul ein berühmter Chemiker war, zählte er nicht zur Prominenz auf seinem Gebiet. Die Liste der Berühmtheiten führte Jöns Jakob Freiherr von Berzelius (*1779 †1848) in Stockholm an. Die von ihm begründete chemische Formelsprache hat heute noch Gültigkeit. Die Franzosen hatten mit Antoine Laurent Lavoisier und Joseph Louis Gay-Lussac zwei weltweit führende Köpfe in ihrem eigenen Land.

Erwähnt sollen auch die medizinischen Seifen sein, weil sie zu Beginn des ersten Jahrhunderts nach Christus eine wichtige Rolle in der Heilkunde spielten. Man setzte der Seife desinfizierende Produkte aus Pflanzenextrakten zu. Damit wurde erreicht, dass die therapeutisch wirkenden Substanzen aufgrund der oberflächenaktiven Eigenschaften der Seife schnell in die Haut eindrangen. Zudem haben die ölhaltigen Bestandteile der Seife die Haut gepflegt und damit weiteren Dermatosen vorgebeugt.

Ab etwa 1850 ist Seife in ganz Europa ein für fast jeden Bürger erschwinglicher Konsumartikel geworden. Aber nicht alle Bürger konnten sich eine weiße feste Seife leisten. Viele mussten mit brauner oder grünlicher Schmierseife vorlieb nehmen, die aus billigem Rüböl, Hanföl, Leinöl oder Tran hergestellt wurde. Die Waschwirkung dieser Schmierseifen war aber nicht schlecht, sie sahen nur nicht so ästhetisch aus wie die weißen Seifenstücke.

Glücklicherweise hat ab 1830 auch die Chemie damit begonnen, die chemischen Reaktionen genauer zu erforschen und die Grundlagen für das Verständnis der chemischen Vorgänge zu schaffen. So konnte der französische Chemiker Michel Eugène Chevreul (*1786 †1889) die wissenschaftliche Fett- und Seifenforschung begründen. Durch seine grundlegenden Arbeiten entstand aus einem Handwerk eine blühende Seifenindustrie.

### Natürlicher Seifenersatz als Feinwaschmittel

Ungeachtet der Fortschritte in der Seifenherstellung haben die Menschen auf dem Lande schon seit Jahrhunderten schäumende und waschende Extrakte hergestellt. Die bekannteste Pflanze ist wohl das in zwanzig Arten auftretende Seifenkraut aus der Familie der Nelkengewächse. Es ist in Deutschland unter dem Namen „Gemeines Seifenkraut" oder „Hundsnelke" bekannt und trägt den lateinischen Namen „Saponaria officinalis".

Das Seifenkraut wird bis zu 70 cm hoch und besitzt einen ausläuferähnlichen Wurzelstock, in dem das waschaktive Saponin in einer Konzentration von 3 - 5 % enthalten ist. Die Wurzel war früher unter dem Namen Radix Saponariae ein Arzneimittel.

Bereits im Altertum war die reinigende Kraft des Seifenkrauts bekannt. Man verwendete es zum Waschen der Wolle vor dem Färben. Zu diesem Zweck ist es auch in großen Flächen angebaut worden. Auch Karl der Große empfahl in seinem CAPITULARE DE VILLIS um 795 den Anbau von Seifenkraut. Mit dem Aufkommen der Seife hat seine Bedeutung als Waschmittellieferant stark abgenommen. Seine Verwendung erstreckte sich auf den Ersatz von Seife, entweder aus Kostengründen oder wegen der schonenderen Wirkung.

In den Ratgebern für die Hausfrauen und in den Fachbüchern für die Fein- und Kunstwäscher wird an vielen Stellen auf die schonende Wirkung der Extrakte aus der Wurzel des Seifenkrauts hingewiesen. Es war gewissermaßen das Feinwaschmittel früherer Zeiten.

*Abbildung 31:* Das Seifenkraut galt über Jahrhunderte als ein Hilfsmittel zum Waschen von Textilien. Die in ihm enthaltenen Saponine sind grenzflächenaktive Substanzen und daher in der Lage, eine Waschwirkung zu entfalten. Heute haben diese Saponine keine Bedeutung mehr, aber der Wortstamm „sapo" erinnert noch an das deutsche Wort Seife, noch mehr Ähnlichkeit hat er jedoch mit dem englischen „soap" für Seife.

Das Bild ist eine Wiedergabe aus dem Eichstätter Gartenbuch des Hochmittelalters; die allererste Darstellung der Saponaria officinalis enthält das „Herbarium" des B. Rinio, das um 1400 entstanden ist, und jetzt in der Markusbibliothek in Venedig aufbewahrt wird.

Neben dem Seifenkraut kochte man früher auch Rosskastanien oder Digitalisblätter zur Gewinnung einer waschenden Flüssigkeit aus. Die Konzentration an waschaktiven Saponinen ist bei diesen Naturmaterialien jedoch geringer als im Seifenkraut.

Ein ebenfalls weit verbreiteter Lieferant von waschaktivem Saponin war der chilenische Seifenbaum mit dem lateinischen Namen Quillaja saponaria. In seiner Frucht, der Seifenbeere oder Seifennuss, befindet sich das Saponin.

Extrakte aus der Panamarinde, Cortex Quillajae, haben eine ähnliche Wirkung wie diejenigen aus dem Seifenkraut und der Sei-

*Abbildung 32, rechts:* Seifenbeere oder Seifennuss. Der Extrakt der Seifenbeere wird im tropischen Amerika auch heute noch als Waschmittel zum Waschen feiner, mit unechten Naturfarbstoffen gefärbten Geweben verwendet.

**Seifenrinde
(Quillajarinde).**

Empfehlung um 1940: 100 g Rinde in 6 Liter heißes Wasser einstreuen, Seidenstoffe darin einweichen und nach ca. 12 Stunden waschen.

fenbeere, wobei letztere mit der Panamarinde botanisch verwandt ist, wie übrigens auch die Rosskastanie.

Ein mildes Waschmittel tierischen Ursprungs war die Ochsengalle. Sie wird in der Literatur immer wieder empfohlen, vor allem wegen seiner weichmachenden Wirkung auf die Textilien. Bei wollenen Geweben sollte der Trageglanz beseitigt werden können.

Die hohe Zeit der aus natürlichen Ausgangsstoffen herausgelösten waschaktiven Substanzen war zu Ende, als die synthetisch hergestellten Feinwaschmittel, allen voran FEWA, auf den Markt kamen, abgesehen von Kriegszeiten, in denen eine Versorgung der Bevölkerung mit den Originalprodukten nicht möglich war.

Im Rahmen des vorliegenden Buches wird die Seifenproduktion nicht behandelt, da sie eher in das Gebiet der Industriegeschichte fällt als in die Kultur der textilen Sauberkeit.

## 2.2 Die Asche und ihre Nachfolger

Dass die Rückstände bei der Verbrennung von vegetabilischen Naturstoffen, wie Holz, Sträucher, Strandgras, Stroh als sogenannte Pottasche zum Waschen und Einweichen schmutziger Textilien verwandt wurden, ist in den vorhergegangenen Kapiteln bereits ausführlich beschrieben worden. Noch wichtiger war die Pottasche zur Herstellung von Seife, vor allem in jenen Ländern, die nicht wie Ägypten über natürliche Sodavorkommen verfügten.

Die Pottasche war eigentlich die wichtigste Substanz im gesamten Hilfsmittelrepertoire des Waschvorgangs. Ohne Asche konnte man nicht vernünftig einweichen, ohne Asche gab es aber auch keine Seife. Das bedeutet schlichtweg, dass man ohne Asche überhaupt nicht waschen konnte. Und doch wird die Asche in der Literatur nur so am Rande behandelt, genauso wie in diesem Buch. Es gibt einfach nicht viel zu sagen über die Asche. Zwar wussten die Menschen früherer Zeiten sehr viel mehr über die Eigenschaften der Asche, aber mit Ausnahme einiger seifenproduzierender Gegenden war die Asche immer nur Abfall, nämlich der Rückstand bei der Verbrennung. Kurioserweise kann aber auch der Abfall zu einem Mangel werden.

Aus dem Mangel machten einige Länder ein gutes Geschäft. So wird in einem Bericht aus dem Jahre 1868 geschrieben, dass die beste Pottasche aus Russland komme. Man könne zwischen drei Sorten wählen, der Kron-Pottasche, welche die beste sei, der Kasan-Pottasche und der Stroh-Asche von geringster Güte. Auch aus den USA ist Pottasche eingeführt worden. Es gab die mit Eisen verunreinigte Steinasche und die rein weiße Perlasche.

Als nämlich in der Mitte des 18. Jahrhunderts die englische Textilindustrie ihren Siegeszug antrat, brauchte sie eine Unmenge an Seife, um die Rohbaumwolle zu waschen und die Wolle zu reinigen. Es gab zwar genügend Fett, aber nicht genügend Alkali. Die aus dem Hausbrand gesammelte Asche reichte hinten und vorne nicht aus, und die natürlichen Sodavorkommen lagen außerhalb Europas.

In Deutschland herrschte gegen Ende des 18. Jahrhunderts ebenfalls ein eklatanter Mangel an Alkali. In einem Buch aus jener Zeit heißt es, dass calcinierte Buchenasche, Brakasche aus Polen, Waidasche von Waidkraut aus Halle und Magdeburg verwendet worden sind. Es waren auch Fuhrleute unterwegs, um in den Haushalten die Ofenasche abzuholen.

Um diesen Alkalimangel zu beheben, setzte die Französische Akademie der Wissenschaften 1775 einen mit 2 400 Livres dotierten Preis für das beste Verfahren zur Sodagewinnung aus

**Sodawerke als Chemische Fabriken**

Zum Produktionsprogramm eines großen Leblanc-Sodawerkes zählten Soda, Schwefelsäure, Salzsäure, Sulfate, Ätznatron, Ätzkalk, Chlor, Bleichmittel, Chlorate und Schwefel. Diese Grundstoffe waren nicht nur für die Waschmittelproduktion notwendig, sondern auch für die Metallurgie, die Düngemittelproduktion, Farbstoffherstellung und alle anderen bedeutenden Zweige der chemischen Industrie.

**Ernest Solvay**
(*1838 †1922)

Er war in der Saline seines Vaters groß geworden. Mit 20 Jahren war er als Praktikant in einer Kokerei tätig und sah, dass dort Ammoniakwasser in großen Mengen anfiel. Daraus entwickelte er das Ammoniak-Sodaverfahren zur Sodaherstellung.

Er gründete in seinem langen Leben Sodafabriken in aller Welt und wurde zu einem der größten Industriellen der Chemiegeschichte. Bis zu seinem Tode im Alter von 84 Jahren war er bei bester Gesundheit. Er führte dies auf seinen täglichen Fußmarsch von seiner Wohnung zur Fabrik von 15 km zurück. Mit 80 Jahren habe er noch die höchsten Alpengipfel erklommen.

## Pottasche und Soda

Die Asche beim Verbrennen von Holz oder Sträuchern wird mit Wasser ausgelaugt und diese Flüssigkeit in einem Topf (Pott) eingedampft – dann entsteht Pottasche. Die chemisch wirksame Substanz ist Kaliumcarbonat und reagiert alkalisch.

Soda leitet sich von dem lateinischen Wort salsola im Sinne von „Aschensalz" ab. Der Unterschied besteht allerdings darin, dass die Wirksubstanz Natriumcarbonat ist, aber genauso alkalisch reagiert wie Kaliumcarbonat. Will man Soda aus Asche gewinnen, dann muss man salzhaltige Steppen- oder Meerespflanzen verbrennen. Zentren für Sodaherstellung aus Pflanzenasche waren bis um 1850 Alicante und Barilla.

*Der Potaschensieder.*

*20.*

*1. Zusammengeschüttete Brenasche. 2. Eine Kuffe mit armer Lauge. 3. Stüchte die mit Asche gefült und mit Lauge begoßen sind. 4. Der Keßel, worinnen Potasche gesotten wird. 5. Eine Multer voll ausgeschlagener Potasche. 6. Der überschlächtige Calcinir Ofen.*

*Abbildung 33:* Der Pottaschensieder machte aus der gewöhnlichen Holzasche die Pottasche. Dazu wurde die graue Holzasche mit Wasser angesetzt, gekocht und dann die wässerige Schicht vom festen Rückstand durch Abgießen und Filtration getrennt. Anschließend ist das Wasser verdampft worden – und übrig blieb ein weißer Rückstand, die Pottasche, die dann in unterschiedlich großen „Pötten" an die Verbraucher, meist Seifenfabriken, verschickt worden ist. Gegen Ende des 19. Jahrhunderts war der Beruf des Pottaschensieders in Deutschland so gut wie ausgestorben, weil ihn die Chemie überflüssig gemacht hatte.

Kochsalz aus. Schon 1787 löste der französische Arzt Nicolaus Leblanc (*1742 †1806) diese Aufgabe. Aber die schreckensvolle Zeit der Französischen Revolution brachte den erfinderischen Arzt um seinen verdienten Lohn. Stattdessen zogen die Engländer an den Franzosen vorbei. Sie stellten Soda nach dem Verfahren des belgischen Chemikers Ernest Solvay her.

Dadurch erlebte die Sodaproduktion in England einen enormen Aufschwung.

*Abbildung 34:* Die technischen Vorteile des Hochdruckdampfes nützten auch Seifenhersteller. Die Prozesse konnten viel präziser und schneller abgewickelt werden, was sich in einer deutlichen Verbesserung der Qualität auswirkte. Das Bild zeigt die erste französische Seifensiederei mit Dampf als Energieträger. Der rauchende Schornstein wurde zum Symbol der industriellen Revolution.

**Der rauchende Schornstein als Feindbild**

Als in England zu Beginn des 19. Jahrhunderts die Sodafabriken und Seifenfabriken aus der Erde schossen, sah man auf dem Lande immer mehr rauchende Schornsteine. Die Landbevölkerung protestierte gegen die rauchenden Kamine, weil sie Wolken vertreiben und den Regen abhalten würden. Mit Mistgabeln zogen sie gegen die Betriebe zu Felde. Noch gegen 1820 mussten Soldaten bereit gestellt werden, um die Fabriken vor den aufgebrachten Bauern zu schützen.

*Abbildung 35:* Auf dem Kupferstich aus dem Jahre 1793 bietet ein Straßenverkäufer seine Seife an. In jener Zeit war die Seife noch kein für jedermann erschwinglicher Konsumartikel, denn Seifen wurden mit hohen Steuern belegt.

Wer nun aber glaubte, dass mit der Verfügbarkeit der Soda der Engpass in der Seifenproduktion behoben sei, der irrte gewaltig. Die englischen Seifensieder trauten der künstlichen Soda nicht. Sie wollten keine Fabriksoda sondern ihre altvertraute Natursoda, obwohl sie immer schwerer zu beschaffen war. James Muspratt, der als einer der ersten Unternehmer in England die künstliche Soda herstellte, musste tonnenweise Soda verschenken, um die Seifensieder zu überzeugen, dass die Fabriksoda genauso gut war wie die bisherigen Produkte.

1802 ist in Deutschland erstmals Soda industriell hergestellt worden, doch die in der königlichen chemischen Fabrik zu Schönebeck bei Madgeburg produzierten Mengen deckten den Bedarf der deutschen Seifensieder bei weitem nicht. Obwohl in den folgenden Jahrzehnten noch 21 kleinere Sodafabriken die Produktion aufnahmen, war man nach wie vor auf Importe angewiesen. Erst als F. Engelhorn 1865 die Badische Anilin- und Sodafabrik in Ludwigshafen gegründet hatte, konnten die deutschen Seifensieder auch inländische Soda in ausreichender Menge kaufen.

Die Geschichte der Seifenindustrie ist eng mit der Geschichte der Alkalien verbunden, wie zum Beispiel mit der Synthese des Ätznatrons im Jahre 1844 und der Patentanmeldung in England 1853. Von nun an stand ein Ersatzstoff für Soda zur Verfügung.

Neben Pottasche hat sich bereits vor 1900 der Borax als mildes Alkali in der Haushaltswäsche eingeführt. Er war teurer als Soda und konnte als Einzelprodukt nicht so richtig Fuß fassen. Erst als er in konfektionierte Waschmittel eingearbeitet wurde, fand er eine breite Anwendung.

## 2.3 Licht und Wasser produzieren Ozon

Von den Römern wissen wir, dass in ihrem Reich die Sauberkeit ein Statussymbol war. Schmutz dagegen war das Zeichen der Armut. In den anderen Hochkulturen der Antike wird es genauso gewesen sein. Aber wie beurteilten die Menschen, ob ein Kleidungs- oder Wäschestück sauber war oder nicht? Es gibt zwei Merkmale: Das eine ist die Fleckenfreiheit, das andere ein hoher Weißgrad. Durch Bleichen kann man beides erreichen.

Bleichmittel im heutigen Sinne kannte man bis in die Mitte des 19. Jahrhunderts nicht. Man musste sich mit den natürlichen Möglichkeiten behelfen. Das war die Rasenbleiche.

Aus heutige Sicht ist diese Bezeichnung irreführend, denn der Rasen hat mit der Bleichwirkung nichts zu tun. Er dient nur als Auflage für die Wäsche. Die eigentliche Bleichwirkung ist durch das Wasser und das Sonnenlicht entstanden. Beide zusammen bilden Ozon, ein starkes Oxidationsmittel, das dann die Bleiche bewirkt.

*Abbildung 36:* Mit einem eigens für die Bleicher konstruierten Wasserschöpfer, der „langen Güte", einer länglichen Schöpfkelle mit Stil, wird die mit Buttermilch getränkte Wäsche ständig feucht gehalten, damit die Sonne das bleichende Ozon erzeugen kann. Die Lithographie ist in der zweiten Hälfte des 19. Jahrhunderts durch H. J. van Lummel entstanden.

Die Bleichplätze oder Bleichwiesen waren Goldes wert. So wurde zum Beispiel aus England feine Wäsche – nur zum Bleichen – über den Ärmelkanal in das holländische Haarlem geschickt, allerdings war es nur eine einzige Kundin, nämlich die englische Königin Elisabeth I (*1533 †1603), die Gegnerin von Maria Stuart. Elisabeth legte größten Wert auf weiße Wäsche.

Die Bleichplätze sind aber normalerweise nicht wegen der Wäscherinnen angelegt worden, sondern wegen der Leinenbleicher, damit diese die Webwaren bleichen konnten. Voraussetzungen für einen geeigneten Bleichplatz waren genügend Wiesenfläche und Flusswasser oder Seewasser.

Das Bleichen war im nördlichen Europa ein Saisongeschäft, denn nur von Mai bis August war die Sonne stark genug, dass sie auch bleichte. In den verschiedenen Regionen des Landes bildeten sich sogenannte „Bleichzentren" heraus. Dies waren

*Abbildung 37, rechts:* Waschen, Trocknen und Bleichen sind hier dargestellt. Die zum Bleichen ausgelegten Stücke sind noch nicht zu Wäsche verarbeitet, sondern stammen vom Webstuhl. Man machte in früheren Zeiten keinen Unterschied zwischen dem häuslichen Waschen der schmutzigen Wäsche und dem Säubern und Bleichen der im Haus gewebten Textilien.

*Abbildung 38, unten:* Die Wäscherinnen legen die Wäsche zum Bleichen auf der Wiese aus. An der Größe der Textilstücke sieht man, dass es sich um gebrauchte Wäsche handelt und nicht um neue Webware.

*Abbildung 39:* Der Kupferstich ist um 1700 entstanden und war Teil einer „Belehrung für den guten Hausvater".

Plätze, an denen die Voraussetzungen für eine gute Bleiche besonders günstig waren.

Eine besondere Berühmtheit erlangte das holländische Haarlem, aber nicht nur wegen seiner idealen Voraussetzungen sondern wegen der Vorbehandlung. In Haarlem ist die Wäsche vor dem Bleichen in Buttermilch eingeweicht worden.

Daraufhin sind auch in Norddeutschland sogenannte „holländische Bleichereien" entstanden. Da das Bleichen ein Saisongeschäft war, gab es Wanderarbeiter, die während der Sommermonate nur mit Bleichen beschäftigt waren.

In Deutschland hat sich Beuel bei Bonn einen besonderen Namen gemacht. Das weiche Wasser, die gute Arbeit der Wäscherinnen und die rheinnahen Bleichwiesen sorgten für den weithin bekannten „Beueler Duft". Jede Familie hatte sich von der Gemeinde ein Stück der kilometerlangen Rheinwiesen gepachtet, um Bettwäsche, Hemden und Tücher ausbreiten zu können. Wer es sich leisten konnte, und in der näheren Umgebung von Beuel wohnte, ließ seine Wäsche in einer der vielen Wäscherfamilien waschen. Wenn die Familien Gäste hatten, so mussten diese unbedingt an der Wäsche riechen, um einen Begriff vom „Beueler Duft" zu bekommen

**Bleichwiesen**

Bleichwiesen waren weitläufige Flächen mit einer ausgiebigen Bewässerungsmöglichkeit. Die besten Kunden der Bleicher waren die Leinenweber, die ihre Stoffbahnen im Frühsommer anlieferten und bleichen ließen. Allerdings suchten sich die Weber ihre Bleicher sehr sorgfältig aus. Schließlich hing für den Weber alles davon ab, was der Bleicher aus seinen Stoffbahnen machte. War das Leinen weiß und noch fest, dann war alles in Ordnung. War dagegen die Faser geschädigt und das Leinen brüchig, dann hatte der Weber den Winter über umsonst gearbeitet.

In Deutschland gab es neben Beuel am Rhein noch eine ganze Reihen von Gegenden, die durch ihre Bleichplätze bekannt waren. Eine davon war ein kleines Dorf mit Namen Vernwahlshausen in Hessen. Es verfügte über ausgedehnte Wiesenflächen, genügend Wald zur Herstellung der Buchenholzasche für das Beuchen und vor allem ausgiebig weiches Wasser aus mehreren Quellen. Fast zwei Drittel der Einwohner betrieben bis zur Mitte des 19. Jahrhunderts die Lohnbleicherei im Auftrag von Textilkaufleuten aus der Umgebung, aber auch aus Göttingen, Kassel und sogar aus Köln.

Zu jedem Bleichplatz gehörte eine Beuchstelle und ein Wachhaus. Bevor das in Bahnen gelieferte Leinen bearbeitet werden konnte, nähten die Frauen an die vier Ecken einer Bahn je eine Schleife an, um später das Leinen an Pflöcken befestigen zu können. Dann ist das Leinen gebeucht worden, mehrere Stunden in der Aschenlauge liegen geblieben und anschließend auf der Bleichwiese aufgelegt worden. Dabei sind die Bahnen mit

*Abbildung 40:* Die Flussauen am Rande einer Stadt waren schon 1815 für die Bleicher und Wäscherinnen reserviert. In den aristokratischen Kreisen legte man großen Wert auf eine gepflegte Wäsche.

Hilfe der Pflöcke, die durch die Schlaufen geschlagen wurden, gestrafft und dem Sonnenlicht ausgesetzt worden. Die Nacht über hielten die Männer Wacht, damit kein Leinen gestohlen werden konnte. Acht Tage musste das Leinen auf der Wiese

bleiben und täglich mindestens dreimal – zumeist von Kindern – mit Hilfe spezieller Wasserschöpfer befeuchtet werden.

Insgesamt wurde das Leinen viermal gebeucht und wieder ausgelegt, so dass der gesamte Bleichprozess für eine Partie insgesamt vier bis fünf Wochen dauerte. Die Frühjahrsaison ging von März bis Juni, im August und September wurde die Herbstbleiche durchgeführt.

Die Chemie ließ auch die Rasenbleiche nicht in Ruhe. Der französische Chemiker Claude Louis Graf von Berthollet (*1748 †1822) war glimpflich durch die französische Revolution 1789 gekommen. Kaiser Napoleon I. schmückte ihn mit Orden und verhalf ihm zu guten Arbeitsmöglichkeiten. Berthollet entdeckte die bleichende Wirkung des Chlors. Dies war damals eine derartige Sensation, dass der berühmte James Watt einer der ersten war, der nach Paris fuhr um sich die neue Entdeckung anzusehen. Es war auch deswegen eine Sensation, weil der damals größte Chemiker Jöns Jakob Berzelius in Stockholm diese Verbindung fälschlicherweise oxidierende Salzsäure genannt hatte. Aber Berzelius hatte die Größe, die Leistung seines französischen Kollegen Berthellot anzuerkennen. Man erzählt sich, dass er der Reinemachefrau, als sie in seinem Labor diese oxidierte Salzsäure roch, gesagt habe: „Hör zu Anna, ab jetzt heißt es Chlor, das ist besser".

Die fundamentale Entdeckung des Chlorbleichmittels hatte zur Folge, dass die Bleichwiesen nun wieder grün wurden und das Vieh darauf weiden konnte, wie es eigentlich natürlich ist. Das neue und das gebrauchte Leinen wurden weiß, gleichgültig ob die Sonne schien oder nicht.

Allerdings mussten viele Bleicher und auch Wäscherinnen erkennen, dass das neue Bleichmittel auch seine gefährlichen Seiten hatte. Wurde es falsch dosiert, dann waren die Textilien kaputt. In leidvoller Erfahrung mussten die Menschen lernen, mit dieser neuen Chemikalie umzugehen. Von jetzt an genügte es nicht mehr, nur Kraft in den Armen zu haben, um Wäsche sauber und weiß zu bekommen. Man brauchte auch eine gewisse Portion Verstand, um die Wäsche weiß zu machen – sie aber trotzdem zu erhalten. Damit war eigentlich auch der Weg zur wissenschaftlichen Durchdringung der Wasch- und Bleichvorgänge vorgezeichnet. Nur probieren genügte nicht mehr.

Hier befand sich die Wäscherin in guter Gesellschaft mit den gewerblichen Wäschern. Auch diese mussten leidvoll erfahren, dass die Segnungen der Chemie auch ihre Schattenseiten haben.

Mit dem Erscheinen von Persil im Jahre 1907 gab es einen weiteren Ersatz für die Rasenbleiche, wenngleich es noch einige Jahrzehnte gedauert hat, bis die letzten Bleichwiesen verschwunden waren.

**Bleichen war „Verlangsamung der Trocknung"**

Wenn die Wäsche gewaschen und sauber war, dann wurde sie auf großflächigen Wiesen ausgebreitet, damit sie im Sonnenlicht trocknen konnte. Während des Trocknens entstand auf dem Wasser und dem Sonnenlicht das Bleichmittel OZON. Damit möglichst viel Bleichmittel entstehen konnte, mussten Wasser und Sonne möglichst lange einwirken. Dies wurde erreicht, indem die Wäsche ständig feucht gehalten worden ist. Saure Milch beschleunigte das Bleichen. Durch die von dem englischen Chemiker John Roebuck (*1718 †1794) 1749 synthetisierte Schwefelsäure konnte der Bleichprozess von mehreren Wochen auf zwölf Stunden verkürzt werden.

Wer im eigenen Garten keinen Platz hatte, ging auf die öffentlichen Bleichplätze. Einige Namen erinnern heute noch an die früheren Bleichwiesen, so zum Beispiel die „Große Bleiche" in Hamburg oder die „Westernbleichstraße" in Dortmund. Aber auch in vielen Kleinstädten gibt es noch „An den Wiesen" oder „Am Bleichplatz" oder wie auch immer die früheren Bleichwiesen geheißen haben mögen.

## 2.4 Genügend gutes Wasser für die Wäsche

**Ohne Wasser kein Leben!**

Diesen Kernsatz hatten die Menschen der früheren Jahrhunderte nicht lernen müssen, sie haben es einfach jeden Tag erlebt.

Wasser ist das Nahrungsmittel Nummer 1, auch heute noch. Nur haben wir uns daran gewöhnt, dass das Wasser aus der Wasserleitung kommt, dazu in einer Reinheit, die es mit fast jedem Tafelwasser aufnehmen kann. Eigentlich ist das Trinkwasser viel zu schade, um damit Wäsche zu waschen. Andererseits kann das verschmutze Wasser ohne große Probleme wieder in Trinkwasser zurück versetzt werden. Der Kreislauf der Natur sorgt dafür und wird dabei unterstützt von den Kläranlagen und Wasserwerken. Das einzige, was beim Waschen stört, sind die Härtebildner, die mit der Seife eine unlösliche, waschinaktive Kalkseife bilden. Aber man hat im Laufe der Zeit gelernt, neue waschaktive Substanzen zu synthetisieren, denen die Härtebildner nichts anhaben können.

Wasser ist das Waschmittel Nummer eins! Alles andere, wie Seife, Alkali, Bleichmittel und sonstige Zusatzstoffe, dient nur zur Verstärkung der Wirkung des Wassers.

Als es noch keine unterirdischen Wasserleitungen gab, mussten die Hausfrauen oder Wäscherinnen das Wasser entweder in Regentonnen sammeln, aus Brunnen hochziehen bzw. hoch pumpen oder an ein fließendes Gewässer oder einen See gehen.

Das Regenwasser war von der Qualität her für das Waschen am besten geeignet, wenn es nicht durch Staub und Rost verunreinigt war. Es enthielt so gut wie keine Härtebildner, was gerade bei Verwendung von Seife besonders wichtig war. Immer dann, wenn Seife verwendet worden ist, benützten die Hausfrauen das Regenwasser. Zum Spülen konnte dann durchaus Brunnenwasser genommen werden.

Doch Regenwasser stand nicht in unbegrenzter Menge zur Verfügung. Dann musste man sich mit Brunnenwasser behelfen, was oftmals nicht ohne Mühe gelang.

Die bis in die zweite Hälfte des 18. Jahrhunderts gebräuchlichen Ziehbrunnen erforderten doch einige Kraft, um die mit Wasser gefüllten Kübel nach oben zu ziehen und mancher Frau machte das schon einige Schwierigkeiten. Ab der zweiten Hälfte des Jahrhunderts setzten sich dann langsam die Pumpbrunnen durch, die vor allem weniger Platz in den Straßen und Plätzen benötigten, aber auch leichter zu handhaben waren. Eine Pumpe im Haus zu haben, galt bereits als Merkmal besonderer Wohlhabenheit und war bis in das 19. Jahrhundert hinein allenfalls in Herrenhäusern zu finden. Die Mehrheit der städtischen Bevölkerung musste sich mit einem oder mehr Nachbarn einen Brunnen teilen, der in einer „Brunnennachbarschaft" gemeinsam zu pflegen und zu erhalten war.

Um die Mitte des 18. Jahrhunderts gab es in einigen Städten überirdische Wasserleitungen. In Augsburg wurden um jene Zeit etwa 690 Anschlüsse gezählt, bei etwa 30 000 Einwohnern! Interessante Angaben liegen auch über die Besitzer der Wasseranschlüsse vor. Es waren Klöster, geistliche Stiftungen, Pfarrhäuser, Wirtshäuser, städtische Einrichtungen und vornehme Bürgerhäuser.

Die wohl gebräuchlichste Art der Wasserbeschaffung bestand darin, den Waschplatz an einen Bach oder Fluss mit weichem Wasser zu verlegen. Die Kommunen und Anlieger bauten Waschbänke an das Ufer, auf denen die Hausfrauen und Wäscherinnen knien konnten, um so trockenen Fußes ihre Tätigkeit zu verrichten. Es gab auch Waschhäuser und Waschkähne.

*Abbildung 41:* Die Fotografie aus dem Jahre 1955 in Colmar im Elsass zeigt die realistischen Verhältnisse im Nachkriegseuropa, wo die Unterschiede zwischen Stadt und Land extrem groß waren. Während sich in Paris die Hausfrauen in eine Warteliste zur Benützung einer motorgetriebenen Waschmaschine im kommunalen Waschhaus eintragen ließen, knieten die Frauen in Colmar auf harten Holzdie-
len und schwenkten ihre Wäsche im Wasser der Doubs. Mit einem kleinen Leiterwagen transportierten
sie die nasse Wäsche dann nach Hause.

*Abbildung 42:* Durch die Industrialisierung gerieten die angestammten Waschplätze der Wäscherinnen wegen der Wasserverschmutzung in Gefahr.

Ideal war es, wenn neben den Waschplätzen eine Bleichwiese vorhanden war. Viele Kommunen sorgten durch lokale Verordnungen dafür, dass für die Bleicher und die Wäscherinnen gute Bedingungen für ihre Arbeit vorhanden waren. So war bestimmten Gewerben verboten, ihre Abwässer in das fließende Gewässer zu leiten, wenn Bleichzeit oder Waschzeit war. Manche Städte verpachteten die Wasch- und Bleichplätze für jeweils eine Saison.

Im Zuge der Industrialisierung verschmutzten die öffentlichen Gewässer immer mehr, weil sämtliches mit tierischen, menschlichen und industriellen Abfällen vermischtes Abwasser in die Flüsse geleitet wurde. Nur die menschlichen Fäkalien wurden in Abtrittsgruben gesammelt und wie der Hausmüll und der Straßenkehricht von privaten Fuhrunternehmern fortgefahren. Die Fäkalien wurden zur Düngung der Felder benützt. Dazu kam, dass der Ruß der Fabrikschornsteine die Bleichwiesen unbrauchbar machte.

Die Wasserversorgung der Bevölkerung wurde immer schwieriger, vor allem in den städtischen Ballungsgebieten. Ab 1840 begannen die ersten Städte mit der Realisierung eines der größten städtebaulichen Projekte des 19. Jahrhunderts: der zentralen Wasserbewirtschaftung, bestehend aus einer Wasserzuleitung in die Häuser, Ersatz der Latrinen und Aborte durch Wasserklosetts und die unterirdische Abwasserkanalisation. Aus finanziellen Gründen konnten sich jedoch viele Städte ein derartig aufwändiges Investitionsprogramm nicht leisten und begannen daher zunächst mit dem Bau von Wasserwerken und der Verlegung von Wasserleitungen in die Häuser. Jahre später erst wurde die Abwasserkanalisation gebaut.

Hamburg hatte 1848 die modernste Wasserbewirtschaftung der Welt. Großstädte wie München, Danzig, Frankfurt und Breslau erhielten in den 60er Jahren ihre Wasserwerke. Mittlere Städte bis zu 25 000 Einwohnern folgten bis 1880. Auf dem flachen Land sind die Projekte zum Teil erst nach dem Zweiten Weltkrieg abgeschlossen worden.

Die zentrale Wasserversorgung brachte hygienisch besseres Wasser in die Häuser, vor allem aber war es bequemer, den Wasserhahn aufzudrehen als das kostbare Nass mit einem Kübel aus dem Brunnen oder Gewässer zu holen. Die anorganischen Inhaltsstoffe des Wassers sind aber die gleichen geblieben. Es gab nach wie vor Calcium- und Magnesiumionen, die mit der Seife eine unlösliche Verbindung eingingen und die gefürchtete „Kalkseife" bildeten. Durch sie wurde die Wäsche hart und gelblich. Auch die Bequemlichkeit hatte ihren Preis! Die Hausfrauen haben schnell gelernt, auch mit hartem Wasser richtig umzugehen. Wenn sie nämlich die Soda vor der Seife in das

Wasser schütteten, dann konnte die Kalkseifenbildung weitestgehend vermieden werden, weil sich aus den Härtebildnern ein Niederschlag bildete, der die Wirkung der Seife weniger beeinflusste. Jedenfalls keine unansehnlichen Rückstände auf der Wäsche bildete, wenngleich die Wäsche trotzdem etwas hart wurde. Aber die Wasserenthärtung mit Soda war eine vernünftige Maßnahme, bis dann zu Beginn des 20. Jahrhunderts die Bleichsoda von Henkel durch den Gehalt an Wasserglas eine weitere Verbesserung brachte.

Endgültig ist das Problem der Wasserhärte durch die Waschmittelindustrie gelöst worden, indem sie Kalk bindende Phosphate in die Waschpulver einarbeitete, die dann nach dem Erlass des Waschmittelgesetzes 1975 durch Nitrilotriacetat, Carboxylate, Citrate, Ethylendiamintetraessigsäure und letztlich Zeolithe ersetzt worden sind.

Der Wasserverbrauch zum Waschen der Wäsche ist seit 1950 kontinuierlich gesunken. 1960 verbrauchte eine Waschmaschine ca. 250 Liter Wasser pro Füllung, 1990 etwa 100 Liter und ca. 2005 nur noch ca. 50 Liter .

**Waschmittelproduktion**

Die Weltproduktion an Waschmitteln liegt bei jährlich 22 Millionen Tonnen, davon in der Bundesrepublik Deutschland 635 000 Tonnen, also knapp unter 3 %. Davon sind 66 % Vollwaschmittel, 18 % Colorwaschmittel und 16 % Feinwaschmittel.

*Abbildung 43:* In den frühen 60er Jahren waren die deutschen Flüsse mit weißlich-gräulichen Schaumkronen versetzt. Seit Ende der 60er Jahre gehören diese Bilder der Vergangenheit an.

## Warum der Schaum störte!

Von der Europäischen Union ist das Problem mit dem Schaum auf den Gewässern in einem Satz sehr treffend beschrieben worden: „Die Detergentien tragen dadurch zur Verunreinigung der Gewässer bei, dass sie große Schaummengen verursachen, die den Kontakt zwischen Wasser und Luft verringern und dadurch die Sauerstoffaufnahme des Wassers erschweren, die Schifffahrt behindern, die für das Leben der Wasserflora erforderliche Photosynthese beeinträchtigen, einen ungünstigen Einfluss auf die verschiedenen Phasen der Abwasserreinigungsprozesse haben, die Abwasserkläranlagen beschädigen und wegen einer möglichen Übertragung von Bakterien und Viren eine indirekte mikrobiologische Gefahr darstellen."

Als um 1950 jeder deutsche Haushalt sein fließendes Wasser hatte, machte das Abwasser Probleme. Bereits Ende der 50er Jahre schäumten die Gewässer. Der Grund waren die in den Haushalten verwendeten nicht biologisch abbaubaren Tenside vom Typ Tetrapropylenbenzolsulfonant TPS und andere Alkylsulfonate, die aus den Kläranlagen fast unverändert in die Flüsse und Seen gelangten. Daraufhin ist 1961 das sogenannte Detergentiengesetz verabschiedet worden, am 1. Dezember 1962 folgte die Detergentienverordnung.

Bald nach Inkrafttreten der Detergentienverordnung am 1. Oktober 1964, die für die anionischen Tenside eine Mindestabbaubarkeit von 80 Prozent vorschrieb, verschwanden die Schaumberge von den Gewässern.

Damit ist das Umweltproblem jedoch nur teilweise gelöst worden, denn die zur Enthärtung des Wassers eingesetzten Phosphate begünstigten das Algenwachstum, so dass Sauerstoffmangel, Überdüngung und im schlimmsten Fall ein „Umkippen" der Gewässer eintrat.

Das Detergentiengesetz und die Detergentienverordnung sind 1975 durch das Waschmittelgesetz und die Verordnung über die Abbaubarkeit anionischer und nichtionischer grenzflächenaktiver Stoffe in Wasch- und Reinigungsmitteln von 1977 abgelöst worden. Das Waschmittelgesetz bildet die zentrale Regelung der Waschmittelgesetzgebung. Es steht vor dem Hintergrund der Rahmenrichtlinie der Europäischen Gemeinschaft über Detergentien und der Richtlinien über die Abbaubarkeit anionischer Tenside, sowie das Europäische Detergentienübereinkommen von 1968.

In zwei zusätzlichen Verordnungen wurden die höchstzulässigen Phosphatmengen festgelegt. Die schäumenden Gewässer gehören seit den 60er Jahren der Vergangenheit an.

# 3. Waschmittel und Bleichsysteme

## 3.1 Das erste selbsttätige Waschmittel

Als vor Ende des 19. Jahrhunderts die Seife überall verfügbar war, mussten die Wäscherinnen und Haufrauen aus den Seifenstücken kleine Schnitzel schneiden und in heißem Wasser auflösen, um eine Seifenlauge zu erhalten. Zunehmend kam Schmierseife verschiedener Art und Qualität auf den Markt, die sich wesentlich schneller auflöste, und die gleichen Wascheigenschaften wie die feste Kernseife besaß. Eine weitere Bequemlichkeit waren Seifenflocken oder Seifenspäne. Dabei handelte es sich um eine weiße Kokosölseife, die aufgrund ihres niedrigen Alkaligehaltes sogar als „Feinwaschmittel" angeboten wurde. Zu den Unternehmern, die darüber nachdachten, es den Frauen noch einfacher zu machen, gehörte Fritz Henkel.

*Abbildung 44:*

**Fritz Henkel** (*1848 †1930)

Kommerzialrat Fritz Henkel gründete 1876 das gleichnamige Unternehmen und wurde Wegbereiter der deutschen Waschmittelindustrie.

Fritz Henkel hatte mit dem Gefühl eines tüchtigen Unternehmers erkannt, dass es nicht genügt, nur ein gutes Produkt zu machen, sondern dass auch der Markt für das neue Waschmittel vergrößert werden müsste. Dazu schrieb er auf die Werbeplakate, dass durch einen öfteren Wechsel der Leibwäsche die Menschen gesünder lebten, vor allem in einer Zeit, in der die Benützung eines Wannenbades für viele Menschen zu einem unerschwinglichen Luxus geworden war.

das selbsttätige Waschmittel.
Alleinige Fabrikanten: Henkel & C⁰. Düsseldorf.

Schon während seiner Lehrzeit in einer kleinen chemischen Fabrik in Elberfeld hatte er die Augen offen gehalten und die Ohren gespitzt, um eine Möglichkeit zu finden, sich selbständig zu machen. Im Jahre 1876, als der wirtschaftliche Aufschwung nach dem gewonnenen Krieg gegen Frankreich gerade einsetzte, hielt er die Zeit für gekommen, einen eigenen Betrieb zu gründen und auf eigenen Füßen zu stehen.

In Aachen gründete er eine chemische Fabrik, in der er hauptsächlich Wasserglas herstellte.

Nach kurzer Zeit kam das erste konfektionierte Produkt für das Waschen auf den Markt: „Henkels Bleichsoda" in einer Originalverpackung. Es war sofort ein Renner. Das ermutigte die junge Firma, nach Düsseldorf umzuziehen, wo sich die Hauptverkehrsadern auf der Schiene und dem Wasser schnitten.

*Abbildung 45:* 1907 – Persil, das selbsttätige Waschmittel. Bereits 1908 wuchs der Erfolg des neuen Produkts ins Riesenhafte. Der waschtechnische Fortschritt wurde als modernes Märchen inszeniert.

Henkels Bleichsoda bestand aus Wasserglas und Soda mit etwas Seife. Die Wirkung bestand darin, dass das Wasserglas die in dem Waschwasser enthaltenen Eisen- und Manganionen absorbierte und damit eine Vergilbung oder Verbräunung der Wäsche verhinderte. Wenn man bedenkt, dass um 1900 die meisten Haushalte nur Brunnenwasser oder Oberflächenwasser zum Waschen hatten, wird die Notwendigkeit zur Beseitigung der gelösten Eisen- und Manganionen so richtig deutlich. Das heutige zum Waschen verwendete Trinkwasser bedarf des Zusatzes an Wasserglas zur Bindung der Eisenionen nicht mehr.

Die Inhaltsstoffe der Bleichsoda hatten also keine bleichende Wirkung im eigentlichen Sinne, und trotzdem wurde die Wäsche durch die Bleichsoda weißer als ohne sie. Durch die Soda löste sich außerdem der Schmutz besser von den Fasern als mit dem bislang üblichen Einweichen in einer Aschelauge. Insgesamt hat die Bleichsoda das gehalten, was die Werbung versprochen hatte, nämlich eine weißere Wäsche.

Trotz der Bleichsoda war das Wäschewaschen immer noch eine arbeitsaufwändige Angelegenheit. Dies ließ Fritz Henkel nicht ruhen. Er wollte den Wäscherinnen die Arbeit so leicht wie möglich machen. Also arbeitete er mit seinen Mitarbeitern an einem „selbsttätigen Waschmittel". Der Ausgangspunkt ihrer Überlegungen war die Kombination des Waschprozesses mit dem Bleichprozess. Hier spielte das Wasserglas eine wichtige Rolle. Mit ihm war es möglich, das Sauerstoffbleichmittel Perborat so zu stabilisieren, dass der Sauerstoff während des Waschprozesses nur langsam und ohne Faserschädigung zu verursachen abgegeben wird. Der Name für das neue Produkt war schnell gefunden: er entstand aus den Anfangsbuchstaben der beiden Komponenten PERborat und SILikat (Synonym für Wasserglas), also PERSIL. Am 6. Juni 1907 kam Persil als das erste selbsttätige Waschmittel auf den Markt und ist in der Düsseldorfer Zeitung angekündigt worden. Dies war die Revolution auf dem Waschmittelmarkt.

Das neue Bleichmittel war, genauso wie das alte Chlor, eine Substanz, die Sauerstoff als bleichenden Wirkstoff abspaltete. Es hatte aber einige Vorzüge gegenüber Chlor:

Zum einen war das Natriumperborat geruchlos, zum anderen geschieht die Abspaltung des Sauerstoffs aus dem Perborat wesentlich langsamer als aus Chlor. Zudem kann man mit Wasserglas die Sauerstofffreisetzung steuern, was von dem Chemiker C. von Girsewald bei seinen Forschungen über das System Waschmittel/Bleichmittel bewiesen wurde.

Die selbsttätige Wirkung des Waschmittels Persil darf man nicht auf wundersame Wirkungen der Chemie zurückführen, sondern muss realistischerweise mit den Methoden der Wissenschaft analysiert werden.

Der erste Grund für die gute Wirkung war, dass Henkel das Produkt Bleichsoda schon einige Jahre früher auf den Markt gebracht hatte. Damit sind die Waschfrauen dazu erzogen worden, die Wäsche grundsätzlich vor dem Waschen einzuweichen und zwar in einem wirksamen Alkali, und nicht wie früher mit einer mehr oder weniger wirksamen Pottasche. Wurde die Wäsche über Nacht eingeweicht, so löste sich bereits ein großer Teil des Schmutzes aus der Wäsche.

Das zweite Positive war das Kochen der Wäsche. Dadurch ist die Waschkraft der Seife erheblich verstärkt worden.

Aber die Verfleckungen durch Speisen, Obst, Gräser und Pflanzen, und überhaupt die gesamtheitliche Vergilbung der Wäsche waren nach wie vor vorhanden. Um diese zu beseitigen, hätte man früher eine Rasenbleiche machen müssen oder eine Chlorbleiche. Doch die Chlorbleiche stand in der Bevölkerung in keinem guten Ruf. Und mit Recht; denn nur eine einzige falsche Dosierung machte die gesamte Wäsche kaputt. Die Leute hatten einfach nicht das Geld, um sich neue Wäsche zu kaufen, wenn die alte durch eine oder mehrere falsche Chlorbleichen zerstört wurde. Da aber niemand genau wusste, wie Bleichwirkung und Faserschädigung zusammenhingen, war die Verunsicherung groß. Dies bekam auch Fritz Henkel mit seinem Persil zu spüren, denn viele Hausfrauen

trauten der neuen Methode zunächst nicht so recht. Doch mit der Zeit konnte Persil überzeugen. Das in ihm enthaltene Perborat war gut stabilisiert und gab den bleichenden Sauerstoff langsam und damit faserschonend ab.

Wenn man zurückblickt, so war es eigentlich die Bleichwirkung, die dem Persil zum Durchbruch verholfen hat. Die Wäsche war nach dem Waschen fleckenfrei und weiß! Das hatte es bisher in dieser Form noch nicht gegeben. Man musste nur das Waschpulver in den Waschkessel dosieren, den Rest erledigten die Hitze und das Waschmittel. In der Tat ein „selbsttätiges Waschmittel".

## Wasserglas

Chemisch gesehen ist es ein Silikat, das sich von „silex" entsprechend harter Stein ableitet und ein Salz der Kieselsäure darstellt. Diese Salze sind in Wasser unlöslich – bis auf zwei Ausnahmen, das Natron- und das Kalisilikat. Durch Schmelzen von Ätznatron oder Soda mit Siliziumdioxid (Sand) kann Natriumsilikat hergestellt werden. In diesem Zustand ist die Schmelze glasartig fest, sie löst sich jedoch in heißem Wasser auf. Daher kommt der Name Wasserglas, als ein in Wasser gelöstes Glas. Es reagiert alkalisch und ist ein weit verbreiteter Bestandteil von Wasch- und Reinigungsmitteln.

Es kam aber noch ein weiterer Effekt dazu, der sich erst im Laufe der Jahre bemerkbar machte. Dadurch, dass das Waschen für die Hausfrauen leichter wurde, waren sie auch bereit, öfters zu waschen, das heißt, sie wechselten die Wäsche öfters, was zur Folge hatte, dass sie nicht so schmutzig war, also auch mit Persil noch problemloser sauber wurde. Dies hatte natürlich Fritz Henkel längst erkannt und unterstützte diese Linie durch gezielte Anzeigen in den Tageszeitungen.

Fritz Henkel bekam aber auch schnell Konkurrenz. „Machs allein", Bleichin, Schneeflocke und "Fix und Fertig" der Firmen Sunlicht und Thompson erschienen auf dem Markt. Es waren aber alles nur traditionelle Seifenprodukte und hatten keine Chance gegen Persil.

Das Produkt Persil wäre aber niemals so erfolgreich gewesen, wenn Fritz Henkel darauf gewartet hätte, bis sich in deutschen Landen herumgesprochen hat, wie gut Persil ist. Henkel startete eine Werbekampagne, wie sie Deutschland bis dahin noch nicht kannte.

Henkel begann mit ganzseitigen Anzeigen in Tageszeitungen, was bis dahin eher die Ausnahme war. Daneben lief eine großangelegte Plakataktion an. Vor dem ersten Weltkrieg gingen zwei Drittel des Werbebudgets in die Zeitungswerbung und ein Drittel in die Plakatwerbung. Es waren aber nicht Papierplakate sondern lackierte Blechtafeln, die über viele Jahre an exponierten Stellen in den Städten und Dörfern zu sehen waren. Daneben sind natürlich auch die Litfasssäulen und Geschäfte beklebt worden. Henkel betrieb Marketing und Werbung mit einer kaum zu überbietenden Professionalität.

Während des Ersten Welt-

Persil bleibt Persil

Abbildungen 47 rechts und unten: *Abbildungen 47 rechts und unten:* Die „Weiße Dame" wurde zur Symbolfigur des Hauses Henkel. Bis in die 50er Jahre war sie aus dem Stadtbild nicht mehr wegzudenken.

1925 ist die Weiße Dame Mutter geworden (Abbildung links) und fand eine Verdoppelung in ihren engelsgleichen Zwillingstöchtern, die nun zwei Persilpakete präsentieren konnten.

1934 (Abbildung unten) war die Weiße Dame entsprechend dem Geist des nationalsozialistischen Regimes: eine Frau nordischer Rasse, stilistisch langbeinig überhöht, blond, die Augen blau wie der Hintergrund des Plakates.

Persil

kriegs von 1914 bis 1918 musste die Produktion seifenhaltiger Waschmittel eingestellt werden. Erst nach der Aufhebung der Zwangswirtschaft am 4. November 1920 erschient Persil wieder auf dem Markt – in Friedensqualität.

In den 20er Jahren entstand die „Weiße Dame", die bis nach dem Zweiten Weltkrieg als Symbol für die Waschkraft von Persil geworben hat. Die Dame musste sich zwar im Dritten Reich an das Idealbild der deutschen Frau anpassen, konnte aber nach dem Krieg die junge deutsche Hausfrau wieder verkörpern.

Auch nach dem Zweiten Weltkrieg ist das Persil wieder auferstanden, dank der bewährten Marketing- und Werbestrategie des Hauses Henkel. Aber es entstanden Konkurrenzprodukte, für die in ähnlich professioneller Weise geworben wurden, insbesondere durch die Firmen Sunlicht und Procter & Gamble.

Der technologische Vorsprung von Persil gegenüber den Produkten der Mitbewerber war im Laufe der Jahre geschmolzen. Die reine Seifenbasis eines Waschmittels erwies sich zu-

Von der Firma Henkel ist 1932 ein Spielfilm über das Waschen mit Persil uraufgeführt worden. Der Film war profihaft mit bekannten Schauspielern gemacht. Bis zum Jahre 1938 sahen diesen Spielfilm rund 30 Millionen Zuschauer.

*Abbildung 48:* Dieser Spielfilm hat den Durchbruch für das Waschen mit Persil gebracht. Neben der Werbewirkung für das Henkelprodukt ist aber auch ein entscheidender Beitrag zur Textilhygiene geleistet worden. Die Menschen haben gelernt, dass die Sauberkeit der Wäsche auch zur Gesundheit beiträgt. Öfterer Wäschewechsel vermindert auch die Krankheitsgefahr. Mit diesem Spielfilm ist die Grundlage für die moderne Textilhygiene gelegt worden.

sehends als nicht mehr ausreichend. Die Waschmittelchemie hatte sich weiter entwickelt. Als geeignete synthetische Tenside zur Verfügung standen, ist auch die Seife aus dem Persil herausgenommen worden.

**Die Waschmethode der Zukunft!**

# NEUBOZON

macht durch einmaliges Kochen von ½ bis 1 Stunde die Wäsche ohne Seife, ohne Soda, ohne Rumpel und Bürsten **schneeweiss.**

**Die Wäsche wird geschont,** da Neubozon ein vollkommen unschädliches, chlorfreies und nicht ätzendes Waschpräparat ist.

Die Reinigung der Wäsche erfolgt durch den aktiven Sauerstoff (Ozon), welchen das Waschpräparat im Wasser abgibt.

½ kg Paket für ca. 50 l Wasser **75 h.**

¼ kg Paket für ca. 25 l Wasser **40 h.**

NEUBOZON NEUESTES SAUERSTOFF-OZON-HÄLTIGES WASCHPRÄPARAT

Gesetzlich geschützt.

Prospekte und Gebrauchsanweisungen **gratis und franko.**

*Abbildung 49:* Waschmittel-Anzeige der Firma Wilhelm Neuber aus dem Jahre 1908. Das Produkt war bis 1937 im Handel erhältlich. Die Packung war innen zweigeteilt und enthielt auf der einen Seite das Seifenpulver und auf der anderen, schmäleren Abteilung das Sauerstoffprodukt. Dies erwies sich bei der Anwendung als Nachteil, da die Hausfrauen die richtige Mischung selbst zusammenstellen mussten.

Ein Jahr nach dem Erscheinen von Persil brachte die Wiener Firma W. Neuber ein „Sauerstoff-Ozonhaltiges Waschpräparat" unter der Bezeichnung Neubozon auf den Markt.

In den 30er Jahren haben alle führenden Waschmittelhersteller konfektionierte Produkte auf den Mark gebracht, in denen die bleichaktiven Substanzen bereits enthalten waren. Mit der Einführung der Trommelwaschmaschinen mussten schaumgesteuerte Waschmittel entwickelt werden. Dixan war im deutschsprachigen Raum das erste Produkt, das diese Anforderung erfüllte.

*Abbildung 50:*

**Friedlieb Ferdinand Runge** (*1795 †1867)

Er wurde als Chemiker mit der Aufklärung der chemischen Konstitution des Coffeins weltberühmt. Zu seinen Experimenten verfügte er nur über ein einziges Päckchen Kaffee, das ihm sein Freund Goethe geschenkt hatte.

Die Historie erzählt, dass er einen ausgezeichneten Stachelbeerwein zubereiten konnte. Das wäre an sich nicht besonders erwähnenswert, wenn er nicht die Angewohnheit gehabt hätte, die leeren Flaschen in seinem einzigen Zimmer, das er bewohnte, in die Ecke zu werfen. Ein Besucher schilderte, dass es gut 1000 Flaschen gewesen sein mögen, die sich da mit der Zeit aufgehäuft hatten. Als eingefleischter Junggeselle ließ er kein weibliches Wesen in sein Zimmer, dem auch nur den Verdacht anhaftete, es könnte aufräumen wollen.

## 3.2 Synthetische Tenside

Wenn man von synthetisch spricht, dann meint man Dinge oder Vorgänge, die so in der Natur nicht vorkommen. So gesehen ist dann auch Seife ein synthetisches Produkt, denn sie kommt in der Natur nicht vor, sondern wird erst durch Umwandlung eines Fettes in Fettsäure und Glyzerin und anschließender Neutralisation mit einem Alkali zur Seife. Trotzdem spricht niemand von einem synthetischen Produkt, die Seife ist in den Augen aller ein reines Naturprodukt. So lassen sich die Menschen täuschen. Aber lassen wir die Seife bei der Natur.

Zunächst versuchte auch niemand, die Seife durch ein anderes Produkt zu ersetzen. Die Entwicklung synthetischer Waschmittel, genauer gesagt synthetischer Waschrohstoffe, ging seltsame Wege.

Von 1795 bis 1867 lebte ein gewisser Friedlieb Ferdinand Runge. Nach seinem Chemiestudium war er von 1828 bis 1831 Professor in Breslau und später technischer Berater der Chemiefirmen in Oranienburg.

Runge befasste sich in den 30er Jahren mit der aufblühenden Farbstoffchemie. Damals war ein uraltes Färbeverfahren von dem historischen Byzanz bzw. dem modernen Konstantinopel nach Europa gekommen, mit dem man Baumwollstoffe intensiv rot färben konnte. Die Deutschen nannten das Verfahren Türkisch-Rotfärberei, was ja auch den Tatsachen entsprach. Grundlage war der rote Farbstoff der Krappwurzel. Es war aber schwierig, dieses schöne Rot zu erzeugen. Mindestens 10 verschiedene Prozeduren waren notwendig. Zudem wusste man nicht, wozu die einzelnen Schritte wirklich gut waren. Runge gelang es zunächst, die chemische Konstitution des roten Krappfarbstoffes aufzuklären, nicht aber das ranzige Olivenöl zu ersetzen, das man zum Färben brauchte.

Er versetzte das stinkende Öl kurzerhand mit Schwefelsäure und neutralisierte das Ganze dann mit Kalilauge. Nun war das Olivenöl wasserlöslich geworden, weil eine wasserlösliche Gruppe, eine sogenannte Sulfongruppe, in das Öl eingeführt worden war. Dieses sulfonierte Öl war das erste synthetische Textilhilfsmittel für die Färberei, allerdings war es kein gutes Waschmittel, aber ein recht brauchbares Netzmittel. Die Entdeckung von Friedlieb Ferdinand Runge ist etwa 100 Jahre lang in Vergessenheit geraten. Dann aber diente sie als Modell für die durchschlagenden synthetischen Waschrohstoffe.

Zunächst trat um 1900 ein anderes Problem in der Seifenherstellung auf. Es gab nicht genügend Fett, aus dem man hätte Seife herstellen können. Da kam die Erfindung des deutschen Chemikers Karl Peter Wilhelm Normann (*1870 †1939) gerade zur rechten Zeit. Er hatte nämlich am 27. Februar 1901 in einem Experiment die Ölsäure mittels Wasserstoff in Stearinsäure umgewandelt (man nannte diesen Vorgang Hydrierung). Aus einer flüssigen Verbindung war eine feste geworden. Dies war der Anfang einer enormen technischen Entwicklung, denn von nun an konnte man weiche, oftmals zur Seifenherstellung ungeeignete Fette in feste umwandeln und daraus dann hochwertige Seifen herstellen. 1902 wurde das Patent auf das Hydrierverfahren erteilt.

Noch viel bedeutungsvoller war jedoch die Erfindung Normanns für die Ernährungswirtschaft. Man konnte nun die stinkenden Fette von Seetieren in schmackhafte Fette für die Ernährung umwandeln. Solche Qualitätsfette von guter Konsistenz konnte vor allem die Margarineindustrie gebrauchen.

Obwohl nun Seife in ausreichender Menge zur Verfügung stand, waren die Menschen mit ihr nicht mehr so recht zufrieden. Im Laufe der Zeit hatten sie auch einige Nachteile an ihr entdeckt. Besonders in der Textilveredlung suchte man nach schonenderen Waschmitteln als die Seife es war, vor allem aber auch nach Waschmitteln, die gegen die Härtebildner des Wasser resistent sind.

Durch die analytischen Verfahren der Chemie sind auch die im Wasser vorhandenen Bestandteile bekannt geworden, allen voran die gelösten Calcium- und Magnesiumsalze. Man hatte erkannt, dass sie die Ursache für die unerwünschten Reaktionen der Seife beim Waschprozess sind. Sie bilden mit den Anionen der Seifen eine wasserunlösliche Kalkseife ohne Waschkraft, und zusätzlich kann sich die Kalkseife auf der Wäsche ablagern und gelbe Verfleckungen hervorrufen. Auch der Griff der Wäsche verändert sich. Im Laufe der Zeit wird die Wäsche hart, rau und kratzt auf der Haut. Durch Henkels Bleichsoda konnten die nachteiligen Veränderungen zwar stark vermindert werden, doch durch den Gehalt an Soda war die Waschlauge stark alkalisch, was sich negativ auf die Haltbarkeit der Wäsche auswirkte.

Die Chemiker hatten auch erkannt, dass die in der Seife vorhandene Carboxylgruppe für die Hartwasserempfindlichkeit verantwortlich war. Deshalb versuchten sie, diese Gruppe zu verändern oder ganz zu ersetzen.

Die Initiative zu neuen Waschmitteln ging von verschiedenen Forschergruppen aus. Zum einen waren es die Hydrierchemiker, die mit Wasserstoff die Fette und Fettsäuren veränderten, zum anderen die Nachfolger des Ferdinand Runge, die die Löslichkeit der Fette veränderten.

Mit den von der Kohleverflüssigung auf hohe Drucke ausgelegten Hydrieranlagen gelang es, aus den Fetten die Fettalko-

*Abbildung 51:*

**Wilhelm Normann**
(*1870 †1939)
Dem Forscher bei Henkel gelang es, durch Hydrierung neue Rohstoffe für die Waschmittelindustrie zu erschließen.

**Die Chemie macht den Wal interessant!**
Durch die Erfindung der Fetthärtung mittels Wasserstoff durch Wilhelm Normann und seinem Patent aus dem Jahre 1902 war es nun möglich, das gesamte Fett eines Wals in geruchfreie Fette umzuwandeln. Es konnte also so gut wie alles Fettige des Wals industriell verarbeitet werden. Dies wiederum führte dazu, dass der Wal zu einem begehrteren Fangobjekt als je zuvor wurde. Es entstanden neue Walfangflotten, die Jagd auf das größte Säugetier der Meere machten.

## Gliederung der Tenside

Aniontenside sind organische Substanzen, bei denen beim Auflösen in Wasser das dabei entstehende negativ geladene Teilchen, das Anion, die waschaktive Komponente ist.

Kationtenside zerfallen in Wasser in das positiv geladene waschaktive Kation und das waschinaktive Anion.

Nicht ionogene Tenside bilden in Wasser weder Kationen noch Anionen, sondern ihre Löslichkeit in Wasser beruht auf einer engen Bindung der wasserfreundlichen Teile an die Wassermoleküle.

*Abbildung 52: Das FEWA leitete die Entwicklung hartwasserbeständiger Tenside für die Waschmittel ein.*

hole zu synthetisieren. Im Gegensatz zur Fettsäure, wie sie zur Seifenherstellung verwendet wird, ging man nun von einem Fettalkohol aus. Und anstelle der Neutralisation der Fettsäure mit Alkalien setzte man den Fettalkohol mit Schwefelsäure um und erhielt das Fettalkoholsulfat, das als Natriumsalz zunächst die gleiche Schaumkraft wie die Seife hatte. Aber zusätzlich wies es eine hervorragende Waschkraft auf, war neutral und beständig gegen die Härtebildner des Wassers. Damit war das neue Feinwaschmittel geboren. Es kam 1932 unter dem Namen FEWA auf den Markt. Es folgte eine ganze Reihe ähnlicher Feinwaschmittel.

Das neue Waschmittel konnte nur entstehen, weil von der Chemie genügend Fettalkohole zur Verfügung gestellt werden konnten. Die Natur war ein sprudelnder Lieferant. Die Chemiker entdeckten, dass Walrat und flüssiges Spermöl der Meeressäuger reine Fettalkohol-Fettsäureester sind. Man brauchte nur die Ester zu spalten und hatte dann Fettalkohole und Fettsäuren als Ausgangsprodukte für Waschmittel.

Den Walfangfahrten in das Eismeer setzte der Beginn des Zweiten Weltkriegs 1939 ein jähes Ende. Biologische Fettlieferanten schieden damit aus. Man musste sich mit dem begnügen, was man hatte, und das war der Abfall der Kohleverflüssigung aus der Braunkohlegewinnung. Man nannte diese Substanz Paraffin, vom Lateinischen „parum affinis", wenig teilnehmend, abgeleitet. Aber auch im Erdöl sind große Mengen an Paraffinen enthalten.

Das Problem bestand darin, in das Paraffin eine Gruppe einzuführen, die einer chemischen Umsetzung zugänglich ist. In der Tat konnte durch katalysierte Oxydation eine Paraffinfettsäure hergestellt werden. Durch Neutralisation mit Alkali erhielt man dann eine Seife. Die Paraffinfettsäuren konnten auch zum Paraffinalkohol reduziert werden, woraus hartwasserbeständige Alkylsulfate entstanden, in genau gleicher Qualität wie die Fettalkoholsulfate, aus denen FEWA hergestellt worden ist.

Es muss hier noch hinzugefügt werden, dass die Herstellung von Seifen und Alkylsulfaten aus Paraffin nicht so schnell gelungen wäre, wenn nicht die Rohstoffknappheit wegen des Zweiten Weltkrieges so groß gewesen wäre. Alle Anstrengungen wurden auf die Chemie konzentriert.

Die Paraffinoxydation führte noch zu weiteren wichtigen Waschrohstoffen. In Verbindung mit Benzol entstand ein neuer Rohstoff, das Alkylbenzolsulfonat, das eine der wichtigsten

Komponenten in Voll- und Feinwaschmitteln wurde. Die ursprünglich schwere biologische Abbaubarkeit konnte durch Umstellung auf unverzweigte Paraffinketten in eine leichtere Abbaubarkeit umgewandelt werden.

Durch Umsetzung von Fettalkoholen mit Polyglykolethern erhält man neue waschaktive Substanzen mit besonderen Emulgier- und Dispergiereigenschaften. Sie können in wässeriger Lösung nicht dissoziieren und werden daher als nichtionogene Tenside bezeichnet. Ihr Einsatzgebiet erstreckt sich auf praktisch alle Gebiete der Reinigungstechnik. Bei diesen als Fettsäurepolyglykolether bezeichneten Waschrohstoffen geht wegen der besseren Waschkraft bei niedrigen Temperaturen der Trend zu niedrigerem Oxethylierungsgrad.

Waschrohstoffe aus nachwachsenden Rohstoffen stellen die neuesten Entwicklungen auf dem Tensidgebiet dar. Man bezeichnet sie im Allgemeinbegriff als Zuckertenside und versteht im einzelnen darunter Alkylpolyglucoside (APG) und Fettsäureglucamide (GA).

Trotz aller Neuentwicklungen auf dem Tensidgebiet in den letzten Jahrzehnten sind die Alkylbenzolsulfonate, die letztlich auf die Entdeckung des Friedlieb Ferdinand Runge zurückgehen, die am meisten angewandten Waschrohstoffe.

## Selbsttätig – früher und heute!

Es war ein langer Weg von der einfachen Seife der mittelalterlichen Seifensieder zu den heutigen komplizierten Waschmittelformulierungen. Dabei muss man sich aus historischer Sicht die Frage stellen, ob das alles notwendig ist, was heute getan wird.

Betrachtet man die Rahmenbedingungen, unter denen früher und heute gewaschen wird, dann liegen Welten dazwischen, selbst wenn man den Anfang der modernen Haushaltwäsche auf das Jahr 1907 legt, dem Jahr der Einführung des „selbsttätigen Waschmittels PERSIL".

Heute genügt es nicht mehr, nur ein selbsttätiges Waschmittel zu haben, was auch immer man darunter verstehen mag. Vielmehr muss es ein selbsttätiges Waschsystem sein, also die Kombination von Waschmaschine und Waschmittel, gegebenenfalls unter Einbeziehung des Trockners. Das bedeutet, dass die früher von den Waschfrauen ausgeübte mechanische Bearbeitung der schmutzigen Wäsche mit dem Waschpleuel, der Bürste und dem Seifenstück heute (auch) „selbsttätig" sein muss. Diese Aufgabe übernimmt die Waschmaschine.

Die Waschfrau konnte ihre Arbeit auf die individuelle Verschmutzung der einzelnen Wäschestücke abstimmen, die Waschmaschine kann das nicht mehr oder nur in sehr begrenztem Umfang. Und wenn früher die Wäsche nach dem Waschen noch

*Nomenklatur:* Es gibt in der Fachsprache mehrere Ausdrücke für die waschaktiven Substanzen in Waschmitteln.

*Tenside* ist die offizielle Bezeichnung. Der Wortstamm leitet sich aus dem Lateinischen von „Tension" im Sinne von „Spannung" ab. Gemeint ist dabei die Oberflächenspannung des Wassers. Sie führt dazu, dass sich das Wasser im Normalfall zu einem Tropfen zusammen zieht und die Benetzung von Oberflächen verlangsamt. Die Tenside heben diese Spannung auf und ermöglichen eine schnelle Benetzung von Oberflächen, im Falle des Waschens das schnelle Eindringen des Wassers in die Fasern, aber auch die Benetzung des Schmutzes und dessen Ablösung von den Textilien.

*Detergentien*, abgeleitet aus dem lateinischen Verb „detergere" in der Bedeutung von abwischen, reinigen, sind ebenfalls Tenside, allerdings mit der Maßgabe, dass sie eine waschende Wirkung haben müssen, die bei Tensiden keine Bedingung, aber der Normalfall ist.

*Waschaktive Substanzen bzw. waschaktive Verbindungen* sind dasselbe wie Detergentien.

*Oberflächenaktive Substanzen bzw. oberflächenaktive Verbindungen* sind dasselbe wie Tenside.

Die oben genannten Substanzen bzw. Verbindungen sind im Normalfall nur Bestandteile eines Waschmittels. Ein Waschmittel im heutigen Sinne enthält noch eine ganze Reihe an zusätzlichen Komponenten.

Flecken hatte, dann wurde sie auf der Bleichwiese individuell befeuchtet und behandelt. All das gibt es heute nicht mehr. Die Hausfrauen erwarten, dass die Bleichmittel im Waschmittel die Flecken rückstandslos entfernen.

Als ab 1920 der Waschkessel in den Haushaltungen zum Allgemeingut wurde, ist die Wäsche „gekocht" worden, was gleichbedeutend war mit einer Wäsche bei 100 °C. Wer kocht heute noch die Wäsche? Wenn die Waschmaschine auf die 90 °C zugeht, dann ist das schon die obere Grenze. Der Wunsch der Hausfrau und der Ökologen ist es, die Waschtemperatur aus Kostengründen und aus Umweltverantwortung so weit wie möglich zu senken, aber die gleiche Waschwirkung zu haben wie bei hohen Temperaturen.

**Zusammensetzung der Wäsche 1910**

Es gab grobe und feine Wäsche. Die grobe Wäsche war weiß oder blau. Die weiße Wäsche ist gekocht worden, die blaue ist in der restlichen Lauge der weißen behandelt worden, weil es vorwiegend Arbeitskleidung war. Für die feine Wäsche aus Seide oder besonders dünnfädiger Baumwolle gab es die sorgsame Handwäsche.

Man denke aber auch an das eigentliche Urelement des Waschens, an das Wasser selbst. Früher verwendete man fast ausschließlich Oberflächenwasser von Bächen, Flüssen und Seen. Diese Wässer enthalten im Allgemeinen nur wenig Härtebildner, wie Calcium- und Magnesiumsalze. Heute kommt das Wasser aus der kommunalen Wasserversorgung mit unterschiedlichen Härtegraden, meistens mit wesentlich höheren als in den Oberflächenwässern. Auch das muss das Waschmittel verkraften! Andererseits ist heute das Wasser frei von störenden Schwermetallen und Schwebestoffen.

Gänzlich neue Anforderungen kamen durch den Umweltschutz auf die Waschmittelindustrie zu. Nicht nur, dass die Waschmittel die gesetzlichen Auflagen erfüllen müssen; die Industrie gibt sich durch eine ökologische Selbstverpflichtung zusätzliche Anforderungen.

Nicht zuletzt muss auch das Waschgut selbst betrachtet werden. Es hat sich im Gegensatz zu früher in zweierlei Hinsicht verändert. Die positive Veränderung ist, dass die Wäsche bei weitem nicht mehr so schmutzig ist wie früher. Auf der anderen Seite sind die faserstoffliche Zusammensetzungen und die Farben so vielfältig wie nie zuvor - und werden immer noch variabler. Heute kommt das gesamte Spektrum der modernen Faserchemie in die Waschmaschinen. Angefangen von der klassischen Baumwolle über Viskose, Polyamid, Polyacryl und Polyester reicht der Reigen der Fasern und setzt sich fort in allen erdenklichen Färbungen und Drucken. Nicht zu reden von den Fasermischungen und den Kombinationen in den Farben.

Wenn man etwa hundert Jahre zurückdenkt an die Zeit, als Fritz Henkel sein PERSIL auf den Markt gebracht hat, so ist die Haushaltswäsche für die Maschinenhersteller und die Waschmittelproduzenten zu einer recht komplizierten Angelegenheit geworden. Für die Hausfrau dagegen wurde alles leichter!

## 3.3 Weiß, weißer am weißesten

Wenn die Wäscherinnen ihre Wäsche auf der Bleichwiese auslegten, um sie durch die Kraft der Sonne bleichen zu lassen, so geschah das mit dem Ziel, die Wäsche weiß zu bekommen. Denn Weiß war ein Symbol der Sauberkeit und ein Markenzeichen für eine gute Wäscherin.

Man hätte nun glauben können, das mit der Rasenbleiche erzielte Weiß wäre ausreichend gewesen. Weit gefehlt! Jetzt musste noch gebläut werden. Dass dies möglich geworden war, ist dem Apotheker Dr. Leverkus zu verdanken. Er gründete 1834 in Wiesdorf bei Köln eine Ultramarinfabrik und verkaufte den blauen Farbstoff als Wäscheblau an die Hausfrauen. Einige Körnchen dieses Farbstoffs in das letzte Spülbad beseitigten den letzten gelben Schimmer auf der frisch gewaschenen Wäsche. Dieses Bläuen ist noch bis zur Mitte des 20. Jahrhunderts in Deutschland angewendet worden.

Wenn man denkt, das Bläuen der Wäsche könne eigentlich kein großes Problem sein, so täuscht man sich. Wilhelmine Buchholz beschreibt in ihrem 1868 erschienenen Buch, welche Kenntnisse man besitzen muss, um die Wäsche in der richtigen Weise zu bläuen:

Da gab es zunächst den Indigo als kleine Brocken. Diese mussten pulverisiert und dann in einen kleinen Leinwandlappen gebunden werden. Das Säckchen mit dem Indigo tauchte man dann in das Spülwasser und schwenkte so lange, bis das Wasser genügend stark blau gefärbt war. Dann kam die Wäsche hinein.

Man konnte den Indigo aber auch mit konzentrierter Schwefelsäure übergießen und ihn unter ständigem Umrühren in Lösung bringen. Dann hatte man eine Indigotinktur. Davon verwendete man einige Tropfen.

Das Herstellen von Bläupapier war noch etwas umständlicher als das der Indigotinktur. Man musste die schwefelsaure Lösung mit Pottasche neutralisieren und dann auf dickes, ungeleimtes Papier aufbringen. Das so erzeugte Bläupapier war gut haltbar und einfach in der Anwendung.

Das Höchste war die aus Indigo hergestellte Lappentinktur. Sie lieferte das reinste Blau. Aus der komplizierten Herstellungsmethode ist herauszulesen, dass man eine Indigolösung zunächst mit Abfallwolle vom Scheren der Tuche versetzt. Die Wolle nimmt den Indigofarbstoff auf, nicht aber die grünen Begleitsubstanzen. Anschließend wird dann der auf der Wolle vorhandene reine Indigofarbstoff heruntergelöst und zum Bläuen verwendet.

Das „Flüssige Waschblau" wurde aus Pariserblau und Kleesäure (Oxalsäure) hergestellt. Dieses Waschblau habe die Wäsche

**Die Geburt einer Stadt**
Die Ultramarinfabrik in Wiesdorf ist 1891 von den Farbenfabriken Bayer übernommen worden, und der Zusammenschluss der Stadt Wiesdorf mit den Gemeinden Schleebusch, Steinbüchel und Rheindorf bekam zu Ehren des innovativen Apothekers Dr. Leverkus den heutigen Namen Leverkusen.

**Optische Aufheller**
Bereits 1929 entdeckte der Textilchemiker Paul Krais, dass Textilien nach einer Behandlung mit Aesculin oder dem Lithiumsalz der Umbelliferonessigsäure weißer erschienen als sonst. Diese Verbindungen waren jedoch nicht lichtecht. Die später entwickelten Derivate der Flavonsäure konnten bereits technisch eingesetzt werden bis dann 1941 der Durchbruch zu lichtbeständigen Produkten gelang.

## Bläumittelanalyse anno 1870

Um zu erkennen, ob ein Wäscheblau aus Berlinerblau bzw. Pariserblau bestehe oder Zusätze davon enthalte, nehme man eine Messerspitze davon, tue es in eine Tasse und rühre es mit einigen Tropfen Wasser an. Dann gieße man zwei Teelöffel Wasser, in dem 1 Teelöffel Pottasche aufgelöst wurde, hinzu und rühre gut um. Ein „gutes Blau" verändere seine Farbe nicht, wogegen Pariserblau oder Berlinerblau in ein schmutziges Gelbgrün und später in ein Rostgelb übergeht.

Anmerkung des Autors: Wilhelmine Buchholz hat sehr gut beobachtet! Sowohl Berlinerblau wie auch Pariserblau sind Eisencyanidkomplexe, die in alkalischer Lösung zu gelbem bzw. rostrotem Eisenoxid umgewandelt werden.

zwar sehr schön gebläut, aber die Festigkeit der Wäsche habe wegen der Kleesäure gelitten. Noch nachteiliger sei jedoch gewesen, dass das Pariserblau die Wäsche beim nächsten Waschen gelb machte, und der Gelbton nur äußerst schwierig wieder zu beseitigen sei. Deshalb wurde von der Verwendung des Pariserblaus abgeraten.

Auch vom Berlinerblau sei abzuraten, weil es genau die gleichen Nachteile aufweise wie das Pariserblau, und zudem würden windige Geschäftsleute Schwerspat oder Gips zumischen, um das Gewicht zu erhöhen.

Der blaue Farbstoff Smalte kam unter den Namen „Eschel" und „Königsblau" in den Handel, wobei das Königsblau der Inbegriff der Bläumittel war. Die Smalte war sehr teuer und ist vom Ultramarin verdrängt worden. Doch Ultramarin war nicht gleich Ultramarin. Auch hier konnte man sich nicht auf die Verkäufer verlassen. Sie mischten nämlich Bleiweiß dazu.

Durch einen einfachen Test auf einer Marmorplatte mit Pinsel und feinem Weißpigment konnte man den Farbstoffgehalt abschätzen.

Es kamen auch Blaukugeln auf den Markt, um das Bläuen möglichst anwendungsfreundlich zu machen. Wegen der geringen Bläukraft wurde von der Verwendung dieser Kugeln abgeraten.

Anilinblau wurde genauso wie Ultramarin auch schon um 1870 in Farbenfabriken hergestellt und kam in gleichbleibender Qualität in den Handel. Für Leinen- und Wollwaren sei dieses Blau nicht zu empfehlen, wohl aber für weiße Seide.

Zum Schluss gibt Wilhelmine Buchholz noch ein Geheimrezept für ein natürliches Bläumittel preis: Man zerstoße blaue Kornblumenblätter mit Eiweiß in einem Mörser zu Brei, filtriere durch reine Leinwand und verwende den Saft zum Bläuen. Das damit behandelte Zeug, gemeint war die Wäsche, erhalte gleichzeitig auch eine leichte Appretur.

Die Hausfrauen und Wäscherinnen nach 1900 hatten wohl keine großen Probleme mehr mit der Wahl des richtigen Bläufarbstoffes. Es gab Ultramarinfarbstoff als konfektioniertes Bläupapier oder in kleinen Säckchen zu kaufen. Ob es nun wirtschaftlicher gewesen wäre, sich eine größere Menge an Ultramarin zu kaufen und dann selbst zu portionieren, ist eine Frage, die sich nur den gewerblichen Betrieben mit großen Wäschemengen stellte.

Die Chemiker von Bayer haben nach dem Zweiten Weltkrieg einen Ersatz für das Wäscheblau gesucht und gefunden, den optischen Aufheller. Im Gegensatz zum Bläuen, wo nur der Gelbstich der Wäsche zu einem lichten Grau kompensiert wird – was das Auge als „weißer" empfindet als den Gelbstich – erhöhen die optischen Aufheller das Weiß der Wäsche tatsächlich. Sie wandeln unsichtbare UV-Strahlung in sichtbares blaues Licht um. Dadurch wird genauso wie beim Wäscheblau der Gelbstich kompensiert aber zusätzlich der Weißeindruck der Wäsche erhöht.

Seit 1941 werden vorwiegend optische Aufheller auf der Basis von heterozyklisch substituierten Stilbenen verwendet. Diese Produkte können zum Aufhellen von Baumwolle, Viskose und Polyamid eingesetzt werden. Für Polyesterfasern eignen sich substituierte Divinylstilbene.

### Neue Statussymbole der Wäsche

Wenn um 1800 die Hausfrauen ihre Wäsche auf der Bleichwiese auslegten, so wollten sie damit auch zeigen, wie „viel" Wäsche sie besitzen, denn viel Wäsche war gleichbedeutend mit Wohlstand und Ansehen. Heute gelten diese Statussymbole nicht mehr. Bis in die 60er Jahre war unter den waschenden Hausfrauen noch ein Relikt aus jener Zeit zu erkennen, wenn sie den Weißgrad ihrer Wäsche mit dem der Nachbarin verglichen. Je weißer die Wäsche, desto besser die Wäscherin! Als dann jedoch die optischen Aufheller in die Waschmittel kamen, war auch dieses Statussymbol nicht mehr interessant. Jetzt konnten alle Hausfrauen eine strahlend weiße Wäsche „erwaschen", wenn sie denn nur das richtige Waschmittel wählten. In jener Zeit ist aber die Wäsche immerhin noch auf die Leine gehängt worden und war zur „Besichtigung" frei gegeben. Heute kann auch die neugierigste Nachbarin nicht in den Wäschetrockner schauen. Das Waschen ist weitestgehend zu einer Privatangelegenheit geworden.

*Abbildung 53: Wäsche aufhängen!*

## 3.4 Zusammensetzung der modernen Waschmittel

Um deutlich zu machen, welche Entwicklung in der Waschmittelchemie im Laufe von 100 Jahren abgelaufen ist, wird in einer zusammenfassenden Übersicht gezeigt, in welchen Bereichen sich die größten Veränderungen abgespielt haben. Die Darstellung kann allerdings nur einen groben Überblick vermitteln, da der Fortschritt der Chemie auf vielen Ebenen stattgefunden hat, die hier nicht im einzelnen beschrieben werden können. Es wird versucht, den historischen Aspekt der Entwicklungen in den Vordergrund zu stellen.

### Tenside

Von der Seife bis hin zu den bereits beschriebenen synthetisch hergestellten Waschrohstoffen kann alles in den Waschmitteln enthalten sein. Die wirtschaftlich bedeutendsten Tenside kommen aus den petrochemisch herstellbaren linearen Alkylbenzolsufonaten (LAS). Die Industrie besitzt eine mehr als 50-jährige Erfahrung in der Herstellung dieser Substanzen und ausgiebige Erfahrung mit ihrer ökologischen Sicherheit.

Als klassische synergistische Kombination werden Alkylbenzolsulfonate mit Fettalkoholpolyglykolethern eingesetzt. Es könnten auch Tenside auf Basis nachwachsender Rohstoffe, wie Fettalkoholsulfate zur Anwendung kommen, doch ist es aus Kostengründen noch zu keiner tiefgreifenden Substitution gekommen.

Eine weitere Alternative zu der klassischen Formulierung von Alkylbenzolsulfonaten und Fettalkoholpolyglykolethern bieten die neuen Zuckertenside auf Basis Alkylpolyglucosid (APG) und Fettsäureglucamid (GA).

Seife wird in den modernen Waschmitteln teilweise auch noch eingesetzt, wenn sie sich mit den synthetischen Waschrohstoffen verträgt und die Wirkung des Waschmittels verbessert.

Alle heute in der Bundesrepublik Deutschland verwendeten Waschrohstoffe übertreffen im Hinblick auf die biologische Abbaubarkeit die gesetzlichen Anforderungen. Im Rahmen der ganzheitlichen Betrachtung spielt auch die Frage nach der Herkunft der Ausgangsstoffe und der nach dem Herstellen anfallenden Abfallprodukte eine wichtige Rolle. Die in einer europäischen Life Cycle Inventory (Teil einer Ökobilanz) erhaltenen Untersuchungsergebnisse wurden 1997 von der Gesellschaft Deutscher Chemiker im Konsens mit den zuständigen Behörden mit dem Ergebnis bewertet, dass von den Tensiden in Waschmitteln keine Gefährdung für die Umwelt ausgeht.

**Nostalgische Gedanken**

Fast 5000 Jahre lang war die Seife ein Kulturgut in allen hochentwickelten Gesellschaften. Die Römer schickten vor 2000 Jahren wohlriechende Seifen aus Germanien an ihre Frauen in Rom. Heute wird Seife im Consumerbereich gerade noch zum Hände waschen benutzt, aber auch hier schon teilweise verdrängt.

## Builder

Darunter versteht man die Gerüst- und Aufbaustoffe. Sie haben die Aufgabe, die Härtebildner des Wassers zu binden und die Tensidwirkung durch ein gutes Schmutztragevermögen zu unterstützen. Zu den Buildern zählen Soda, Natriumsilikat (Wasserglas) und Komplexbildner wie Phosphate oder Ionenaustauscher wie Zeolithe. Eine der wichtigsten Aufgaben der Builder ist die Verhinderung von Vergrauung.

Vergrauung tritt dann auf, wenn sich ein Teil des aus der Wäsche abgelösten Schmutzes gleichmäßig auf die gewaschene Wäsche verteilt. Diesen Vorgang nennen die Chemiker Redeposition. So lange man Seife verwendet hat, war diese Gefahr übrigens nicht sonderlich groß, denn Seife besitzt ein hervorragendes Schmutztragevermögen, das die Vergrauung auf eine Minimum reduziert. In dem Maße jedoch wie synthetische Waschrohstoffe in den konfektionierten Waschmitteln eingesetzt wurden, vergrößerte sich die Gefahr der Vergrauung, denn die Fettalkoholsulfate und die Alkylbenzolsulfonate besitzen nur eine begrenzte Schmutztragewirkung. Durch Zusatz von Phosphaten, insbesondere von Polyphosphaten, konnte die Vergrauungsgefahr wesentlich reduziert werden, wobei das Phosphat auch zur Bindung der Härtebildner des Wassers diente.

Dies änderte sich alles, als es wegen der eutrophierenden Wirkung in den Gewässern gesetzlich verboten wurde, Phospate in den Waschmitteln einzusetzen.

Phosphatfreie Waschmittel enthalten als Ersatzstoffe eine Kombination aus mehreren Stoffen. Es ist noch nicht gelungen, das Phosphat durch ein einziges Produkt zu ersetzen. An seine Stelle trat das heute auf dem Markt dominierende tertiäre Buildersystem, das aus wasserunlöslichem Zeolith, Soda und Polycarboxylat besteht.

Das Zeolith A dient zur Wasserenthärtung durch Ionenaustausch, Soda verstärkt die Waschwirkung und die Carboxylate dispergieren den abgelösten Schmutz bzw. verzögern die Ausfällung von Calciumablagerungen.

Die Buildersysteme in den modernen Waschmitteln sind sehr variabel. Die Forschung arbeitet an Ersatzstoffen für Zeolith mit besserer Wasserenthärtung und Carboxylaten mit besserer biologischer Abbaubarkeit.

**Sasil®**

Unter dem Markennamen Sasil kam ein Phosphat-Ersatzstoff auf den Markt, der auf dem Prinzip des Ionenaustauschs basiert. Durch Schmelzen von Wasserglas und Tonerde entsteht ein Natrium-Alumasilikat mit Käfigstruktur. Die darin enthaltenen Natriumionen lassen sich durch Calcium- und Magnesiumionen austauschen, worauf die wasserenthärtende Wirkung beruht.

## Bleichmittel

Die wichtigste Substanz ist das Natriumperborat, dazu kommen Bleichaktivatoren zur Bleiche bei niedrigeren Temperaturen. Chlorbleichmittel besitzen in Deutschland so gut wie keine Bedeutung.

Die chemischen Bleichmittel in den modernen Waschmitteln haben vor allem die Aufgabe, die Verfleckungen aus der Wäsche zu entfernen. Im PERSIL von 1907 war dafür das Natriumperborat zuständig, was über Jahrzehnte so geblieben ist. Neuerdings wird auch Percarbonat eingesetzt.

Während früher die Waschtemperaturen weit über 90 °C lagen, geht der Trend immer mehr zu niedrigen Waschtemperaturen. Das Perborat entfaltet seine höchste Bleichwirkung aber erst oberhalb von 75 °C. Die moderne Waschmittelchemie war also gezwungen, neue Bleichsysteme zu finden, um auch bei niedrigen Temperaturen die Flecken aus der Wäsche entfernen zu können. Hierzu sind Bleichaktivatoren entwickelt worden.

Der bekannteste und weltweit am häufigsten bei Temperaturen unter 60 °C angewandte Bleichmittelaktivator ist das Tetraacetylethylendiamin, abgekürzt TAED. In Japan und den USA findet das Nonanonyloxybenzolsulfonat (NOBS) eine zunehmend größere Akzeptanz, da es auch hydrophobe Flecken oxidativ angreift.

## Hilfsstoffe

In den Waschmitteln können Enzyme zum biologischen Abbau von Eiweißverschmutzungen, Vergrauungsinhibitoren, Schaumregulatoren und Korrosionsinhibitoren zum Schutz der Waschmaschine enthalten sein. Eine besondere Rolle nehmen die Enzyme ein.

Enzyme sind in der Natur eine der wichtigsten funktionalen Substanzen zum Erhalt des biologischen Lebens. Sie zählen nicht zur belebten Materie, sondern wirken als biologische Katalysatoren, indem sie die molekularen Bindungen der organischen Moleküle schwächen. Dadurch kann bereits bei normalen Umgebungsbedingungen eine Spaltung von großen Molekülen in kleinere erfolgen. Die Enzyme werden nach getaner Arbeit frei gesetzt und können von neuem wirken. Ein klassisches Beispiel für die Wirkung von Enzymen ist die beim Waschen ablaufende Zerstörung von Stärke aus wasserunlöslichen Lebensmittelrückständen. Die langkettigen, als Makromoleküle bezeichneten Verbindungen werden bis zum einmoleküligen, wasserlöslichen Zucker abgebaut. Noch einfacher kann man die Wirkung von Enzymen am eigenen Körper erkennen. Wenn man Brot lange im Mund kaut, dann merkt man einen süßlichen Geschmack, der auf den enzymatischen Abbau der im Brot enthaltenen Stärke zu Glucose zurückzuführen ist.

---

**TAED**

Das N.N.N.N.-Tetraacetylethylendiamin TAED, hat als Bleichaktivator eine große Bedeutung. Durch ihn ist es möglich, eine oxidative Bleiche mit Natriumperborat bei Temperaturen zwischen 40 und 60 °C durchzuführen und gleichzeitig eine Keimverminderung zu erreichen.

*Abbildung 54:* Bis 1955 hielt die Firma Henkel an der „einzelnen Frau" als Symbol für ihr Produkt fest, allerdings in einem ganz anderen Outfit als in der Figur der Weißen Dame, aber das „verpackte Vertrauen" war immer noch zu erkennen.

*Abbildung 55:* Die Waschmittelwerbung in den 60er Jahren legte sehr viel Wert auf die Verantwortung der Frauen für das Wohlbefinden ihrer Familie. Dass der Mann diese Fürsorge mit großem Wohlwollen betrachtete, erhöhte die Bedeutung der fraulichen Tätigkeiten. Die Familie Saubermann bekam Modellcharakter.

**Ist es möglich, daß sich 50% aller Hausfrauen irren?**

50% aller Hausfrauen denken wie Frau Irene Mertz aus Frankfurt-Sindlingen: „Nur durch Kochen wird die Wäsche richtig weiß!" Wir dagegen behaupten: Mit oder ohne Kochen – Dash wäscht so weiß, weißer geht's nicht!

Zur Klärung dieser Streitfrage wusch Frau Mertz ihre normal verschmutzte Wäsche zunächst einfach in Dash.

Dann nahm sie einen Teil davon und kochte ihn anschließend tüchtig durch – um ihn noch weißer zu kriegen.

Und das Ergebnis? Frau Mertz mußte ihre jahrzehntelange Überzeugung über Bord werfen.

Der Weiß-Vergleich bewies: Auch durch Kochen geht es nicht weißer als einfach mit Dash!

**Mit oder ohne Kochen –
Dash wäscht so weiß – weißer geht's nicht!**

*Abbildung 56:* Als in den 70er Jahren die Waschmittelchemie auch bei Temperaturen weit unter 100°C eine weiße, fleckenfreie Wäsche erzeugen konnte, mussten die Frauen davon erst überzeugt werden. Die Werbung versuchte es mit Argumenten, wie in der abgebildeten Anzeige, aber auch mit emotionalen Aussagen.

**Mechanisiertes Waschverfahren in vollautomatischer Trommelwasch- maschine mit Schleudergang** (Stand 1962 bis 1981)

Vorbereiten:

· *Sortieren der Wäsche, einfüllen*

· *Waschprogramm wäh- len*

· *Waschmittel für Vor- und Hauptwäsche in Dosier- vorrichtung geben*

· *Waschprogramm ein- schalten*

Vorwaschen, automatisch

Hauptwaschen, automa- tisch

Kalt spülen, 3- bis 5-mal automatisch

Schleudern, automatisch

Die modernen Waschmittel können drei bis vier Enzyme mit un- terschiedlichen Wirkungszielen enthalten:

Eiweißabbauende Enzyme, sogenannte **Proteasen**, sollen die Flecken von Blut, Speichel, Sekret, Eiern und anderen eiweiß- haltigen Verunreinigungen auflösen und aus der Wäsche ent- fernen.

Mit den **Amylasen** rückt man den stärkehaltigen Verfleckungen in allen denkbaren Zusammensetzungen in Nahrungsmitteln zu Leibe. Oftmals ist es so, dass sich nach der Entfernung der Stärke aus einem Fleck auch die übrigen Bestandteile viel leich- ter ablösen.

**Lipasen** haben die Aufgabe, fettige und Fett enthaltende Flecken zu lösen, vor allem solche Substanzen, die durch die Waschmit- tel nicht vollständig entfernt werden konnten.

Letztlich können in den modernen Waschmittelformulierungen noch **Cellulasen** enthalten sein, mit denen die auf der Oberflä- che der Baumwolltextilien im Gebrauch entstandenen Fusseln, wissenschaftlich ausgedrückt: Mikrofibrillen, entfernt werden können.

Allen Enzymen gemeinsam ist, dass sie nur dann optimal wir- ken, wenn die Umgebungsbedingungen für sie stimmen. Das heißt, dass Temperatur, pH-Wert und Zeit richtig eingestellt sein müssen.

### Optische Aufheller

Es sind organische Verbindungen zur Umwandlung von ultra- violetter Strahlung in blaues Licht, das den Weißeindruck ver- stärkt.

### Duftstoffe / Farbstoffe

Damit die Wäsche gut riecht, enthalten die meisten Waschmit- tel einen Zusatz an Duftstoffen.

Zusätzlich können Farbstoffe zur optischen Verschönerung des Waschpulvers und Stellmittel zur besseren Herstellung enthalten sein.

Die Waschmittelindustrie hat aus den vorstehend beschrie- benen Grundkomponenten eine Vielzahl von Formulierungen entwickelt und damit den Anforderungen an die unterschied- lichsten Waschbedingungen Rechnung getragen, die im Rah- men einer historischen Betrachtung sicherlich interessant sind, aber nicht im einzelnen beschrieben werden können. Es wer- den lediglich vier besonders signifikant erscheinende Etappen der Waschmittelentwicklung heraus gegriffen: die Einführung synthetischer Tenside, schaumgesteuerte Vollwaschmittel für

Trommelwaschmaschinen, biologisch abbaubare synthetische Tenside und Aktivatoren zum Bleichen bei niedrigen Temperaturen.

Die erste große Umstellung der Waschmittel für die Hausfrau war die Einführung der **synthetischen Tenside** um 1955, die die seit Jahrhunderten benützte Seife entbehrlich machte. Man muss allerdings dazu bemerken, dass die Seife als alleiniges Tensid schon nach dem Ersten Weltkrieg an Bedeutung verloren hatte. Durch das von Henkel eingeführte Persil und anderer konfektionierter Waschmittel waren die Hausfrauen bereits an fertige Waschmittel gewöhnt. Doch bei all diesen Produkten war die wirklich waschende Komponente die Seife. In den neuen Waschmitteln war dies nicht mehr so, wie die nachstehende Tabelle zeigt:

| Bestandteile | klassische Formulierung | 1955 |
|---|---|---|
| Seife | 35 - 50 | -- |
| Tetrapropylenbenzolsulfonat | -- | 10 - 15 |
| Fettalkoholsulfat | -- | 3 - 6 |
| Fettsäureethanolamid | -- | 1 - 3 |
| Na-Carbonat | 14 - 18 | -- |
| Na-Wasserglas | 6 - 10 | 4 - 7 |
| Na-Diphosphat | 5 - 8 | 16 - 24 |
| Na-Triphosphat | -- | 10 - 15 |
| Na-Perborat | 4 - 6 | 6 - 10 |
| Magnesiumsilikat | 1 - 3 | 1 - 3 |
| Opt. Aufheller | -- | < 0,10 |
| Carboxymethylcellulose | -- | < 2 |
| Parfümöl | -- | < 0,2 |

Tabelle:

Mit dem Beginn des Wirtschaftswunders um 1955 hatten die deutschen Hausfrauen das ursprünglich oberste Gebot des Waschens, die Wäscheschonung, aufgegeben und das Aussehen bzw. den Geruch an die erste Stelle gesetzt. Die Werbung tat ihr übriges, um mit dem „schönsten Weiß ihres Lebens" oder der aprilfrisch duftenden Wäsche neue Maßstäbe zu setzen – und sie hatte großen Erfolg!

Die klassischen Formulierungen bauten auf Seife, Soda (Na-Carbonat) und Wasserglas auf. Die neuen Waschmittel dagegen waren seifenfrei, enthielten keine Soda und eine geringere Menge an Wasserglas. Dazu kamen optische Aufheller, Carboxymethylcellulose zur besseren Schmutztragung, etwas Parfümöl für einen feinen Wäschegeruch.

Die Vorteile der neuen Produkte lagen in ihrer geringen Härteempfindlichkeit, keinem Laugengeruch, mehr Schaum für die Handwäsche, dem Wegfall des Einweichens und dem Spülen in kaltem Wasser ohne Seifenniederschlag. Außerdem war der Weißgrad wegen des optischen Aufhellers höher und die

Vergilbung durch Kalkseife konnte nicht mehr auftreten. Mangan und Eisen sind durch die hohen Phosphatanteile gebunden worden.

Ein entscheidender Vorteil der synthetischen Tenside äußerte sich in der wesentlich besseren Waschwirkung gegenüber Hautfett, besonders an Hemdenkragen, und der allgemeinen besseren Ablösung von öligen Verschmutzungen.

Aufgrund der unverkennbaren Vorteile der neuen Waschmittel gegenüber den klassischen Produkten aus Seife, Soda und Wasserglas führten sie sich in kurzer Zeit in den Haushalten ein. Diese uneingeschränkte Akzeptanz war aber nur möglich, weil die neuen Produkte genauso stark oder teilweise noch mehr schäumten als die klassischen Waschmittel. Für die deutsche Hausfrau galt der Schaum als Indikator für die Waschwirkung, was ja auch stimmte, solange es sich um Seife handelte. Bei den synthetischen Produkten war das nicht mehr so, aber das wussten die Hausfrauen ja noch nicht.

Im Laufe der Jahre zeigte es sich, dass die althergebrachten Vorstellungen über ein gutes Waschmittel doch der Korrektur bedürfen. Als nämlich die Waschmaschinen in den Haushaltungen auftauchten, waren damit auch neue Rahmenbedingungen für das Waschmittel entstanden. Zwar konnten die Bottichmaschinen in der Wohnküche noch die klassischen Waschmittel verkraften, nicht jedoch die mehr und mehr in den Markt drängenden Trommelwaschmaschinen. Nun lief der Schaum aus den Maschinen und verunreinigte den Küchenboden, was der Vorstellung von einer sauberen Technologie absolut zuwider lief. Man benötigte neue Formulierungen für die Trommelmaschinen. Bereits 1957 brachte Henkel mit dem Produkt Dixit ein **„schaumgesteuertes" Waschmittel** auf den Markt. In den folgenden Jahren wurde die Palette von den anderen Herstellern erweitert. Interessanterweise kehrte mit der Notwendigkeit zur Schaumregulierung die gute alte Seife wieder in die zwischenzeitlich so modern gewordenen Waschmittel zurück und behauptet ihren Platz bis heute neben den synthetischen Tensiden, (siehe Tabelle auf der nächsten Seite).

Obwohl in den schaumgesteuerten Waschmitteln der Anteil an synthetischen Tensiden gegenüber den früheren Formulierungen zurück gefahren worden ist, schäumten die Gewässer wegen der biologisch nicht oder nur schlecht abbaubaren Tetrapropylenbenzolsulfonate. Durch das Detergentiengesetz mussten die Waschmittelhersteller auf andere, **biologisch abbaubare Tenside** umstellen. Dies bedeutete eine vollkommen neue Grundkonzeption für die Waschmittelformulierungen. Durch intensive Forschungsarbeit ist es den deutschen Herstellern gelungen, hier innerhalb relativ kurzer Zeit vernünftige Lösungen

**Schaum als Indikator für die Waschkraft**

Die waschenden Frauen hatten aufgrund ihres jahrelangen Umgangs mit der Seife gelernt, dass die Wäsche nur dann sauber wurde, wenn die Waschlauge schäumte. Dies war eine absolut richtige Beobachtung, denn Schaum bildete sich nur dann, wenn in der Lauge noch genügend freie, waschaktive Seife vorhanden war. Man sagte: „die Waschlauge lebt!"

Im anderen Falle war sie „tot", wenn mehr Schmutz als Seife vorhanden war. Dann wirkte die Seife nicht mehr, allenfalls in der Lauge vorhandenes Soda.

zu finden. Einen Vergleich zwischen 1957 und 1980 zeigt die nachfolgende Tabelle:

| Bestandteile | 1957 | 1980 |
|---|---|---|
| Seife | 9 - 14 | 2 - 5 |
| Tetrapropylenbenzolsulfonat | 5 - 9 | -- |
| Alkylbenzolsulfonat | -- | 7 - 12 |
| Fettalkoholsulfat | 1 - 4 | -- |
| Fettalkoholoxethylat | -- | 3 - 8 |
| Na-Wasserglas | 5 - 10 | 3 - 8 |
| Na-Diphosphat | 24 - 32 | -- |
| Natrium-Aluminium-Silikat | -- | 35 - 50 |
| Na-Perborat | 14 - 22 | 20 - 30 |
| Magnesiumsilikat | 1 - 3 | < 2 |
| Opt. Aufheller | < 0,2 | < 0,3 |
| Carboxymethylcellulose | < 2 | < 2 |
| Ethylendiamintetraacetat | -- | < 2 |
| Proteolytische Enzyme (Proteasen) | -- | < 2 |
| Parfümöl | < 0,1 | < 1 |

Tabelle:

Das biologisch schwer abbaubare Tetrapropylenbenzolsulfonat ist aus den Waschmittelformulierungen bereits gegen Ende der 60er Jahre verschwunden.

Dafür sind dann die biologisch abbaubaren Alkylbenzolsulfonate und Fettalkoholoxethylate eingesetzt worden. Auch die Phosphate wurden eliminiert und dafür Zeolithe vom Typ Natrium-Aluminium-Silikat eingesetzt. Perborat und optischer Aufheller wurden vergrößert, um Fleckenfreiheit und hohen Weißgrad zu erreichen. Interessant ist auch, dass das ursprünglich umstrittene Parfümöl in den Waschmittelformulierungen um 1980 im Gegensatz zu den Anfängen verzehnfacht worden ist.

Nach dem Inkrafttreten des Waschmittelgesetzes waren sowohl die Anforderungen an ein waschmaschinengerechtes Vollwaschmittel wie auch an ein ökologisch angepasstes Reinigungsmittel erfüllt.

1977 kamen **Waschmittel mit Bleichaktivatoren** auf den Markt und führten sich als Niedrigtemperatur-Bleichsysteme ein. Das Waschmittel entfaltete bereits bei 60 °C, teilweise schon bei 40 °C, seine volle Bleichaktivität. Es war nicht mehr nötig, die bis dahin für Perborat notwendigen 80 °C und mehr zu erreichen.

Die Bleichaktivatoren passten auch gut in die ökologische Landschaft, denn eine Reduzierung der Waschtemperatur von 95 °C auf 60 °C bei weißer Wäsche sparte elektrischen Strom.

Moderne superkonzentrierte Waschmittel und Waschmittel-Tabs haben das frühere „Normalpulver" fast vollständig abgelöst.

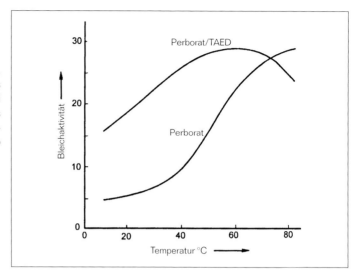

*Abbildung 57:* TAED sorgt dafür, dass der aktive Sauerstoff aus dem Natriumperborat bereits bei niedrigen Temperaturen an das Waschgut abgegeben wird, während das Perborat alleine erst ab 80 °C richtig bleicht.

1994 kam nach einem richtungsweisenden Technologieschritt das erste 2:1-Superkonzentrat auf den Markt.

Die Dosierung beträgt nur noch 75 ml anstelle von 150 ml pro Waschgang. 1997 folgten dann die ebenfalls hochkonzentrierten Tabs.

Die neuen Produktformen bieten hinsichtlich ihrer bequemen Anwendung beim Dosieren und ihrer Waschleistung Vorteile gegenüber dem früheren „Normalpulver". Auch hinsichtlich ihrer Auswirkungen auf die Umwelt sind sie dem „Normalpulver" deutlich überlegen (Verpackung + Transport).

Flüssigwaschmittel befriedigen spezielle Verbraucherwünsche. Sie lassen sich problemlos dosieren, entfernen schon bei niedrigen Temperaturen Fettanschmutzungen und bilden keine Rückstände.

Die 1987 in Deutschland eingeführten Flüssigwaschmittel sind zwischenzeitlich hinsichtlich Leistung und Umweltverträglichkeit deutlich optimiert worden.

Jüngste Innovationen der Waschmittel-Industrie (2001) sind hochkonzentrierte Flüssig-Tabs (50 ml pro Waschgang).

**Spezialwaschmittel für bunte Feinwäsche**

Die seit Jahren auf dem Markt befindlichen Waschmittel ohne optischen Aufheller und ohne Bleichmittel sind zu speziellen Buntwaschmitteln umgebaut worden, indem man ihnen farbstoffaffine Zusätze und / oder Cellulasen hinzufügte. Als Colorwaschmittel finden sie ab etwa 1995 eine breite Anwendung.

# 4. Wäschepflege in Handarbeit

## 4.1 Das Waschen in freier Natur

Dieses Kapitel soll einen Eindruck von der Handarbeit beim Waschen im Haus und außerhalb vermitteln. Dazu sind prägnante Bilder aus der fast unübersehbaren Literatur ausgewählt worden. Die bebilderte Zeitspanne erstreckt sich von 1720 bis 1930. In dieser Zeit sind auch technische Hilfen in Form von Waschmaschinen entwickelt worden, doch ihre Anwendung war auf herrschaftliche Haushalte beschränkt. Die Masse der Bevölkerung hat mit der Hand gewaschen.

Auf den Bildern ist nicht mit Sicherheit zu erkennen, ob es sich bei den weiblichen Personen um Hausfrauen oder um berufsmäßige Wäscherinnen bzw. Waschfrauen handelt. Die Tätigkeit selbst war jedoch die gleiche. Insofern ist es unerheblich, zu welcher Gruppe die Frauen gehören.

*Abbildung 58:* Der Stich entstand um 1900. Er trägt den Titel „Wäsche an der Mosel". Hier kann man sehr schön sehen, dass die Frauen mit dem Waschholz die Wäsche bearbeiten. Da eine der Frauen offensichtlich schmutzige Wäsche in der Kiepe heranträgt, kann man davon ausgehen, dass hier tatsächlich ein Waschplatz in des Wortes wahrster Bedeutung war.

*Abbildung 59:* Die „Große Wäsche am Fluss" von W. Grossmann um 1890 ist eines der be-kanntesten Bilder über die gesellschaftliche Auswirkung der Arbeit der Wäscherinnen. Der Waschplatz ist zu einem Ort der dörflichen Kommunikation geworden. Männer und Frauen sind gleichermaßen vertreten, es arbeiten allerdings nur die Frauen!

Es gibt unzählige Stiche ab etwa 1800, auf denen die Wäscherinnen am Fluss stehend, kniend oder gebückt die Wäsche bearbeiten. Dabei kann man sich des Eindrucks nicht erwehren, dass die Frauen nur eine interessante Abwechslung für die Künstler waren, um die farblosen Städteansichten mit etwas Leben zu versehen. Wie dem auch sei, zu der Zeit, als die Stiche entstanden, müssen die Wäscherinnen so oder ähnlich die Flussufer bevölkert haben. Das heißt, dass das Waschen im Freien stattfand, wenn man dem ersten Eindruck glauben darf. Bei näherer Betrachtung sieht es allerdings etwas anders aus:

In fast allen Ansichten sind die Wäscherinnen damit beschäftigt, die Wäsche zu spülen. Nur vereinzelt sieht man wirklich Frauen, die die Wäsche mit einem Waschholz bearbeiten oder auf einem Stein bzw. Brett die Wäsche reiben.

Dass die Wäscherinnen nun vorwiegend als Spülerinnen tätig sind, überrascht zunächst. Wenn man aber bedenkt, dass die Stiche gegen Ende des 19. Jahrhunderts entstanden sind, dann wird die Sache schon klarer. Ab etwa 1850 war

*Abbildung 60:* Flüsse, Bäche und Seen waren der Arbeitsplatz der Wäscherinnen bis in die Mitte des 20. Jahrhunderts.

nämlich schon bekannt, dass man mit heißem Wasser und Seife die Wäsche viel schneller und gründlicher sauber bekommt als in kaltem Wasser. Also werden die Hausfrauen und die Wäscherinnen ihre Wäsche zu Hause oder in einer gemeinsamen oder kommunalen Waschküche eingeweicht, eingeseift und gekocht haben. Das dazu notwendige Wasser musste mit Kübeln aus einem nahestehenden Pumpbrunnen oder dem Dorfbrunnen herangetragen werden. Das Abwasser konnte meistens an die Straßenkante gegossen werden. Zum Spülen der Wäsche brauchte man aber wesentlich mehr Wasser als zum Waschen. Dieses Wasser hätte man nun ebenfalls herantragen müssen. Da war es in vielen Fällen einfacher, die Wäsche zum Wasser zu tragen als das Wasser zur Wäsche. Deshalb die vielen spülenden Waschfrauen an den Ufern von Flüssen, Bächen und Seen.

Das Spülen der Wäsche in einem fließenden Gewässer war noch bis in die Mitte des 20. Jahrhunderts, also bis zur der Zeit, als die Waschmaschine aufkam, in vielen ländlichen Gebieten ein üblicher Arbeitsgang nach dem Waschen.

Die mechanische Einwirkung auf die Wäsche geschah durch Menschenkraft. Ob die Wäsche an einen harten Felsblock geschlagen wurde oder mit einem Stück Holz auf sie eingedroschen wurde oder ob sie mit den Füßen getreten worden ist, bleibt sich gleich. In jedem Fall musste menschliche Kraft dazu aufgewendet werden. Und genau darin lag die eigentliche Anstrengung des Waschens.

*Abbildung 61:* Das Wasserschloss Chillon im Genfer See ist der eigentliche Inhalt des Stiches um 1880. Die Wäscherinnen davor dienen nur als Staffage. Man sieht aber deutlich, dass sie schon allein von der Haltung her nicht die Wäsche mit dem Schlagholz bearbeiten. Es ist vielmehr anzunehmen, dass sie die Wäsche bereits zu Hause gewaschen haben und sie am See nur spülen.

*Abbildung 62:* Die bis zum Knie im Wasser stehenden Waschfrauen des ungarischen Klosters Illock sind zum Spülen der Wäsche an das Ufer gekommen.

*Abbildung 63:* Das Originalbild trägt den Titel „Waschen auf dem Eise" Man kann sich vorstellen, wie mühsam es gewesen sein mag, unter diesen extremen Bedingungen die Wäsche sauber zu bekommen.

*Abbildung 64:* In Finnland schlagen die Frauen Löcher in das Eis der zahllosen Seen, um klares, weiches Wasser für ihre Wäsche zu bekommen. Die Wäsche wird auf dem Schlitten transportiert.

In Deutschland wird bereits im 10. Jahrhundert in einer Handschrift der „Vascinpluil", der Waschpleuel, erwähnt, also jenes Schlagholz, das über Jahrhunderte von den Wäscherinnen benützt worden ist. Es handelt sich um nichts anderes als um ein Stück Holz mit einem Griff. Mancherorts und nach gesellschaftlichem Stand sind diese Holzpleuel mit Schnitzereien verziert worden.

Die schottischen Wäscherinnen mit ihrer Fußarbeit befinden sich in einer langen Tradition. Bereits im alten Ägypten, das heißt, vor gut viereinhalb Tausend Jahren, haben es die Wäscher am Hof des Pharao nicht anders gemacht. In der Bildsprache der Ägypter waren zwei Beine im Wasser der Ausdruck für „Wäscher". Aber auch noch im 18. Jahrhundert traten die hol-

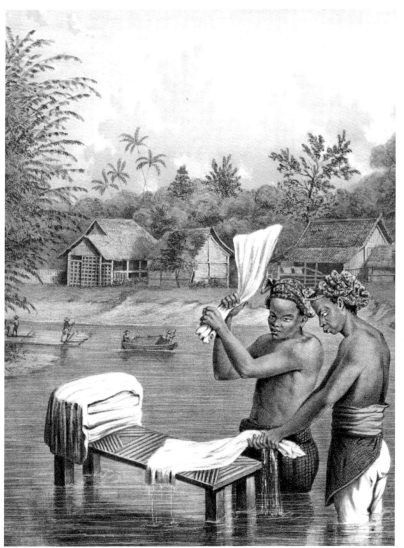

*Abbildung 65:*
Das Schlagen der Wäsche auf einen harten Gegenstand ist eine äußerst effektive Methode der Schmutzentfernung, weil beim Auftreffen der Wäsche auf die harte Oberfläche auch das Wasser in der Wäsche herausgeschleudert wird und den bereits gelösten oder gelockerten Schmutz mit entfernt. Durch Schlagen im Rhythmus kam den Leuten die Arbeit leichter vor. Die Szene entstand als Lithographie um 1750 und zeigt als Ausnahme von der Regel Männer beim Wäsche waschen.

*Abbildung 66, oben:* Die Farblithographie aus dem Jahre 1859 trägt im Original den Titel: „Wäscherinnen bei Nacht". Insgesamt mutet die Szenerie doch etwas gespenstisch an: Man weiß nicht, ob der Künstler ein reales Bild der Situation malen oder den unermüdlichen Fleiß der Wäscherinnen darstellen wollte.

*Abbildung 67, rechts:* Diese Lithographie aus der Biedermeierzeit (1815-1848) trägt den schlichten Titel „Wäscherinnen".

*Abbildung 68, links:* Der Kupferstich ist um das Jahr 1780 von Giovanni Volpato nach einem Gemälde von Maiotto entstanden. Er trägt den Titel: „Die Wäsche".

Interessant ist, dass auf dem Waschbrett ein Stück Seife liegt. Vor 1800 war die Verwendung von Seifenstücken zum Waschen der Textilien eher die Ausnahme, weil Seife ein teurer Luxusartikel war und zudem vom Staat mit hohen Steuern belegt worden ist. Offensichtlich muss es sich bei der Darstellung der Waschszene um einen Waschraum in einem begüterten Haushalt gehandelt haben.

*Abbildung 69, rechts:* Die Romantisierung des Wäschewaschens drückte sich auch in den vielen Bildern mit waschenden Kindern aus. Sowohl die Kleidung wie auch das Gehabe sind an das der Erwachsenen angelehnt. Dabei ist besonders interessant, dass die Kinder sehr ernste Mienen tragen und sich der Verantwortung ihrer Arbeit offensichtlich bewusst sind.

*Abbildung 70:* Kinder spielen „waschen", sehr schön dargestellt in einem colorierten Holzstich um 1900. Dass bei dieser Frauenarbeit auch ein Junge mithilft, sieht man selten.

ländischen Wäscherinnen in Haarlem die kostbare Leinwand mit den Füßen. In der Entwicklung der Waschtechnik gab es demnach eine Zeit, in der die Arbeit nicht mit den Händen sondern mit den Füßen getan werden musste. Aus dem Kloster St. Gallen in der Ostschweiz wird berichtet, dass im Mittelalter die wollenen Kutten der Mönche von den hurtigen Füßen des Bruders „Levandarius" so schön weiß geworden seien.

Die wäschestampfenden Mädchen sind zu einem Symbol für die schottische Art zu waschen geworden. Eine gewisse Idylle ist allen diesen Bildern eigen, weil ein Mann oder eine die Szene auflockernde Person immer dabei ist.

Die mechanische Einwirkung mittels Schlagen und Treten betraf das ganze Wäschestück. Man konnte nicht gezielt die Stellen bearbeiten, die besonders schmutzig waren, wenngleich

*Abbildung 71:* Dieses vielbenützte Schlagholz zeigt die Spuren der Zeit und der harten Arbeit eines heute vergessenen Berufstandes, der Wäscherinnen.

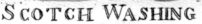

*Abbildung 72:* Waschen in Schottland. Isaak Cruikshank schuf diese Radierung und stellte die Wäschebearbeitung in Schottland um 1792 dar. Im Gegensatz zu den kontinentalen Wäscherinnen, bei denen die Kraft der Armmuskeln wichtig war, mussten die schottischen Wäscherinnen über kräftige Beine verfügen.

*Abbildung 73:* Solche oder ähnliche Vorrichtungen aus Hartholz haben sich die Waschfrauen machen lassen, damit das Rubbeln der schmutzigen Stellen etwas leichter ausgeführt werden konnte. Trotzdem war die Arbeit noch hart genug.

es sicherlich versucht worden ist. Es blieben aber immer noch besonders schmutzige Stellen übrig, die intensiver bearbeitet werden mussten. Dazu konnte man die Hände nehmen und die schmutzigen Stellen gegeneinander reiben, doch das war eine sehr mühsame und händeschädigende Sache. Leichter ging es durch technische Hilfen, wie zum Beispiel einem Waschbrett. Ob diese Bretter wie in der einfachsten Form aus Holz oder später aus Zinkblech waren, ist im Prinzip gleichgültig. Hauptsache, man konnte die Wäsche an einer „rauen" Oberfläche reiben.

Die Waschbretter sind bis gegen Ende des 20. Jahrhunderts noch als Synonym für die häusliche Wascharbeit angesehen worden. Wann immer man die Wascharbeit symbolisieren wollte, stellte man sie in Form eines Waschbretts dar.

*Abbildung 74:* Waschbrett um 1950 aus einem Holzrahmen und Innenteil aus verzinktem Blech. Derartige Hilfsmittel sind noch bis in die Mitte der 70er Jahre des letzten Jahrhunderts in Gebrauch gewesen. Erst die Waschmaschine hat diesen Waschbrettern den Garaus gemacht.

*Abbildung 75:* Um 1890 sah ein Waschplatz in Neapel etwa so aus wie auf der reproduzierten Lithographie. Ungeachtet der ethnischen Unterschiede zu den deutschen Wäscherinnen fällt auf, dass es kein Schlagholz gibt, mit der die Wäsche bearbeitet wird, sondern ein Waschbrett, mit dem die Wäscherin im Vordergrund offensichtlich arbeitet, wenngleich sie im Bild mit etwas wichtigerem beschäftigt ist, nämlich dem Disputieren mit der Kollegin.

*Abbildung 76:* Die richtigen Bürsten zu besitzen, war für die Hausfrau eine wichtige Sache. Je nach Art der Wäsche benützte sie eine harte oder eine weiche Bürste, genauso wie sie die Kraft, mit der sie die schmutzigen Stellen bearbeitete, mit viel Gefühl auf die Empfindlichkeit der Wäsche abstimmte. Es wäre ihr nie eingefallen, ihre feine Wäsche mit einer harten Wurzelbürste zu traktieren. Dieses Wissen vererbte sich von Generation zu Generation.

*Washerwomen.*

*Abbildung 77:* Der Ausschnitt aus einem Waschhaus zeigt zwei Wäscherinnen, wie sie die schmutzigen Stellen in der Wäsche bearbeiten. Die linke Frau benützt das altbekannte Waschpleuel oder Schlagholz und drischt auf die Wäsche ein, die andere benützt ein längliches Schrubbgerät mit einem Bügel über der Hand. Wahrscheinlich ist es keine Bürste, sondern ein aus Kuhhaaren hergestellter Filz mit einem Holzdeckel. Aus der Literatur ist nämlich zu entnehmen, dass die harten Bürsten einen sehr schlechten Ruf in der Wäschereiszene hatten. Man empfahl zum Beispiel den herrschaftlichen Hausfrauen, bei den im Tagelohn arbeitenden Wäscherinnen nachzusehen, ob sie nicht eine Wurzelbürste in ihrem Waschzuber versteckt halten und sie benützen, wenn es niemand sah.

## 4.2 Waschhäuser und öffentliche Waschgelegenheiten

Nach der französischen Revolution und dem Kaiserreich Napoleons I. 1815 hatten die Menschen ein anderes Verhältnis zur Sauberkeit als im 18. Jahrhundert. Dies äußerste sich auch in der Einstellung der Obrigkeit zur allgemeinen Hygiene der Bevölkerung. Deshalb unterstützten die Städte und Gemeinden alle Bemühungen der Bürger zu mehr Sauberkeit. Dies galt insbesondere natürlich auch für das Waschen der Wäsche.

An den Flussufern oder an den Böschungen der Bäche und Seen wurden befestigte Stellen angelegt, an denen die Wäscherinnen ihre Wäsche waschen und spülen konnten. In den Städten entstanden Waschhäuser.

Eines der bekanntesten Waschhäuser ist das „Alte Waschhaus" in Straßburg, das seine Attraktivität aber vorwiegend aus den Häusern im Hintergrund bezieht. Dabei sind die in Dächern eingesetzten Dachgauben besonders interessant, weil sie die Lüftungen für die zum Trocknen der Wäsche dienenden Dachböden darstellen.

*Abbildung 78:* Der colorierte Stahlstich entstand um 1840. Er zeigt in einer fast idyllisch anmutenden Art die emsige Tätigkeit der Wäscherinnen an dem Fluss III in Straßburg. Der Stich trägt im Original allerdings keinen Hinweis auf das Waschhaus, sondern er ist betitelt „Old Houses Strassbourg", englisch deswegen, weil der Stahlstecher ein gebürtiger Engländer war.

Wo es keinen unmittelbaren Zugang zu einem fließenden Gewässer gab, sind Waschhäuser inmitten der Stadt eingerichtet worden. Voraussetzung war nur, dass eine kleine Quelle gefasst werden konnte, die genügend sauberes Wasser lieferte.

*Abbildung 79:* Eine Idylle ist aus den Augen der Wäscherinnen nicht zu erkennen. Vielmehr sieht man ihnen die Anstrengung von der Arbeit an. Es scheint auch keine große Bereitschaft zu einem gemütlichen Plausch zu bestehen. Jede geht ihrer Arbeit nach.

*Abbildung 80:* Das Waschhaus in San Remo in Italien hat der Zeichner mit vielen gut gekleideten Frauen dargestellt. Dies war sicherlich die künstlerische Freiheit, denn im Normalfalle zogen die Wäscherinnen zum Waschen nicht ihre beste Kleidung an. Dies taten sie erst, wenn sie am Samstag die Wäsche zu ihren Kunden austragen konnten. Dann erst war der Tag für schöne Kleider!

*Abbildung 81:* In Paris gab es im 19. Jahrhundert überdachte Waschhäuser. Sie hatten im Vergleich zu Deutschland enorme Dimensionen. Während in Deutschland die Waschhäuser vorwiegend zum Spülen der Wäsche vorgesehen waren, waren in den französischen Waschhäusern auch Zuber und Waschbretter zur Bearbeitung der Wäsche vorhanden. Man konnte mit der schmutzigen Wäsche kommen und fand alle Einrichtungen vor, um die Wäsche zu waschen. Ob es bereits heißes Wasser gab, wie in den englischen Waschanstalten ab etwa 1850, ist nicht bekannt.

Interessant ist, dass die deutschen Waschhäuser meistens aus Holz gebaut, während sie in Italien gemauert waren. Im Frankreich des 20. Jahrhunderts bestanden die Waschhäuser der großen Städte aus modernen Metallkonstruktionen.

Zwischen den französischen und den deutschen Waschhäusern gab es Unterschiede in der Größe und der Einrichtung. Die französischen waren meistens geräumiger und mit mehr Personen besetzt. Dies mag durchaus die damalige Situation in Frankreich und Deutschland widergespiegelt haben, denn in Frankreich war die Zentralisierung immer schon ein staatliches Ziel, so auch in der Siedlungspolitik. In Frankreich gab es mehr größere Gemeinwesen als in Deutschland. Wenn man so will, so spiegelte sich der deutsche Hang zum Partikularismus selbst in den Waschhäusern wider, was nicht unbedingt zum Nachteil der Wäscherinnen gewesen sein muss. Viele Kommunen räumten den Wäscherinnen einen bevorzugten Platz am Fluss und See ein.

In einem Punkt hatten es die französischen Frauen jedoch besser: in der Einrichtung ihrer Waschhäuser. Es waren eigentlich schon kommunale Waschanstalten, ähnlich wie sie in England ab 1850 gebaut worden sind (siehe dazu Kapitel 6).

*Abbildung 82:* Hubert Robert wollte 1786, drei Jahre vor der französischen Revolution, den Abbruch der Häuser auf der Brücke Notre Dame im Bild festhalten und benötigte dazu einen attraktiven Vordergrund, den fand er in einem auf der Seine ankernden Kahn. Das im Original lichtdurchflutete Bild bildet mit den fleißigen Wäscherinnen eine wunderbar harmonische Einheit vor der städtebaulichen Tristesse.

*Abbildung 83:* Der Waschkahn befand sich auf dem Main in Würzburg. Der Kleidung der Wäscherinnen nach zu urteilen, stammt das Bild aus Anfang bis Mitte des 20. Jahrhunderts.

Anstelle eines Waschhauses am Fluss oder See haben einige Städte einen alten Kahn vor Anker gelegt und ihn als Waschgelegenheit zur Verfügung gestellt. Teilweise haben auch die Wäscherinnen selbst einen kleinen Kahn benützt, um trockenen Fußes ihre Wäsche in dem etwas uferferneren Wasser spülen zu können.

## 4.3 Das Waschen im eigenen Haus

Ein Stich aus dem Jahre 1720 zeigt eine Waschszene in einem Wohnhaus. Ganz offensichtlich ist es eine Wohnung einer wohlhabenden Familie. Es ist hier kein Waschholz zu sehen, sondern nur ein großer Holzbottich. Das kann nun die künstlerische Freiheit des Kupferstechers gewesen sein, wahrscheinlicher aber die Realität. In der Zeit um 1720 galt nämlich die Reinlichkeit der Wäsche nicht besonders erstrebenswert. Man wusch nicht einmal den Körper, viel weniger noch die Wäsche, die Bettwäsche schon gleich gar nicht. Lediglich die feine Wäsche, das waren die Unterwäsche und Taschentücher, wurde alle vier Wochen einer Wäsche unterzogen. Dazu kamen dann die Unterröcke in ihrer vielfältigsten Form.

*Abbildung 84:* **Die arbeitende Frau war wohl die Waschfrau, die in das Haus kam und die Arbeit verrichtete. Ihre muskulösen Armen und ihre Kleidung deuten darauf hin.**

**Um 1720 hatten die bildenden Künste die junge, fesche Wäscherin noch nicht als Kunstobjekt entdeckt. Sie bildeten vielmehr die Realität ab und hier war offensichtlich die Wäscherin kein besonders attraktives Objekt.**

Der um 1774 entstandene Kupferstich auf der folgenden Seite spiegelt das Rokoko wider. Alles ist idyllisch und das Waschen ist mehr eine gesellschaftliche Angelegenheit als eine harte Arbeit. Das Waschgut selbst sieht nicht nach großer Wäsche aus, sondern mehr nach kleiner, feiner Wäsche, wie es damals üblich war. Man legte viel Wert auf die Qualität der Stoffe, aber wenig auf die Sauberkeit.

*Abbildung 85:* Waschen im Rokoko. Nähen, Spinnen, Waschen, Trocknen und Bügeln, alles in einem Raum und zeitgleich, so stellte man sich einen Waschtag in der guten alten Zeit vor. Aber wahrscheinlich war diese Szene nur eine künstlerische Impression des Kupferstechers.

Im ganzen 18. Jahrhundert gab es eigentlich keine Wäschehygiene. Die häusliche Wäsche auf dem untenstehenden Bild spiegelt so richtig die Einstellung der Wäscherin zu ihrer Wäsche wider. Es ist nur eine kleine Wäsche, und die Anstrengung, sie zu waschen, scheint nicht besonders groß zu sein. Die verwendete Wassermenge ist verhältnismäßig bescheiden. Auch der Wasserkrug neben dem Waschbottich lässt auf nicht allzu großen Wasserverbrauch schließen.

*Abbildung 86:* Der Stich entstand um etwa 1775, also gegen Ende des Rokoko, und zeigt eine Wäscherin bei der sogenannten „kleinen Wäsche". Damit war das Waschen der feinen, aus Seide oder dünner Baumwolle bestehenden Wäsche gemeint, die man mit besonderer Sorgfalt behandeln musste. Allerdings war die Häufigkeit des Waschens nicht mit den heutigen Frequenzen vergleichbar, denn in der Rokokozeit galt es als unschicklich, wenn man gar zu sauber war.

Um 1800 sieht das Waschen nicht anders aus als im 18. Jahrhundert, nur dass die Umgebung etwas bescheidener ausgefallen ist. Außerdem ist bereits ein zweiter Behälter für Wasser vorhanden. Immerhin schon ein Fortschritt zu den beiden vorhergegangenen Abbildungen, wo es nur einen einzigen Waschbehälter gab.

*Abbildung 87:* „Die Waschfrau und ihr Kind" könnte die Überschrift zu der nebenstehenden Abbildung heißen.

Abbildung 88, unten: Der Waschtag in einer großen Familie war um 1850 ein herausragendes Ereignis für Jung und Alt.

*Abbildung 89, rechts:* Die alte Waschfrau scherzt mit den zum Haus gehörenden Dienstmägden in der Waschküche.

*Abbildung 90, unten:* Die Zeichnung entstand um 1910 und spiegelt eine typische Szene auf dem Land wider. Dass die Kinder am Waschtag mithelfen mussten, war etwas Selbstverständliches. Spülen und Wäscheaufhängen gehörten zu ihren wichtigsten Aufgaben.

Die kolorierte Lithographie auf der vorhergegangenen Seite unten lässt bereits eine Systematik in der Wäschebearbeitung erkennen. Es sind Einweichbottiche, Schöpfgeräte und der große Waschbottich vorhanden. Tönerne Aufbewahrungstöpfe für Seife und andere Waschhilfsmittel sind ebenfalls vorhanden. Zu der Idylle passt ein Gedicht von Johann Wolfgang von Goethe:

**Wie soll die Hausfrau sein? Immer niedlich, immer heiter. Immer lieblich und so weiter! Stets natürlich, aber klug: Nun, das dächt' ich, wär' genug!**

Um 1890 hatte sich in den größeren Haushaltungen die Waschküche bereits durchgesetzt. Das Waschen im Wohnraum wurde immer seltener. Man sieht diese Entwicklung auch an den in diesem Kapitel abgebildeten Stichen recht gut.

Wenn im Haus selbst nicht genügend Platz war, dann wurde die Waschküche in das Freie verlegt. Der Waschkessel war leicht zu transportieren, ebenso die Bottiche und die einfache Waschplatte.

# Große Wäsche um 1920,

## dargestellt an einer Antwort auf eine Leserfrage in einer Hausfrauenzeitung:

Eine erfahrene Hausfrau schreibt uns: Sie wünschen von mir zu hören, auf welche Weise ich die Wäsche, welche Sie liebenswürdig genug sind, als „stets von blendender Weiße" zu bezeichnen, in meinem Hause behandeln lasse. Ich gestehe, daß ich Ihrem Wunsche nur zaghaft willfahre, da es ja so sehr verschiedene Arten der Wäschezubereitung giebt, und ich außerdem überzeugt bin, daß - die meisten Damen die Behandlung der Wäsche ganz ebenso gut, ja zum Teil besser als ich selbst verstehen werden. Nur der Gedanke, daß vielleicht auch junge unerfahrene Frauen, denen vielleicht ein ebenso unerfahrenes Dienstmädchen zur Seite steht, diese Zeilen lesen und daraus einigen Vorteil ziehen könnten, läßt mich die Feder zur Hand nehmen. Ich benutze seit Jahren eine Maschine, will darum auch nur das Waschen mit einer solchen schildern.

Erster Tag. Nachdem die schmutzige Wäsche sortiert ist, wird sie gezählt und in die einzelnen Rubriken meines Waschbuchs eingetragen. Für den Fall, daß dieser oder jener der Leserinnen diese jetzt so verbreiteten Bücher unbekannt sein sollten, empfehle ich dieselben dringend als höchst praktisch. Ein solches Buch enthält vier Seiten, von welchen je eine für Herren-, Frauen-, Kinder-, Bett- und Tischwäsche eingerichtet ist. Rechts von jeder Rubrik ist ein Streifen Schieferpapier aufgeklebt, auf dem mit einem zum Buche gehörigen Schieferstifte die Zahlen geschrieben und beim nächsten Gebrauch wieder fortgewischt werden. Ich benutze schon jahrelang dasselbe Buch, welches nur 50 Pf. kostet, also weit angenehmer, weil Zeit und Geld ersparend ist, als ein selbstgeschriebener Waschzettel. - Die angemerkte Wäsche wird in lauwarmem Seifenwasser eingeweicht, nach einigen Stunden herausgewunden, darauf eingeseift, fest zusammengehüllt und sortiert. Ich be-

nutze eine Zeit lang zur Bereitung des Seifenwassers Wasserglasseife, mußte jedoch bald erkennen, daß durch dieselbe Rostflecke in die Wäsche kamen. Ich kehrte darum wieder zur gewöhnlichen Schmierseife zurück. Zum Einseifen der Wäsche nehme ich das erste Mal braune harte, danach weiße Seife.

Zweiter Tag. Am Morgen tritt die Maschine in Thätigkeit. Ich lasse dieselbe mit etwa 4 Kannen kochenden Seifenwassers füllen und zuerst 4 - 5 Hemden auf einmal hineinthun. Dieselben werden 7 Minuten, genau nach der Uhr, geschwenkt, dann herausgenommen und durch neue Wäsche im selben Verhältnis - immer nach Verlauf der 7 Minuten - ersetzt. Es empfielt sich sehr, die Hemden erst mit der Hand zu waschen, ehe dieselben in die Maschine gelangen. Nachdem sämmtliche Wäsche durchgewaschen ist, wird die Maschine gereinigt und abermals mit kochendem Seifenwasser gefüllt. Die Wäsche wird nochmals eingeseift, wobei etwaige Obst-, Wein- oder Eisenflecke entfernt werden, und in die Maschine wie vorher nach und nach gethan. Sie braucht diesmal nur 5 Minuten geschwenkt zu werden. Das Entfernen der Flecke durch Fleckwasser muß mit großer Sorgfalt geschehen, da bei unrichtigem oder übertriebenem Gebrauch desselben die Wäsche leidet. Die einzelnen Flecke müssen einige Minuten im Fleckwasser weichen und darnach die Wäsche in kaltes Wasser gelegt werden, damit derselben kein Schaden durch das Fleckwasser geschieht. Rostflecke werden bekanntlich durch Kleesalz über heißem Wasser entfernt; doch ist genau darauf zu achten, daß das Kleesalz ganz fein gestampft werde, weil sonst beim Reiben leicht Löcher in der Wäsche entstehen. Für die übrigen Flecke bediene ich mich schon seit Jahren eines von mir selbst bereiteten Eau de Javelle, dessen Rezept „Fürs Haus" gern zu Gebote steht. – Die zweimal durchgewaschene Wäsche wird nun zum dritten Mal in die Maschine gethan. Diesmal bedarf das kochende Wasser weniger Seife, auch wird die Wäsche nicht mehr eingeseift und in der Maschine nur je 2 Minuten geschwenkt. Hat man einen Bleichpatz, so bedarf es nur eines zweimaligen Passirens durch die Maschine. Sehr empfehlenswert ist nichtsdestoweniger, die zweimal gewaschene Wäsche nach der Bleiche noch ein drittes Mal in die Maschine zu thun. Die dreimal durchgewaschene Wäsche wird nun gespült und über Nacht eingewässert. Zum Spülen eignet sich am besten Flußwasser. Kann man dieses nicht haben, so muss man sich mit Brunnenwasser behelfen.

Trotzdem mein Haus an einem kleinen Flusse liegt, will meine Waschfrau nicht viel vom Spülen in demselben wissen, was mich natürlich nicht abhält, meinen Willen durchzusetzen. Wir alten Hausfrauen lassen uns ja nicht so leicht von Ansichten der Dienstboten beirren, bei jungen Frauen geschieht dies leider nur gar zu oft.

Dritter Tag. Die über Nacht gewässerte Wäsche wird am Morgen des dritten Tages mit der Wringmaschine, die ans Faß geschraubt wird, ausgewunden, sortirt, geblaut (im Winter in lauem Wasser, da die Wäsche dann schneller trocknet) aufgeschüttelt und aufgehangen. – Ist das Linnen trocken, so wird es gleichmäßig gefaltet in die Körbe gelegt. Ein unordentliches Hineinwerfen rächt sich, da sich die zerdrückte Wäsche später schlecht legt und rollt. Die trockene Wäsche wird nun sortirt; die schadhaften Stücke werden ausgebessert, gelegt und darauf gerollt. Beim Legen der Wäsche ist genau darauf zu achten, daß Säume und Salenden gut ausgestrichen, die Stücke gleichmäßig erst in der Breite, dann in der Länge gezogen werden,

und die Namen stets nach Außen kommen. Ist die so behandelte stets gut sortirte Wäsche endlich fertig in die Körbe gepackt, so nimmt das Aufheben derselben nicht mehr viel Zeit in Anspruch. Die größte Ordnung ist ja stets die größte Zeitersparniß! Und wer bedürfte derselben mehr, als wir Hausfrauen?

Zum Schluß erlaube ich mir noch auf die Behandlung der feinen Wäsche hinzuweisen. Ich lasse dieselbe trocknen und darnach mit roher, in Wasser aufgelöster Reisstärke, Borax und Gummitragant stärken. Ich kaufe für 10 Pf. Gummitragant, löse denselben in einer Weinflasche voll lauen Wassers auf, und nehme auf je 3 Eßlöffel Stärke 2 Eßlöffel Gummitragant und 1 Löffel Borax. Wird die Wäsche mit der Hand gewaschen, so ist das Kochen derselben zu empfehlen, jedoch muß sie vorher ein- bis zweimal gewaschen werden, weil sonst der Schmutz einkocht. Zum Waschen mit der Hand rechne man 1 Pfd. Seife auf je 100 Stück Wäsche; mit der Maschine braucht man weniger. Soda darf nur mit großer Vorsicht angewandt werden, da dieser der Wäsche schadet und überhaupt nur, wenn man gezwungen ist, hartes Wasser zum Waschen zu benutzen. Hiermit glaube ich die wichtigsten Regeln bei Behandlung von Wäsche angegeben zu haben. Wer in Ermangelung eines anderen Systems darnach handelt und schönes Trockenwetter oder doch wenigstens einen staubfreien, luftigen Trockenboden hat, wird nicht durch die Weiße der Wäsche, sondern auch durch deren Haltbarkeit erfreut werden.

In aufrichtiger Ergebenheit

*Eine Schlesierin*

*Abbildung 91:* Der kolorierte Holzschnitt entstand in der Werkstatt eines unbekannten Künstlers. Das Bild symbolisiert eine typische Wäscherin auf dem Lande. Dabei ist es eine der wenigen Darstellungen von Wäsche wringenden Personen. Meistens wurde das Waschen und das Wäsche aufhängen in Bildern festgehalten. In der Kunstszene der damaligen Zeit ging man davon aus, die wirklich anstrengenden Tätigkeiten romantisch zu verbrämen. Man könnte nun annehmen, dass dies auch bei dem nebenstehend Bild so gewesen sei, denn das Auswringen der Wäsche ist nicht gerade eine leichte Arbeit.

*Abbildung 92:* Im Gegensatz zu den zeichnenden Künstlern kann der Fotograf die Realität einfangen. Aber auch hier hat er eine lächelnde Wäscherin beim Auswringen der Wäsche gefunden. Interessant ist dabei, dass die Wäsche im Jahre 1930 häufig noch in mühsamer Handarbeit ausgewrungen werden musste wie im oberen Bild zu sehen ist. Auch das Waschbrett bestand wie damals aus einem Holzrahmen mit einem verzinkten Riffelblech. Die Waschzuber bestehen allerdings nicht mehr aus Holz sondern aus verzinktem Eisenblech.

*Abbildung 93:* Um 1900 bis in die 60er Jahre waren Spitzen in allen Variationen modern. Teilweisen bestanden sie aus Leinen, vorwiegend aus Baumwolle, in besonderen Fällen aus reiner Seide. In der älteren Literatur werden Spitzen auch als „Blonden" bezeichnet, in Anlehnung an die hellgelbliche Farbe der aus reiner Seide hergestellten Spitzen. Die Kragen für die Herrenhemden mussten immer gestärkt werden.

### Das Stärken der Wäsche

Seit es die häusliche Wäsche gibt, ist das Stärken eine äußerst wichtige Angelegenheit, denn die feinen Baumwollspitzen und dünnen Batistblusen brauchten etwas „Halt", wenn sie schön und elegant aussehen sollten.

Die Wäscherinnen hatten die Wahl zwischen Kartoffel-, Weizen-, Reis- oder Maisstärke. Kartoffelstärke war am billigsten, aber am wenigsten ergiebig. Am beliebtesten war die Reisstärke.

Die feinen Teile sind ganz in die Stärkelösung eingetaucht worden, während die Kragen und Manschetten mit Stärke eingeschmiert worden sind.

Interessant ist auch die Zusammensetzung der Stärkewäsche in den 20er Jahren des letzten Jahrhunderts:

Beinkleider, Blusen, Büffetdecken, Schürzen, Serviertischdecken, Servietten, Frisiermäntel, Kaffeedecken, Kaffeeservietten, Tischtücher, Unterröcke, Waschkleider, Manschetten, Kragen, Hemden.

Für farbige Teile gab es auch gefärbte Reisstärke zu kaufen. Dunkelfarbige Textilien konnten nicht mit den üblichen Stärken gesteift werden, da sich ein heller Schleier auf die Oberfläche legte. Hier ist dann Leim oder Gelatine genommen worden. Gelatine war besser, aber teurer als Leim.

Das Kochen der Stärke gehörte zu den schwierigeren Aufgaben der Wäscherinnen. Man musste genau wissen, wie viel Wasser man brauchte und wie lange gekocht werden musste, bis die Stärke die richtige Konsistenz hatte. Wenn möglich, ist mit der heißen Stärke gearbeitet worden. War dies nicht möglich, dann goss man kaltes Wasser auf die Oberfläche, um das Entstehen einer pelzigen Haut zu vermeiden.

Damit das Stärken etwas erleichtert werden konnte, brachten die Firmen Silbernagel aus Berlin und Hoffmann aus Bad Salzuflen spezielle Hilfsmittel auf den Markt. Unter den Markennamen Silbernagels Patent-Glanz-Balsam und Hoffmanns Silberstärke (Marke Katze) konnten die Hausfrauen die Produkte kaufen. Der Literatur nach zu urteilen, hatten sich diese Hilfsmittel zur Erleichterung des Stärkens sehr gut eingeführt.

Wollte man die Hemdenkragen und Manschetten auf „Hochglanz" stärken, so empfahlen die Experten, der Stärke eine gehörige Portion Stearin zuzusetzen. Es wird jedoch ausdrücklich betont, dass nicht alle Herren einen glänzenden Kragen wollen.

## Bleichen auf der Wiese

Damit die Wäsche schön weiß wurde, musste sie durch regelmäßiges Gießen feucht gehalten werden. In den einfachen Haushalten benützte man dazu eine Gießkanne, bei professionellen Wäscherinnen gab es zum Befeuchten ein extra Gerät, die „Lange Güte".

*Abbildung 94:* Im Zeitalter der Industrialisierung war es schwierig, ein Plätzchen für das Bleichen der Wäsche zu finden. Wer einen kleinen Garten besaß, konnte sich glücklich schätzen.

Erfahrene Hausfrauen haben die Wäsche vor der Rasenbleiche mit Buttermilch getränkt, um ein schöneres Weiß zu bekommen. Sie haben damit die Praxis der professionellen Bleicher nachgeahmt, die aus dem holländischen Haarlem kamen, und mit ihren Bleichmethoden viel Erfolg in deutschen Landen hatten.

Das Bleichen der Wäsche auf dem Rasen war der erste Einzelschritt in der Bearbeitung der Wäsche, bei dem die Handarbeit entbehrlich geworden ist. Das Auflegen der Wäsche, das regelmäßige Befeuchten und das nochmalige Waschen nach dem Bleichen wurde bereits um die Wende zum 20. Jahrhundert durch die Chemie ersetzt. Bis dahin gehörte das Bleichen der Wäsche auf dem Rasen zu einer der wichtigsten Aufgaben einer waschenden Hausfrau. Je weißer die Wäsche, desto tüchtiger die Wäscherin.

### Trocknen

Wenn die harte Arbeit des Waschens getan war, begannen die leichteren Tätigkeiten, wie Wäsche aufhängen, Bügeln und Zusammenlegen.

Dem Trocknen wird in der darstellenden Kunst nicht viel Aufmerksamkeit geschenkt, es sei denn im Zusammenhang mit der Kontaktpflege zwischen den Geschlechtern oder einem Stimmungsbild in einem Garten oder einer Stadt.

*Abbildung 95:* Ein typisches Bild aus der Zeit um 1900. Das Aufhängen und Abnehmen der Wäsche scheint eine gesellschaftliche Veranstaltung gewesen zu sein – vielleicht war sie es auch.

*Abbildung 96, oben:* Der um 1880 entstandene Holzstich spiegelt die Gelöstheit der Wäscherinnen wider, als sie die harte Arbeit des Waschens hinter sich gebracht hatten. Wenn die Wäsche erst einmal auf der Leine hing, war das Meiste getan.

*Abbildung 97:* Auch für die Kinder war die „Arbeit" getan, wenn die Puppenwäsche auf der Leine hing.

*Abbildung 98:* Auch wenn die Dörfer noch so eng zusammen gebaut waren, einen Platz zum Wäscheaufhängen gab es immer. Falls nicht unmittelbar bei den Häusern, dann stand ein Gemeinschaftsplatz für alle Familien zur Verfügung.

*Abbildung 99:* Die ältere Waschfrau hat Hilfe durch die jüngeren Frauen des Hauses bekommen. Aber die von allen Arbeiten noch am schwersten zu verrichtende, nämlich das Ausziehen der Wäsche, fällt immer noch ihr zu.

*Abbildung 100:* Wichtige Informationen beim Wäsche aufhängen! Auf den alten Stichen um 1880 bis 1910 sieht man oft, dass eine ältere Frau mit jungen Frauen zusammen die Wäsche bearbeitet, sei es das Waschen, das Bügeln oder, wie in dem obigen Bild, das Aufhängen. Es ist anzunehmen, dass die ältere Person die Waschfrau ist und für die richtige Bearbeitung der Wäsche verantwortlich, während die jüngeren Frauen angelernt werden und der Waschfrau helfen. Offensichtlich wollten die Hausfrauen nur einer erfahrenen Person ihre wertvolle Wäsche anvertrauen. Deshalb gehörte die Waschfrau zu den Vertrauenspersonen der Familien.

*Abbildung 101:* Das Original trägt den Titel: „Maria hängt die Wäsche auf." Es ist eines der wenigen Bilder, in denen das Wäsche waschen in Verbindung zu religiösen Themen gesetzt ist. Wahrscheinlich handelt es sich um ein Votivbild, das an einem Wallfahrtsort ausgegeben worden ist oder im Zusammenhang mit einem für Wäscherinnen besonders bedeutungsvollen Platze verkauft wurde.

*Abbildung 102:* In den 30er Jahren hatten die Haushaltungen der Oberschicht noch ein Dienstmädchen oder eine stundenweise helfende Zugehfrau, die wie auf dem oberen Bild auch beim Abhängen der Wäsche helfen musste. Viele Hausfrauen überwachten mit akribischer Genauigkeit, was die Waschfrau und die Helferinnen mit der Wäsche anstellten. Es durfte nur das gemacht werden, was von der Hausherrin genehmigt war.

In den einfachen Bürger- und Arbeiterhaushalten wurde die Wäschebearbeitung von den Hausfrauen selbst, vielfach mit Unterstützung der Töchter, erledigt. Nach dem Zweiten Weltkrieg waren das Waschen und Trocknen keine tagesfüllende Tätigkeit mehr, sondern eine stundenweise zu erledigende Arbeit.

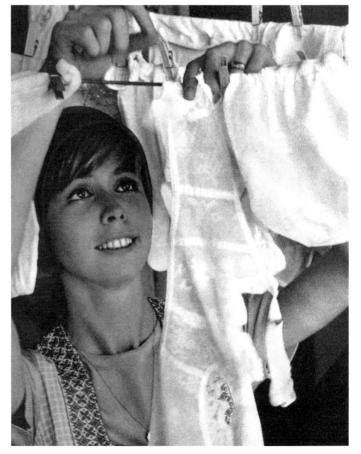

*Abbildung 103:* Die Fotografie gibt die Realität von Millionen von Menschen wieder, die in städtischen Mietwohnungen leben mussten und ihre Wäsche nur zwischen zwei Häusern aufhängen konnten.

Das Wäschetrocknen im Freien war bis zum Ende des 20. Jahrhunderts weithin üblich. Aber auch im 21. Jahrhundert wird noch vielerorts die Wäsche im Freien oder in einem warmen Raum im Haus aufgehängt. Der Wäschetrockner hat bei weitem noch nicht alle Wäscheleinen verdrängt.

Im Vergleich zu heute strahlten die Trockenplätze um 1910 eine für Kinder eindrucksvolle Stimmung aus, wie aus dem Gedicht von Erich Kästner zu entnehmen ist.

*Abbildung 104:*

**Erich Kästner**
(*1899 †1974)

Mit dem Gedicht „Der Trockenplatz" hat der Schriftsteller in sehr poesievoller Art die realistische Welt des Waschtages beschrieben.

### Der Trockenplatz

Wie sehr sich solche Plätze gleichen,
wie eng verwandt sie miteinander sind!
Gestänge. Stricke, Wäsche, Klammern, Wind
und sieben Büschel Gras zum Bleichen -
bei diesem Anblick wird man wieder Kind.

Wie gern ich mich daran erinnern lasse...
Ich schob den Wagen und die Mutter zog.
Ich knurrte, weil die Wäsche so viel wog.
Wie hieß doch jene schmale Gasse,
die dicht vorm Bahnhof in die Gärten bog?

Dort war die Wiese, die ich meine,
dort setzten wir den Korb auf eine Bank
und hängten unsern ganzen Wäscheschrank
auf eine kreuz und quer gezog'ne Leine,
und Wind und Wäsche führten Zank.

Ich saß im Gras, die Mutter ging nach Hause,
die Wäsche wogte wie ein weißes Zelt.
Dann kam die Mutter mit Kaffee und Geld -
Ich kaufte Kuchen für die Mittagspause
in dieser fast geheimnisvollen Welt.

Die Hemden zuckten hin und her,
als wollten sie herab und mit uns essen.
Die Sonne schien. Die Strümpfe hingen schwer.
Oh, ich erinnere mich an alles sehr
genau und will es nie vergessen....

Erich Kästner

## Das Rollen der Wäsche

Um die flachen Wäscheteile, wie Bettlaken, Bettbezüge und Handtücher zu glätten, hat man sie gerollt. Diese Arbeitspraxis ist bis über den Ersten Weltkrieg hinaus erhalten geblieben, jedoch vorwiegend in Norddeutschland, im Süden war das Rollen ohnedies wenig verbreitet.

Zum Rollen benötigte man eine Holzrolle und ein Rollbrett, das Mangelholz, wie sie auf der nachfolgenden Abbildung dargestellt sind.

*Abbildung 105:* Die Rollen hatten verschiedene Namen. Am bekanntesten war der Ausdruck „Wäscheknüppel", gefolgt von Walze und Wäscherolle.

Die Mangelhölzer besaßen einen Griff, mit dem das Brett hin und her bewegt worden ist, und einen flachen Teil, auf dem sich die Hand aufstützen und Druck ausüben ließ.

Die Textilien sind auf die Rolle aufgewickelt worden und dann ist mit dem Rollbrett unter kräftigem Druck der Arme die Rolle hin und her bewegt worden. Wichtig war, dass die Wäschestücke schön gleichmäßig auf die Rolle gewickelt wurden, ansonsten gab es „stumpfe Löcher" in den darüber liegenden Textilien.

In der Literatur waren keine Abbildungen über das Rollen der Wäsche zu finden. Offensichtlich war es diese Tätigkeit nicht wert, dass man sie künstlerisch festhielt oder gar idyllisch ausschmückte. Aber auch die Fotografie hat sich dieser Arbeit nicht angenommen.

In den Augen der Hausfrauen scheint jedoch das Rollbrett oder Mangelholz, wie man auch sagte, einige Bedeutung gehabt zu haben, zumal es in der Aussteuer einer Braut nicht fehlen durfte. Entsprechend schön sind dann die Mangelhölzer auch gestaltet worden. In etlichen Museen kann man heute die mit Schnitzereien verzierten Mangelhölzer bewundern.

*Abbildung 106:* Zwei besonders schöne Mangelbretter aus Braunau und Linz sind aus den Jahren 1803 und 1850 erhalten geblieben.

*Abbildung 107:* Darstellung einer Wäschepresse auf einem Wandgemälde in den Ruinen vom Pompeij.

Wie es scheint, hat die Wäschepresse nach 1870 in Deutschland keine Rolle mehr gespielt, denn sie wird so gut wie nicht mehr erwähnt.

## Pressen der Wäsche

Die erste bildhafte Darstellung einer Presse zum Glätten der Wäsche stammt aus den Ausgrabungen in Pompeij im Jahr 73 nach Christus. Das Gerät ist von den professionellen Wäschern jener Zeit, den Fullones, benützt worden. Nach der Grundfläche einiger Werkstätten von damals zu urteilen, müssen es ganz beachtliche Betriebe gewesen sein. Eine Wäscherei wies etwa 1 500 Quadratmeter auf, davon etwa 1 000 Quadratmeter Betriebsfläche. Interessant ist, dass angesehene Familien in Wäschereien investierten, sie dann aber an qualifizierte Pächter vermieteten. Man erfährt aus den alten Dokumenten auch, dass die Fullones eine gute Arbeit gemacht haben müssen, denn aus zuverlässiger Quelle wird berichtet, dass die gewaschene Kleidung kaum von der ungewaschenen, neuen zu unterscheiden war.

Soweit man die Literatur richtig interpretiert, sind Wäschepressen nur zum Glätten von großen Teilen, wie Bettbezüge und Bettlaken verwendet worden. Wichtig war, dass die Wäsche die richtige Feuchtigkeit hatte. Nach dem Pressen musste sie dann auf der Leine nachgetrocknet werden. In einigen Dokumenten wird berichtet, dass die gerollte und zusammengelegte Wäsche in eine Presse gelegt wurde, um die Faltung recht scharf zu machen, damit die Wäsche im Schrank möglichst wenig Platz einnahm und gut aussah.

*Abbildung 108:* In einer historischen Puppenstube aus Holland vom Jahre 1679 ist die Nachbildung einer Wäschepresse zu sehen (rechts außen im Bild). Offensichtlich gehörte eine Wäschepresse zumindest in den Niederlanden zur Standardausrüstung eines besseren Haushalts. In Deutschland war dies wohl nicht der Fall. Hier ist die Rolle bevorzugt worden.

## Bügeln oder Plätten

Solange das Waschen eine reine Handarbeit war, wurden fast nur Hilfsgeräte aus Holz verwendet. Angefangen vom Waschpleuel, über das Waschbrett, bis hin zum Mangelholz. Eine Ausnahme macht das Bügeleisen bzw. Plätteisen, es war immer schon aus Metall. Im Prinzip ist es jedoch über die Jahrhunderte gleich geblieben. Es haben sich nur die technischen Ausführungsformen und die Art der Beheizung geändert. Aus dem einfachen Stück Eisen wurde ein technisches Gerät im Industriedesign mit elektronischer Regelung. Deshalb wird die Geschichte des Bügeleisens in dem nächsten Kapitel über die „Technischen Hilfen für die Hausfrau" abgehandelt.

Damit jedoch die Tätigkeit des Bügelns bzw. Plättens in das Bewusstsein des Lesers gerückt wird, sind auf den folgenden Seiten einige Impressionen zum Thema Bügeln bildlich dargestellt.

*Abbildung 109:* Das dem Bild zu Grunde liegende Gemälde ist mit dem Titel „Die schöne Plätterin" überschrieben. Kulturhistorisch interessant ist jedoch das Bügeleisen. Es scheint sich hier um ein Eisen zu handeln, in das von der Rückseite ein heißer Eisenkern eingeschoben wird, der auf einem gesonderten Ofen vorgeheizt wurde. Man bezeichnete diese Eisen als „Bolzeneisen". Sie sind bis Ende des 18. Jahrhunderts in Gebrauch gewesen, teilweise auch noch länger.

*Abbildung 110, oben:* Gemälde des französischen Impressionisten Edgar Degas (\*1834 †1917). In seiner Kunst beschäftigte er sich vor allem mit den Menschen bei ihrer Arbeit, so zum Beispiel Tänzerinnen und, wie oben dargestellt, mit Büglerinnen. Das Bild hat einen hohen Bekanntheitsgrad und hängt heute im Louvre in Paris.

Edgar Degas verstand es auch, die soziale Komponente in seine Bilder einzubauen. In den „Büglerinnen" spricht nicht nur die Bewegung der Personen den Betrachter an, sondern auch die Umstände und das Umfeld der Arbeit. Wenngleich die Müdigkeit der einen Büglerin nicht nur auf die damals zehn- bis zwölfstündige Arbeitszeit zurückzuführen sein mag, so zeigt sie doch deren innere Verfassung in der proletarischen Welt der professionellen Wäscherinnen.

*Abbildung 111, rechts:* Pablo Picasso malte das Bild in seiner Blauen Schaffensperiode in der Zeit zwischen 1901 und 1905. Zum Bügeln wird ein Volleisen benutzt, das auf dem Herd oder Ofen wieder erhitzt werden musste, wenn es durch das Bügeln abgekühlt war.

*Abbildung 112:* In großen Haushaltungen und bürgerlichen Gemeinschaften gab es ein gesondertes Bügelzimmer, in dem die Wäsche nach dem Trocknen zunächst gesammelt wurde und dann später gebügelt worden ist. Dann nämlich, wenn die Dienstmägde Zeit hatten, die Arbeit zu machen.

Wenn man sich das Bügeleisen als Gegenstand betrachtet, dann tut man sich schwer, die wesentlichen Attribute eines Kulturgutes zu erkennen. Seine Bedeutung liegt vielmehr in der Assoziation mit den Menschen, die es benützen. Die Künstler haben die Menschen und ihre Bewegung darstellen wollen. Dass dabei die Tätigkeit des Bügelns eine so interessante Rolle spielt, liegt nicht zuletzt in der Arbeit selbst. Die Büglerinnen müssen sich in ihren Bewegungen den Eigenschaften des Bügelgutes anpassen. Ist feine Wäsche zu bügeln, so kommt es auf das Gefühl der Büglerin an, muss grobe Wäsche geglättet werden, dann ist kräftiges Drücken angesagt. Alle diese physischen Bewegungen bewirken auch eine psychische Einstellung, was man den Büglerinnen am Gesicht ansieht. Wohl keine häusliche Arbeit drückt sich in ihrer Vielfalt so klar im Gebaren der Menschen aus.

### Der Wäscheschrank

Der Stolz einer Hausfrau war der Wäscheschrank. In ihm lagen die einzelnen Wäschestücke sorgfältig zusammengelegt und nach Art sortiert, denn lange Zeit war der Wäschebestand das größte Vermögen einer Familie.

Ein richtiger Wäscheschrank in einer gut bürgerlichen Familie hatte beachtliche Ausmaße.

*Abbildungen 113:* Obwohl die Wäscheschränke sehr wichtige Möbelstücke in den Häusern waren, sind sie offensichtlich nicht besonders praktisch eingeteilt gewesen. Nicht anders ist es zu erklären, dass 1919 ein Gebrauchsmusterschutz auf einen Wäscheschrank der Firma F.V. Grünfeld in Berlin erteilt wurde. Der Schrank war 225 cm hoch, 166 cm breit und 56 cm tief, hatte also recht beachtliche Ausmaße. Besonders hervorgehoben wurde in der Beschreibung des Schranks die herausziehbare Tischplatte im mittleren Teil, die kleine Leiter, die „englischen Züge", sprich Schubladen, und die Schilderhalter zum Einstecken beschriebener Kärtchen.

Gänzlich neu an diesem Schrank scheint die Abteilung für die Kleidungsstücke gewesen zu sein. Besonders erwähnt werden der Frisiermantel und der Bademantel. Zu beachten ist auch, dass die gesamte Schrankbreite mit zwei Vorhängen verschlossen werden konnte.

Vielerorts war es üblich, die Böden des Wäscheschranks mit bestickten Borten zu verzieren und damit den Stolz der Hausfrau auf ihre schöne Wäsche optisch zu unterstreichen.

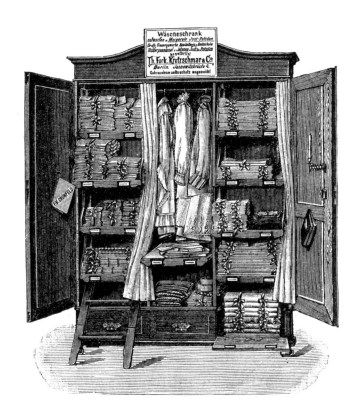

Wer wüßte nicht, mit wie großem Stolze eine Mutter den Wäscheschrank, das Heiligtum ihrer Tochter, welche bald Braut werden soll, betrachtet, dessen Abteilungen mit vollen Dutzenden von feinsten, leinenen Hemden, Handtüchern, Taschentüchern und vielen anderen, in der neu zu begründenden Haushaltung notwendigen Wäschestücken — alle mit roten oder blauen Bändchen geschmückt — angefüllt sind!

Welches Glück strahlt aus den Augen der Braut, die alle diese Schätze mit dem Bewußtsein anschaut, daß dieselben in kurzer Zeit ihr Eigentum werden, und wie fest nimmt sich dieselbe vor, diese kostbaren, teuren Ausstattungsstücke recht sauber und vollzählig zu erhalten und vor allen Schäden zu bewahren, die durch eine unkluge und fahrlässige Behandlung bei der Wäsche bezw. Fleckenreinigung entstehen könnten.

Und doch, wie sehen in vielen Fällen schon nach zwei bis drei Jahren alle diese Schätze aus; wieviel Lücken sind nach dieser kurzen Zeit in den Fächern des Heiligtums vorhanden, und was ist überhaupt noch von allen den Vorräten gut und tadellos? Leider muß sich da manche Hausfrau sagen, daß durch eine unverständige Behandlung der einzelnen Stücke in wenigen Jahren Hunderte von Mark verloren sind, die bei richtiger, sachgemäßer Reinigung der Wäsche als voller Wert im Wäscheschrank noch vorhanden sein könnten.

*Abbildung 114:* Der nebenstehende Text stammt aus einem um 1900 erschienenen Buch über das richtige Waschen.

*Abbildungen 115:* Die Handtücher und Servietten sind schön gefaltet mit bestickten Bändern zusammen gebunden worden, bevor sie in den Schrank gelegt wurden. Für die Gedecke gab es einen separaten Behälter, damit alles zusammen war, wenn man es brauchte.

Wichtig war auch, dass die einzelnen Wäschestücke ein Monogramm trugen, um die Individualität herauszustellen.

Beim Einlegen der Wäsche in den Schrank war streng darauf zu achten, dass die frische gewaschene Wäsche zu unterst kam, damit der Benutzungszyklus in der richtigen Reihenfolge blieb.

*Abbildung 116, rechts:* Der Ausschnitt aus einem um 1650 entstandenen Gemälde ist mit „Der Linnenschrank" betitelt. Die Magd bringt die gewaschene Wäsche und die Hausfrau legt sie persönlich in den Schrank.

*Abbildung 117, oben:* Auch 1936 war der „Wäscheschatz wegen" der Spinnstoffknappheit noch viel wert.

Selbst im Leinenschrank gab es eine Hierarchie. Alles, was selten gebraucht wurde, kam in die obersten Fächer und was sehr oft gebraucht wurde in die Mitte. Ganz untern sind die kleinen Teile eingelagert worden. In den Schrank kam nur die Wäsche, die voll gebrauchsfähig war. Beschädigte Teile wurden in einem Korb gesammelt und dann, wenn im Haushalt weniger zu tun war, vorwiegend in der Winterzeit, ausgebessert. In wohlhabenden Haushaltungen kam dazu extra eine Flicknäherin in das Haus.

## 4.4 Fleckenentfernung

Zu allen Zeiten galt es als unschicklich, mit fleckiger Kleidung herum zu laufen. Selbst im 17. und 18. Jahrhundert, in denen wahrlich kein Sauberkeitswahn herrschte, gibt es Ratschläge zum Entfernen von Flecken aus der Kleidung, aber auch aus Teppichen und Möbelbezügen.

Im 19. Jahrhundert beschränken sich die Empfehlungen in der Literatur auf die Verwendung von natürlichen Fleckenentfernungsmitteln. Hier besteht eine Parallele zur Fleckenentfernung in der Chemischreinigung. Es werden Eigelb, Branntwein, Rindsgalle und Zitronensaft empfohlen, dazu die Anwendung von konzentrierter Seifenlösung, eventuell in Verbindung mit Asche.

*Abbildung 118:* Als es noch keine konfektionierten Fleckentfernungsmittel in der Drogerie oder im Kaufhaus gab, mussten die Waschfrauen oder Hausfrauen mit allerlei natürlichen und chemischen Mitteln den Flecken zu Leibe rücken. Jedenfalls schafften sie es, die Kleidung in einem weiter benutzbaren Zustand zu versetzen. Besonders die erfahrenen Waschfrauen konnten hier ihre Kenntnisse in die Waagschale werfen.

Grasflecken ließen sich mit Milchsäure behandeln. Dazu kaufte man eine kleine Menge in der Apotheke oder behandelte den Fleck mit saurer Milch und legte ihn auf die Bleichwiese.

Ein besonders wichtiges Fleckenentfernungsmittel war das Kleesalz, heute sagt man Oxalsäure dazu. Damit kann man Rostflecken wirkungsvoll behandeln, die offensichtlich schon immer ein besonderes Problem darstellten, weil sie im Gegen-

*Abbildung 119:* Die häusliche Textilpflege verfügte über eine ganze Reihe von Fleckentfernungsrezepturen, bei denen die im alltäglichen Leben vorhandenen Substanzen eine wichtige Rolle spielten.

So zum Beispiel Alkohol, Spiritus, Obstbranntwein, Tresterschnaps, Weinbrand und Himbeergeist!

satz zu anderen Flecken auch bei mehrmaligem Waschen oder Bleichen nicht heller werden oder herausgehen.

Die sparsamen Leute haben das Kleesalz aus Klee hergestellt, ansonsten konnte man es in der Apotheke kaufen. Tüchtige Wäscherinnen hatten immer etwas Kleesalz dabei, denn sie konnten damit besonders gut demonstrieren, wie effektiv ihre Waschbehandlung war.

Gegen 1850 kam Terpentinöl als neues Fleckenentfernungsmittel dazu. Damit konnten Fettflecken, aber auch Harz- und Schmiereflecken, gelöst werden. Bei besonders stark verschmutzter Wäsche hat man auch dem Waschbad etwas Terpentinöl zugesetzt. Gegen Ende des 19. Jahrhunderts ist dieses Verfahren dann als „amerikanische Wäsche" in Umlauf gekommen.

Farbige Verfleckungen wurden mit Chlor gebleicht, wenn sie sich auf weißer Wäsche befanden. Zu Beginn des 20. Jahrhunderts kannte man auch schon das Antichlor, um das überschüssige bzw. in der Faser gebundene Chlor unschädlich zu machen. Später kam dann Wasserstoffperoxid dazu.

Gegen Mitte des 20. Jahrhunderts waren für die Wäscherinnen, Waschfrauen und waschenden Hausfrauen konfektionierte Produkte auf dem Markt, mit denen man mit wenig Aufwand eine gezielte Fleckenentfernung durchführen konnte.

Es scheint so, als ob die Fleckenentfernung ein gesonderter Arbeitsgang bei der Pflege der häuslichen Wäsche gewesen ist. Erst beim Zusammenlegen der trockenen Wäsche oder beim Bügeln wurde die Entscheidung getroffen, ob die Verfleckung mit einem der Spezialmittel bearbeitet werden soll. Für die Künstler scheint dieser Arbeitsschritt kein besonders attraktiver Vorgang gewesen zu sein, denn es existiert kein Gemälde oder Stich, der die Wäscherinnen beim Fleckenentfernen zeigt.

Welche Bedeutung in der früheren Zeit die Fleckenbehandlung für die Wäscherinnen gehabt hat, ist auch in der Literatur über dieses Thema nachzulesen. Fast alle ernst zu nehmenden Bücher über das häusliche Waschen enthalten einen Teil, der sich mit der Fleckenentfernung befasst. Bei objektiver Betrachtung aus heutiger Sicht sind die dort gegebenen Ratschläge durchaus vernünftig.

Anfang des 20. Jahrhunderts erschien sogar ein eigens für die Wäscherinnen bzw. die Hausfrauen geschriebenes Büchlein über das Entfernen von Flecken. Es trug den hochtrabenden Titel „Chemische Wäsche" und wollte damit wohl auch suggerieren, dass die Anwendung der in dem Buch enthaltenen Ratschläge einer Chemischreinigung gleichzusetzen sei.

# 5. Technische Hilfen für die Hausfrau

## 5.1 Einweichbottich und Laugenschaff

Als Grundvoraussetzung zum Waschen benötigte man geeignete Behältnisse für das Wasser und die Waschlauge. Zunächst waren alle Gefäße aus Holz, bis Anfang des 20. Jahrhunderts emaillierte Blechgefäße und dann verzinkte Behälter auf den Markt kamen.

Die hölzernen Behälter hatten den großen Vorteil, dass sie durch die Waschlauge nicht angegriffen wurden, hatten allerdings den Nachteil, dass sie in der Zeit zwischen den vierwöchigen Waschzyklen leck wurden und einige Tage vor der neuerlichen Benützung mit Wasser gefüllt und wieder aufgequollen werden mussten.

*Abbildung 120:* Verschiedene Laugen- und Wasserbehälter zum Waschen und Spülen der Wäsche. In den verschiedenen Regionen Deutschlands sind unterschiedliche Behälter verwendet worden. Auch die Bezeichnungen für die einzelnen Behältnisse spiegelten die mundartlichen Besonderheiten der Bevölkerung wider. Man sprach von Bottich, Zuber, Wanne, Schaff, Brenta und dem Dauchtelzuber, der an der Innenseite eine von oben bis unten gehende Röhre zum Ablassen des Wassers hatte und vorwiegend zum Beuchen verwendet worden ist.

Die größeren Behälter sind zum Einweichen der Wäsche benutzt worden, was meistens am Vorabend des Waschtages erfolgt ist. In manchen Gegenden wurde die Wäsche auch schon am Samstag eingeweicht und dann bis Montag in der Lauge liegen gelassen.

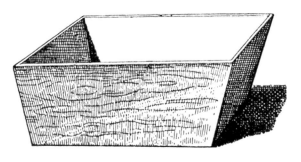

An der Technik des Einweichens hat sich im Laufe der Jahrhunderte nichts geändert. Heute noch wird genauso wie vor 300 Jahren die Wäsche in kaltes oder lauwarmes Wasser gelegt, damit sich der Schmutz langsam lösen kann. Geändert haben sich allerdings die chemischen Zusätze. Während früher die Holzasche als Einweichmittel diente und dann von der Bleichsoda abgelöst worden ist, kamen dann später Seife und spezielle Einweichmittel zur Anwendung. Die zu Anfang des 20. Jahrhunderts noch üblich gewesene Mischung aus Seife, Borax, Terpentinöl und Salmiakgeist ist nicht mehr eingesetzt worden, obwohl aufgrund der guten Fettlösewirkung des Terpentins beim nachfolgendem Waschen auf das Kochen verzichtet werden konnte.

*Abbildung 121:* In Regensburg war ein rechteckiges Waschschaff mit schrägen Wänden in Gebrauch, an denen die Wäsche gebürstet werden konnte, also gewissermaßen eine Kombination aus Schaff und Waschbrett.

## 5.2  Vom Beuchfass zum Dampfwaschkessel

### Das hölzerne Beuchfass mit Eisenreifen

Der verfahrenstechnische Zeitraum, in dem sich das Beuchfass zum Dampfkessel entwickelte, erstreckt sich über ungefähr 250 Jahre. Bereits um 1750 wird das Beuchen der schmutzigen Wäsche beschrieben. Der Vorgang war dabei ziemlich ähnlich dem Beuchen von gewobenen Leinenbahnen zur Entfernung der vom rohen Flachs noch vorhandenen Bestandteile.

Die Praxis des Beuchens sah so aus, dass man die Wäsche in ein Beuchfass legte und dann mehrmals mit heißer Waschlauge übergoss. Das Beuchfass selbst stand auf einem dreiecksförmigen Bock und hatte in der Mitte einen Ablauf. Darunter stellte man einen Kübel, fing darin die Lauge auf, erhitzte sie in einem Kessel und schüttete sie von neuem über die Wäsche. Das Ganze wurde so lange wiederholt, bis die Wäsche weitestgehend sauber war; das konnte fünf mal sein, aber auch 15-mal, je nach Situation.

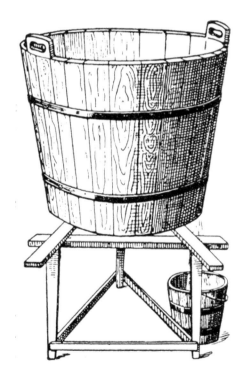

*Abbildung 122:* Das Beuchfass, in Süddeutschland auch Brenta genannt, in Tirol war es das Sechtelfass, war überall heimisch, wo Leinenstoffe im Hausgewerbe hergestellt wurden. Man verwendet den Behälter zum Reinigen des Rohleinens wie auch zum Waschen der getragenen Wäsche. Auch in Norditalien war das Beuchfass bekannt.

Das einfache Beuchfass war der Vorläufer der Anfang des 20. Jahrhunderts entstandenen Berieselungsapparate und Sprudelwäscher. Das Beuchen war außerordentlich wäscheschonend.

Die Waschlauge ist aus Holzasche hergestellt worden. Entweder kochte man die Holzasche außerhalb des Beuchfasses in einem kleinen Gefäß auf und schüttete dann die verdünnte Lauge auf die Wäsche oder man legte die Asche in einem Stoffbeutel auf die Wäsche und goss heißes Wasser darüber.

Man mag heute über die umständliche Art der Schmutzentfernung vielleicht lächeln, aber die Faser schonendste Methode des Waschens war es allemal. Kein Waschverfahren der späteren Jahre hat je wieder diese Schonung der Wäsche erreicht.

Das Beuchen der Wäsche hat sich in Deutschland bis Ende des 19. Jahrhunderts gehalten. In einigen Gegenden ist es schon früher durch die Dampfwäsche und den Waschkessel abgelöst worden.

### Das Dampfwaschverfahren

Die Dampfwäsche kam in den 30er Jahren des 19. Jahrhunderts auf, als sich die Dampfkraft mit Vehemenz anschickte, die Industrialisierung auch in Deutschland voranzutreiben. Bereits 1828 eröffnete in Wien die erste gewerblich arbeitende Dampfwäscherei ihre Pforten. Es war dann naheliegend, auch die Wäsche im Haushalt mit „Dampf" zu waschen, denn die technisch versierten Fachleute hatten ganz richtig erkannt, dass man mit Dampf besser waschen kann als nach der bisherigen Beuchmethode. Auch den Hausfrauen war das Dampfverfahren sympathisch, weil die Wäsche genauso wie beim Beuchen in einen Holzbottich eingelegt werden konnte und die Umstellung auf das neue Verfahren keine großen Veränderungen erforderte. Das neuen Verfahren dauerte genauso lange wie das Beuchen, manchmal sogar länger, aber das war für die Menschen der damaligen Zeit kein Problem. Das Wichtigste war, dass die Wäsche geschont wurde, denn diese bedeutete bares Geld.

Die Segnungen des Dampfes sind den Hausfrauen durch 2 Publikationen bekannt gemacht worden; die eine war für die Wäscherinnen in Stadt und Land gedacht, die andere richtete sich vorwiegend an die größeren Wäschereien in herrschaftlichen Häusern, Krankenanstalten, Kasernen, Gefängnissen und Armenhäusern.

Das Büchlein für die Wäscherinnen erschien 1840 in Hanau und trug den vielsagenden Titel: „Die neue, schnelle und billige Wäscherin". Voraussetzung für die Verbreitung der Publikation war, dass

## Wäscheschonung in Frankreich

In einem Vergleich der Waschverfahren um 1920 in den wichtigsten europäischen Ländern kommen die Französinnen recht gut weg, wenn auch eine wesentliche Einschränkung gemacht wird. Das Waschverfahren und die Bleiche seien gut, aber die Verwendung der Wurzelbürste, Chien-dents, Hundezähne genannt, sei von allem Übel. Damit werde die Wäsche geschädigt und die Dauerhaftigkeit des Wäschebestandes auf das Schlimmste beeinträchtigt. Man könne überhaupt nicht verstehen, wie die für ihre Feinsinnigkeit bekannten Französinnen so eine barbarische Bearbeitung ihrer Wäsche zuließen.

*Abbildung 123: Titelseite eines kleinen Büchleins für die Wäscherinnen und waschenden Hausfrauen.*

die Wäscherinnen auch lesen konnten. Doch diese Voraussetzung war nicht gegeben. Folglich sind die Empfehlungen zur Dampfwäsche nur von größeren Waschanstalten und herrschaftlichen Waschküchen umgesetzt worden, obwohl das Gerät zum Dampfwaschen an sich einfach war und auch verständlich erklärt wurde.

*Abbildung 124:* In dieser einfachen Anordnung von Dampferzeuger (links) und Waschbottich wird Dampf in das Innere des Bottichs geleitet, der die Lauge und Wäsche erhitzt. Der blubbernde Dampf sollte die mechanische Waschwirkung erzeugen.

Dem Beuchfass und dem Dampfwaschbehälter war gemeinsam, dass sie aus Holz bestanden, also sehr billig von einem örtlichen Handwerker herzustellen waren. Sie konnten aber nicht direkt beheizt werden, eben weil sie aus Holz waren. Deshalb war die Trennung von Feuerungsteil und Dampfteil notwendig (siehe Abbildung oben). Wie man sich vorstellen kann, ist der aus Metall hergestellte Feuerungsteil relativ klein ausgefallen, weil Metall damals sehr teuer war. Dies ist in der nachfolgenden Abbildung deutlich zu sehen. Das Dampfwaschverfahren hat nach etwa 1900 vielfache Änderungen durchgemacht. Eine davon war, dass die Waschlauge von oben auf die Wäsche rieselte und langsam durch die Wäsche wanderte. Man nannte diese Geräte „Berieselungsapparate".

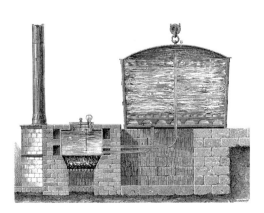

*Abbildung 125:* Dampfwaschanlage mit getrenntem Feuerungsteil und Waschbottich. Die gesamte Anlage wurde gemauert und speziell für eine größere Waschküche konzipiert. Die Lauge zirkuliert innerhalb der beiden Behälter. Die heiße Lauge wird durch ein Rohr bis unter den Deckel des Waschbottichs geführt und rieselt dann auf die Wäsche nieder. An der Unterseite wird die Lauge gesammelt, in den Kochbehälter zurück geführt und wieder in den Kreislauf geleitet.

### Der gute alte Waschkessel

So interessant und fortschrittlich sich auch das Waschen mit Dampf angehört haben mag, im Haushalt hat es sich nicht durchgesetzt. Dort hat man eine viel einfachere Methode praktiziert, nämlich das Kochen der Wäsche im Waschkessel, eine primitive aber wirkungsvolle Verfahrenweise. Vielleicht fast zu einfach, denn in der Literatur findet man eine Unmenge an Informationen über neue Waschmittel und neue Waschgeräte im 20. Jahrhundert, aber der Waschkessel, das wichtigste Waschgerät von 1890 bis weit nach 1950 wird kaum erwähnt. Zugegebenermaßen gibt er als technisches Objekt nicht viel her. Er ist auch kein besonders ansehnliches Stück, zudem fristete er in der Waschküche oder in einem dunklen Eck im Hause sein Dasein. Und trotzdem würden Millionen Hausfrauen ein Loblied auf ihn singen, wenn sich nur jemand die Mühe machte, dieses Lied zu dichten und zu komponieren. Beides wird nachfolgend nicht passieren, doch seine Bedeutung in Prosa soll doch wenigstens herausgestellt werden.

*Abbildung 126:* Der Waschkessel war in vielen Familien ein Allzweckgerät. Zuerst war er für die Wäsche da, dann aber auch für alle Arbeiten, bei denen man viel heißes Wasser benötigte, zum Beispiel Badewasser zubereiten für die gesamte Familie am Samstag, Kartoffel kochen für die Schweine, Dosen Sterilisieren in Kriegszeiten, Würste und Fleisch absieden beim Hausschlachten und vieles andere mehr.

Die einfachen Waschkessel bestanden entweder aus Kupfer, emailliertem Gusseisen oder, was wohl in der Mehrheit der Fall war, aus verzinktem Blech. Die Kupferkessel waren in der Anschaffung teurer als die anderen beiden. Beim Emaillekessel bestand die Gefahr, dass die Emaillierung beschädigt wurde und an den schadhaften Stellen Rost entstand, was zu Verfleckungen in der Wäsche führte. Zinkblechkessel waren am billigsten und für normale Haushalte vollkommen ausreichend.

Die Waschkessel gab es zunächst nur mit Holz- oder Kohlefeuerung. Zu Beginn des 20. Jahrhunderts kamen dann immer mehr Kessel mit Gasheizung auf den Markt, bis dann Mitte der 30er Jahre auch die mit elektrischem Strom beheizbaren Waschkessel angeboten wurden.

Schon um 1925 entstanden die ersten Doppelmantel-Wasch-kessel, bei denen durch die höhere Wärmedämmung das Brenn-material besser ausgenutzt werden konnte als bei den Kesseln mit einfacher Wandung.

Das Kochen der Wäsche brachte aber noch keine zusätzliche mechanische Bearbeitung der schmutzigen Stellen. Diese mussten nach wie vor mit der Hand bearbeitet werden. Aller-dings ist zu Beginn des 20. Jahrhunderts das Schlagholz durch das Waschbrett abgelöst worden. Noch mehr aber hat sich die Bürste als mechanisches Hilfsmittel eingebürgert. Die Wäsche ist auf einem Tisch eingeseift und dann mit der Wurzelbürste mechanisch bearbeitet worden. Deshalb ist auch dem Bürsten-binder in der Geschichte des Waschens ein Bild auf Seite 122 gewidmet worden.

Die Wäscherinnen bürsteten die Wäsche nach dem Einweichen und dann nochmals nach dem Kochen im Waschkessel. Aller-dings musste die Wäsche erst abkühlen, bevor sich die Frauen auf die Wäsche stürzen konnten.

Eigentlich wäre es sinnvoller gewesen, wenn man schon wäh-rend des Kochens im Waschkessel eine mechanische Wirkung auf den Schmutz und die Wäsche hätte ausüben können. Da kam eine Erfindung auf den Markt, die sich allein schon wegen ihrer Einfachheit über viele Jahrzehnte hielt.

Im Volksmund hieß dieses mit so viel verbalem Aufwand ange-priesene Gerät ganz einfach „Wäschestößel" oder „Wäsche-stampfer". Mit ihm konnte nun auch die Wäsche in der heißen Lauge im Waschkessel bearbeitet werden.

Abgesehen von verhältnismäßig teuren Holztrog-Waschma-schinen in den Waschküchen gehobener Haushaltungen, be-herrschte das Triumvirat aus Waschkessel, Bürste und Wäsche-stößel die Waschszene, bis nach der Währungsreform 1948 die ersten Nachkriegs-Waschmaschinen auf den Markt kamen. Trotzdem blieb bis etwa 1960 auf dem Lande das Kochen der Wäsche im Waschkessel bestehen. Nur ganz langsam setzten sich die Waschmaschinen durch.

*Abbildung 127:* Der Doppel-mantel-Waschkessel war viel wirtschaftlicher als die einfachen Kessel. Man er-hielt ohne zusätzliche Kos-ten viel warmes Wasser, was die Wäscherin immer gebrauchen konnte, sei es zum Nachfüllen des Kessels oder zum Spülen.

### Der Dampfwaschkessel

Die seit etwa 1880 sich ausbreitende Verwendung von Gas für die Feuerung von Küchengeräten führte auch zu einer Neuorientierung in der Waschtechnik. Der große Vorteil der Gasheizungen bestand darin, dass sie regelbar waren. Von nun an war es möglich, die Temperatur des Waschwassers zu steuern. Das in den Waschkesseln oftmals auftretende Anbrennen der Wäsche an der untersten Stelle konnte durch die Gasheizung vermieden werden. Das Ganze bekam dann einen neuen Namen und nannte sich „Dampfwäsche", was bereits 1840 schon einmal aufgetaucht war. Doch im Gegensatz zu der Veröffentlichung in dem kleinen Waschbüchlein für die „Schnelle Wäscherin" wurde jetzt der Dampf in dem Behälter erzeugt, in dem sich die Wäsche selbst befand. Doch das barg einige Gefahren in sich.

Schon kurz nach dem Bekanntwerden der „Dampfwäsche" versuchten die Hausfrauen, ihren Waschkessel zu einem Dampfkochkessel umzufunktionieren, indem sie den Deckel mit Wergabfällen und Lehm verschmierten, damit im Inneren ein gewisser Überdruck entstehen konnte, ohne dass der Deckel sich gleich abhob. Die Methode funktionierte sogar, nur bestand die Gefahr, dass die Wäsche an den überhitzen Stellen am unteren Teil des Waschkessels anbrannte. Daraufhin sind verschiedene Vorrichtungen mit Abstandshalter und gelöchertem Boden erfunden worden. Einige Wäscherinnen legten ganz einfach ein paar Holzleisten auf den Kesselboden und legten dann die Wäsche darauf. Die Wäsche ist in den Dampfkochtöpfen nach dem Prinzip des Beuchens Stück für Stücke eingelegt worden.

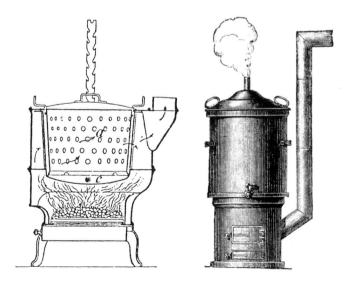

*Abbildung 128:* Die Abbildung zeigt zwei um die Jahrhundertwende übliche Dampf-Waschkessel mit Befeuerung durch feste Brennstoffe. Ratsam war es, den Deckel mit einem „Überdruckventil" zur Vermeidung von Explosionen zu versehen. Die Bodenabdeckung zur Vermeidung von Hitzeschäden an der Wäsche war besonders wichtig!

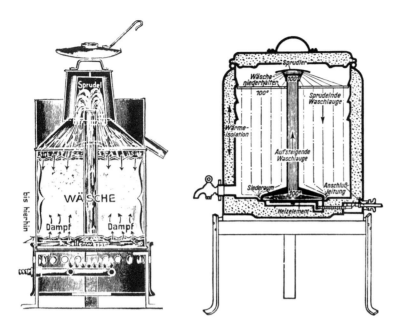

*Abbildung 129:* Vor dem Ersten Weltkrieg hießen die gasbeheizten Dampfwaschtöpfe, bei denen die Lauge von oben auf die Wäsche rieselte, „Berieselungsapparate" (linkes Bild), in den 20er Jahren wurde daraus der „Sprudelwascher", den die elektrotechnischen Konzerne Siemens (1925) und AEG (1927) mit Elektroheizung ausrüsteten und als selbsttätige Waschmaschinen speziell für die „modernen, berufstätigen Mädels" aus den Büros anboten.

Als sich die Wäscherinnen mit der Dampfwaschmethode angefreundet hatten, versuchten die Gerätehersteller das System zu verbessern, indem sie gelochte Bodeneinsätze herstellen, die am Boden des Kessels überhitzte Waschlauge in einem Rohr nach oben führten und über die Wäsche herunter rieseln ließen. Damit konnte ein Laugenkreislauf hergestellt werden wie bei den ursprünglichen Beuchbottichen, nur wesentlich eleganter. Jetzt musste man nicht mehr das Wasser unten auffangen, von neuem erhitzen und dann wieder über die Wäsche leeren, sondern das lief alles ohne menschliches Zutun ab. Die Dampfwaschtöpfe um 1900 waren die perfekte Form der Beuchbottiche. Interessant ist, dass die Hersteller der Dampfwaschkessel eine neue Zielgruppe im Auge hatten. Es war nicht mehr die klassische Hausfrau und Mutter sondern die berufstätige moderne Büroangestellte, also Frauen, die über ein eigenes Einkommen verfügten und neben ihrer Berufstätigkeit möglichst wenig Arbeit mit der Wäsche haben wollten.

Der elektrisch beheizte Sprudelwascher der ersten Generation (rechtes Bild oben) hatte jedoch einen entscheidenden Nachteil. Zum Aufheizen von 50 Liter Wasser brauchte er sieben bis acht Stunden. Dies war allerdings kein technischer Mangel sondern eine gewollte Maßnahme zur Verwendung von Nachtstrom und der besseren Auslastung der Elektrizitätswerke. Die Werbung verkaufte dies positiv, indem sie auf die Kosteneinsparungen durch den billigeren Nachttarif hinwies und besonders herausstellte, dass die Frauen die Wäsche im „Schlaf waschen" können.

Der Sprudelwascher ist später mit einem Elektromotor versehen worden und als Pumpenwaschmaschine 1931 unter dem Markennamen Sigma-Waschmaschine von BBC auf den Markt gekommen.

Wer keinen Waschkessel besaß und sich keinen großen Berieselungsapparat oder Sprudelwascher leisten konnte, für den gab es einen kleinen, auf die Herdplatte aufsetzbaren Dampftopf, den man auch zum Sterilisieren von Nahrungsmitteln verwenden konnte. Man musste nur die Einsätze wechseln und hatte einen Universaldampftopf. Bekannte Namen waren der „Gallsche Dampfwaschapparat" und der „Katarakt-Waschtopf" der Firma Cohn in Berlin. Die kleinste Größe aus verzinktem Eisenblech für einen Eimer Wasser kostete drei Taler und zwanzig Silbergroschen, aus Kupfer kostete er sechs Taler.

In Arbeiterhaushalten war der erste auf dem Herd aufsetzbare Dampftopf die einzige Möglichkeit, die Wäsche bei hoher Temperatur zu waschen. Das „Kochen" der Wäsche war fast so selbstverständlich wie das Kochen der Nahrungsmittel.

*Abbildung 130, oben:* Der hier abgebildete Katarakt-Waschtopf erfreute sich bei den Hausfrauen großer Beliebtheit. Der Anschaffungspreis war sehr niedrig und die Verwendbarkeit universell. Ähnliche Eigenschaften konnte der Elwira-Waschapparat aufweisen. Seine Dimensionen waren etwas größer, dafür passten beim Sterilisieren von Lebensmitteln auch mehr Gläser hinein. Der Waschapparat wurde elektrisch beheizt, was sich nur besser bemittelte Familien oder große Haushalte leisten konnte.

Auf dem Boden der Kessel befand sich ein Siebeinsatz; durch seitliche Röhren wurde das heiße Wasser auf die oberste Lage der Wäsche gedrückt.

## 5.3 Waschhilfen

In den ältesten Darstellungen über das Waschen wird die Wäsche gegen eine harten Gegenstand geschlagen, meist einen rauen Stein oder ein hartes Holzbrett. In den Darstellungen ab etwa 1800 benützen die Wäscherinnen ein Schlagholz, das in manchen Gegenden auch Pleuel genannt wurde.

Ab etwa 1850 kam das Waschbrett auf, das sich bis in die 50er Jahre des letzten Jahrhunderts gehalten hat, also gut 100 Jahre. In den nördlichen Gebieten Deutschlands bezeichnete man dieses Stück auch als Waschruffel oder ganz einfach als Ruffel. Im Grunde ist das Gerät nichts anderes als ein längliches Brett, das mit quer verlaufenden dreikantigen Einschnitten versehen ist. Teilweise waren die hölzernen Waschbretter mit einem Zinkblech überzogen oder bestanden ganz aus Zinkblech in einem Holzrahmen.

In einem Fachbuch aus dem Jahre 1870 wird darauf hingewiesen, dass die Verwendung eines Waschbretts die Leistung der Waschfrauen wesentlich steigern könne.

Anstelle des Waschbretts oder des Schlagholzes ist in einigen Gegenden Deutschlands die Waschwiege benutzt worden. Das Gerät war unten geriffelt ähnlich dem Waschbrett, nur dass man mit der Waschwiege die Wäsche im Waschzuber selbst bearbeitete.

*Abbildungen 132, oben:* Waschbretter wurden aus Buchenholz hergestellt. Der Überzug aus Zinkblech durfte keine eisernen Nägel oder Schrauben besitzen, sondern musste mit Zinknägeln festgemacht werden.

**Die Waschwiege**

Sie war nichts anderes als ein handliches Gerät aus Holz, das das bisherige Schlagholz ersetzte. Anstelle des Eindreschens auf die Wäsche wurde mit einer unten geriffelten, ovalen Holzfläche auf die Wäsche gedrückt.

*Abbildung 131:* Die Waschwiege war für die feine Wäsche besonders geeignet, weil sie eine schonendere Bearbeitung ermöglichte als durch Rubbeln auf dem Waschbrett.

*Abbildung 133:* Mit dem Waschstößel wurde die Wäsche zusammen gepresst, Waschflotte hindurchgedrückt und wieder herausgesogen. Dieses einfache Gerät war sehr beliebt und bis in die 80er Jahre des vergangenen Jahrhunderts noch in Gebrauch.

*Abbildung 134:* Mit viel propagandistischem Aufwand ist eine simple Waschwiege als Hand-Wasch-Apparat verkauft worden. Ähnlich war es mit der pneumatischen Handwaschmaschine Undine.

*Abbildung 135:* Die Anzeige versprach mehr als die Realität dann bieten konnte. Es war nichts anderes als ein „Waschstößel"!

Die Waschstößel gab es in vielen Variationen aus verzinktem Eisenblech und aus Kupfer.

Eine technisch aufwändige Form der Waschhilfen war der von Bosch 1951 auf den Markt gebrachte Schallwäscher. Das Waschprinzip des Schallwäschers war der Autohupe, dem Boschhorn, nachempfunden. Ein elektromagnetisch angetriebener Schallgeber wurde hundertmal in der Sekunde angezogen und wieder losgelassen, wodurch die Membran in Schwingung gebracht wurde. Die davon ausgehende Schallwelle sollte sich auf die Waschlauge übertragen und sie durch die Wäsche treiben. Er verschwand vom Markt so schnell wie er gekommen war, aber die Idee, den Schall zur Erzeugung einer Waschmechanik einzusetzen, geisterte noch gute 30 Jahre durch die Waschszene. Mit beharrlichem Geschick versuchten die Gerätehersteller, vorwiegend aus Japan, mit Ultraschall zu waschen. Erst in den 80er Jahren flachte die Ultraschallwelle ab und ist gegen 2000 dann endgültig verschwunden, bis sie – wie schon so oft – irgend wann wieder erscheint.

*Abbildung 136:* Schallwäscher von Bosch 1951.

## 5.4 Die allerersten Waschmaschinen noch ohne eigene Heizung

Wenn in den nachfolgenden Abschnitten vom Waschen in Waschmaschinen gesprochen wird, so muss man sich zunächst im Klaren darüber sein, dass diese Waschgeräte nicht im Entferntesten an die Waschwirkung der heutigen Waschmaschinen herankamen. Es waren zwar auch technische Vorrichtungen, um die Handarbeit leichter zu machen oder sie sich ganz zu ersparen, aber der Effekt war im Vergleich zu heute ausgesprochen mangelhaft. Dies sieht man daran, dass die Wäsche nach der Behandlung in der Waschmaschine noch im Waschkessel gekocht werden musste, um richtig sauber zu werden. Außerdem musste die Wäsche vor der Behandlung in der Waschmaschine eingeweicht und an den besonders schmutzigen Stellen eingeseift werden. In die Maschine selbst wurde heiße Seifenlauge mit Soda gegossen. Die Behandlungszeiten werden allgemein mit 10 bis 20 Minuten angegeben. In dieser Zeit kühlte auch die ursprünglich heiße Waschlauge auf Umgebungstemperatur ab. Eine eigene Heizvorrichtung besaßen diese Waschmaschinen nicht. Die Bewegung der waschwirksamen Teile musste durch Muskelkraft geschehen.

In dem Fachbuch von Wilhelmine Buchholz aus dem Jahre 1870 wird behauptet, dass die erste Waschmaschine von einem Deutschen Ingenieur namens Stender aus Hannover 1754 erfunden worden sei, jedoch wegen ihrer „ziemlichen Unvollkommenheit" selten in Gebrauch gekommen ist. Andere Quellen behaupten, die erste Waschmaschine sei in England in der Grafschaft York

*Abbildung 137:* Die erste Waschmaschine nach dem System Stender und Schäffer 1766 bestand aus einem fest stehenden Waschbottich, in den eine Ringplatte mit fünf gekrümmten Armen eingesetzt wurde. Durch die kreisende Bewegung der Arme entstand eine mechanische Einwirkung auf die Wäsche. Obwohl das Waschgerät etwas kompendiös aussieht, war es für den Hausgebrauch mit Handbetrieb vorgesehen. Es gab später auch noch eine handlichere Version, die auf der folgenden Seite dargestellt ist.

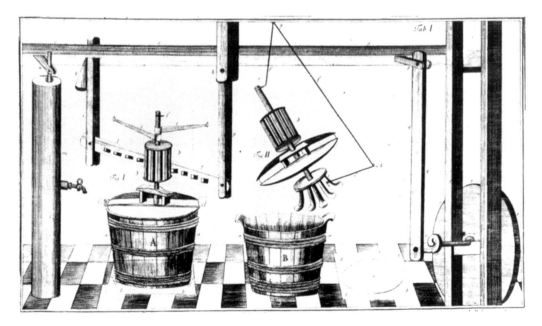

1753 auf den Markt gekommen. Mehrheitlich wird jedoch davon ausgegangen, dass Stender die erste Waschmaschine erfunden hat, die dann von dem Regensburger Theologen Jacob Christian Schäffer 1766 verbessert worden ist. (Siehe Abbildung auf vorhergehender Seite und nebenstehend).

Schäffer war zunächst gar nichts am Wäsche waschen gelegen, sondern er befasste sich mit der Papierherstellung, als er zufällig auf die Beschreibung der Waschmaschine des Herrn Stender aus Hannover stieß. Die Idee faszinierte ihn und er vergaß sein ursprüngliches Ziel und befasste sich mit der Waschmaschine.

Als erstes baute er die Maschine nach und begann mit den Waschversuchen, doch zunächst ohne befriedigende Ergebnisse. Er ließ sich aber durch die Berge zerstörter Wäsche nicht entmutigen, sondern verbesserte mit aller Konsequenz das Waschgerät bis es seinen Anforderungen entsprach. Dann allerdings befiel ihn die Eitelkeit aller Erfinder und er schrieb 1766:

„Ob ich diese meine Erfahrungen, und dadurch erhaltene Gewissheit von dem Vorzuge und großen Nutzen der Waschmaschine, nur allein für mich behalten, oder ob ich nicht vielmehr, wie Herr Stender, aus Empfindung einer wahren Menschenliebe, auch anderen, sonderlich hiesigen Orts und Gegenden, davon Nachricht geben sollte? Meine Versuche und deren Erfolge zur Bestätigung der Wahrheit öffentlich vorlegen und zur Einführung dieser Waschmaschine der Wirtschaft und Haushaltung zum Besten, Muth und Lust machen sollte?"

Er hat natürlich seine Erfahrungen und Erkenntnisse veröffentlicht! Allerdings plagten ihn dann doch Zweifel, ob eine solche Maschine nicht all jenen schade, die sich vom Waschen ernähren müssen. Doch er kam zu folgendem Ergebnis:

„Weder diejenigen Wäscherinnen, welche außer Haus waschen, und welcher Weise unweit unserer Stadt (Regensburg) sich ein ganzes Dorf zu ernähren pflegt; noch auch diejenigen Waschweiber, welche zu bestimmten Zeiten in Häusern waschen, verlieren bey dieser Waschmaschine das mindeste, sie gewinnen vielmehr dabey auf allen Seiten. (....) Und diejenigen Waschweiber, so in den Häusern waschen, können nunmehro an einem Tag bey zwo Haushaltungen waschen, und sich eben den Lohn verdienen, den sie sonst nur in einer Haushaltung verdienten. (....). Nicht zu gedenken, daß bey der Waschmaschine vor der Zeit oder im Alter nicht, wie bey dem gewöhnlichen Waschen, an Händen und Füßen contract und lahm oder sonst krank und ungesund werden, welches, wie die Erfahrung lehret, noch allezeit der letzte und gewisseste Lohn des bisherigen Waschens ist."

Die Sorgen der Wäscherinnen um ihre Arbeit waren zunächst nicht unbegründet, denn der Schreinermeister, der die erste Ma-

*Abbildung 138:* Waschmaschine des Theologen Jacob Christian Schäffer von 1766.

**Die Kritik der objektiven Zeitgenossen an der Waschmaschine des promovierten Theologen richtete sich gegen die ermüdende Arbeit mit der Maschine und der ungenügenden Wäscheschonung. Letzteres scheint ein wirkliches Problem gewesen zu sein, weil die Küfer, Drechsler und Schreiner, die das Gerät nach Schäffers Plänen bauten, nicht das richtige Holz genommen hatten. Es musste vollkommen getrocknetes, hartes und vor allem astfreies Holz verwendet werden. Ansonsten zerrissen die Wäscheteile an den rauen Stellen oder den scharfen Astlöchern.**

## Eine Waschmaschine für die Familie!

*(Originaltext von 1859)*

Sie ist ein Erzeugnis amerikanischen Erfindergeistes, der sich überhaupt aus angeborener Verehrung für die Frauen darauf geworfen hat, das Waschen mit der Hand mechanisch zu bewirken. Die amerikanischen Patentberichte enthalten jederzeit eine große Zahl neuer Waschmaschinen, die nach Einführung streben. Von der Maschine, von der wir die Zeichnung geben, scheint dieses Ziel erreicht zu sein. Sie wird sehr gelobt. Man soll zehn Hemden mit einem Male behandeln können. Ihre Einrichtung ist einfach und klar. Der Zuber (a) dient zur Aufnahme der Wäsche und des Seifenwassers. Er steht auf dem Fußgestell (b), in welches die beiden elastischen Ruthen (s) aus Eichenholz gesteckt werden. An diesen Ruthen hängt unter Dazwischenkunft des zu spannenden Seiles (r) der Stiel (m) mit dem Quergriff (h) und dem Stampfer (c). Letzterer besteht aus einer Scheibe durch welche das Oberende der kleinen Stößelchen (p) hindurch gesteckt und diese durch einen messingenen Querstift verbunden werden. Eine messingne Spiralfeder gibt jedem Stößelchen Spannung an der unteren Seite der Scheibe.

schine gefertigt hatte, baute in Anbetracht des publizistischen Eifers des Erfinders gleich sechzig Maschinen. Vierundzwanzig davon blieben in Regensburg, der Rest ist in andere Städte verschickt worden. Schäffer bekam auch viele Anfragen nach den Bauplänen seiner Maschine, so aus Wien, Nürnberg, Augsburg, Innsbruck und Stuttgart. In einem Brief beklagt er sich über die Boshaftigkeit der Waschweiber, weil sie die Maschine nicht richtig bedienten oder das „Waschwerk" mutwillig zerstört haben.

Bei aller Wertschätzung für die Schäffersche Maschine, so sorgte sie nicht für die notwendige Reibung, um den Schmutz gründlich zu entfernen. Diesen Mangel beseitigte der englische Ingenieur William Fulton, indem er auf der Innenseite des Bottichs geriefte Bretter anbrachte. Am 23. Mai 1788 ist ihm das englische Patent Nr. 1651 erteilt worden.

1859 wurde eine amerikanische Erfindung mit einem überschwenglich positiven Text und einem Bild angepriesen (siehe schmale Spalte).

*Abbildung 139:* Bei dieser ersten amerikanischen Waschmaschine aus dem Jahre 1859, gebaut von David Loman aus Middlefield, bewegt die Wäscherin den Stampfer auf und nieder. Die Federung der einzelnen Stößelchen verhindert eine Beschädigung der Wäsche. Die Maschine kostete damals 10 Dollar. Im Kommentar zu der Zeichnung wird angefügt: „Ein deutscher Maschinenhersteller dürfte sie wohl noch billiger liefern!"

Die nachfolgend beschriebenen Waschgeräte sind in der Zeit zwischen 1850 und 1920 entstanden. Eine genaue Datierung für die erstmalige Herstellung der Waschmaschinen ist wegen der mangelhaften Datenlage nicht möglich.

## Zapfenwaschmaschinen

Mitte des 19. Jahrhunderts hat dann ein Herr Wild die patentierte Waschmaschine des Engländers William Fulton verbessert. Die Maschine bestand aus einer runden Bütte mit Deckel, in den eine Stange
eingebaut war, mit der ein
daran befestigter zweiter
Deckel gedreht werden
konnte, der dann auf die
Wäsche einwirkte. Zur In-
tensivierung der mecha-
nischen Einwirkung auf die
Wäsche befanden sich an
der Unterseite des zwei-
ten, inneren Deckels Holz-
zapfen, sogenannte Dau-
men. Wegen der starken
Wäscheschädigung kam
die Wild'sche Waschma-
schine bei den Hausfrauen
nicht an. In der Literatur
wird berichtet, dass die-
se Maschine um 1870 nur noch von Altwarenhändlern und bei
Auktionen angeboten werde.

*Abbildung 140:* Verbesserte
Wild'sche Waschmaschine um
1900, die auch als Thüringische
Originalwaschmaschine bekannt
war. Das Prinzip der Waschwirkung bestand in einem Stauchen
der Wäsche unter drehender Bewegung. Damit die Wäsche nicht
allzu sehr beansprucht wurde,
musste sie in einem Leinenbeu-
tel gepackt werden.

Eine Amerikanische Waschmaschine arbeitete nach dem gleichen Prinzip wie die Wild'sche Maschine, nur dass anstelle der
Daumen dreikantige Leisten angebracht waren. Ein Bild dieser
Amerikanische Waschmaschine war in der Literatur nicht zu finden. Es scheint jedoch, dass sich die Erfindung des Paul Knapp
mit der Amerikanischen Waschmaschine weitgehend deckt.
Offenbar ist auch dieser Waschmaschine kein großer Erfolg
beschieden gewesen.

*Abbildung 142:* Schnittbild
einer Zapfenwaschmaschi-
ne um 1910.

*Abbildung 141:* Im Unterschied zu der Amerika-
nischen Waschmaschi-
ne ist das Gerät von Paul
Knapp aus Berlin, Beuth-
straße 15, aus dem Jah-
re 1895 würfelförmig und
nicht rund. Es ist anzunehmen, dass der Erfinder der
Waschmaschine all das
verbessert hat, was an
dem amerikanischen Ori-
ginal nicht optimal gewe-
sen ist.

Von einer weiteren, nach dem Zapfenprinzip arbeitenden Maschine ist ebenfalls ein Bild erhalten geblieben. Einzelheiten über den Erfinder und den Hersteller sind nicht überliefert. Man kann die Entstehung in den Zeitraum zwischen 1890 und 1910 einordnen (siehe Bild unten).

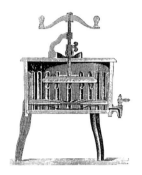

*Abbildung 143:* Die Zapfenwaschmaschine der Schlesischen Holzindustrie-Gesellschaft kostete 1898 je nach Größe zwischen 54,- und 60,- Mark.

*Abbildung 145:* Zapfenwaschmaschine um 1900. Aufgeklappte Waschmaschine, an der die vier Zapfen zur mechanischen Einwirkung auf die Wäsche sichtbar sind. Im Gegensatz zu den anderen Waschmaschinen sind die Zapfen verhältnismäßig lang. Das Waschgerät ist von der Maschinenfabrik Strakosch & J. Boner Nachfolger in Wien hergestellt worden.

In der Literatur sind noch mehrere Waschmaschinen beschrieben, die auf dem Prinzip der drehenden Zapfen beruhten, die es allerdings nur zu einer regionalen Verbreitung brachten. Bis in den Zweiten Weltkrieg hinein waren diese, teilweise sogar mit Elektromotorantrieb, überwiegend in Thüringen und Sachsen anzutreffen. Die Adressaten für diese Waschmaschinen waren weniger die einfachen Hausfrauen sondern größere Haushalte, in denen die Wäscherinnen im Tagelohn oder fest angestellt die Wascharbeit besorgten. Vielfach ist die Waschmaschine als Konkurrenz zur Handarbeit angesehen worden, weniger als Erleichterung. Dementsprechend gering war die Akzeptanz bei den Wäscherinnen.

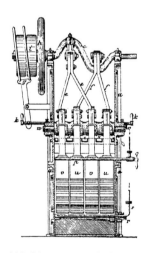

*Abbildung 144:* Auf einer Industrieausstellung 1867 stellte die Firma Schimmel & Co., Chemnitz, eine auf dem Stauchprinzip arbeitende Waschmaschine vor.

Eine interessante Variante der Zapfenwaschmaschinen war die Stampfmaschine, bei der die Zapfen nicht in kreisender Bewegung auf die Wäsche einwirkten, sondern auf sie stampften. Durch ein ausgeklügeltes System an ineinander greifenden Wellen und Rädern ist eine gleichmäßige Stauchwirkung erzeugt worden. Das Prinzip der Maschine stammte aus der Textilveredelungsindustrie, wo eine starke Mechanik zum Walken von wollenen Tüchern notwendig war (siehe nebenstehende Abbildung).

## Walzenwaschmaschinen

Bei diesem Typ von Waschmaschine hat man versucht, das Prinzip des Waschbrettes nachzuahmen. Die Wäsche wird zwischen zwei geriffelten Walzen hindurch bewegt, wobei die Walzen eine mechanische Wirkung auf die Wäsche ausüben und ähnlich wie beim Waschbrett an der Oberfläche der Wäsche reiben. Dazu waren die Walzen mit dreieckigen Stäben versehen, ähnlich dem Waschbrett, und der Anpressdruck der beiden Walzen auf die Wäsche sorgte für die richtige Reibungskraft. Bei einigen Fabrikaten drehten sich die Walzen mit unterschiedlicher Geschwindigkeit, so dass noch zusätzlich eine Friktion an der Wäsche hinzu kam. Je nach Konstruktion verursachten die Walzenwaschmaschinen eine starke mechanische Wäscheschädigung.

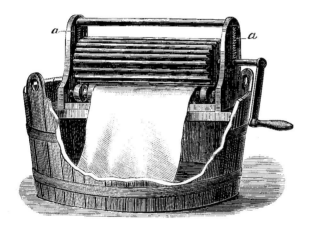

*Abbildung 146:* In Deutschland wurde das nebenstehend abgebildete Waschgerät als „Amerikanischer Schnellwäscher" bekannt (ca. 1900). Es konnte in jede im Haushalt vorhandene ovale Wanne eingeschraubt werden. Die Wäschestücke wurden nicht einzeln durch die Walzen gedreht sondern in flachen Wäschepaketen.

Eine amerikanische Waschmaschine besaß eine quergerippte Rückwand und ein ähnlich geripptes Holzrad. Beim Waschen wurden die Textilien durch das drehende Holzrad gegen die Rückwand gedrückt, was zu einer Reibung der Wäsche an der Wandung führte.

*Abbildung 147:* Die Kurbel sollte etwa je 5 Minuten abwechselnd von links nach rechts und umgekehrt gedreht werden. Das Rad machte dabei nur eine halbe Umdrehung. Den Literaturangaben zufolge soll sich diese amerikanische Waschmaschine in der Praxis gut bewährt haben.

### Bürstenwaschmaschinen

Während man bei den Walzenwaschmaschinen versuchte, die Wirkung des Waschbretts nachzuahmen, hatten die Bürstenwaschmaschinen das Ziel, die Wirkung der Waschbürste zu imitieren.

Das mechanische Prinzip war ähnlich dem der Walzenwaschmaschinen, nur, dass Bürsten anstelle von Walzen verwendet wurden. Man nahm steife Borsten, um die Einwirkung auf das Waschgut zu verstärken. Bei einigen Fabrikaten drehten sich die Bürstenwalzen gegenläufig. Bei einem Fabrikat wurde die Wäsche auf einen Transportschlitten gelegt und nur von einer Seite gebürstet. Offensichtlich gab es mehrere verschiedene Formen und Ausführungen.

### Wiegenwaschmaschinen

Unter der Markennamen „Eckerts Universal-Waschmaschine" wurde ein aus Holz gebautes Waschgerät vertrieben, das die Wirkung des Waschbretts nachahmen sollte. Das Gerät besaß einen aus wellenförmig geschnittenen Holzstäben zusammengesetzten Boden und einen mit ihm korrespondierenden oben hin und her schwenkbaren Teil, der mit Hilfe einer Hebevorrichtung in der Höhe verstellbar war.

*Abbildung 148:* Wiegenwaschmaschine um 1900. Die Wäschestücke wurden nicht einzeln in den Zwischenraum zwischen Wiege und Boden gelegt, sondern in ein Tuch eingeschlagen, damit die mechanische Einwirkung auf das Einzelteil verringert wird und zudem mehrere Teile gleichzeitig bearbeitet werden konnten.

Eine ähnliche Waschmaschine, wie sie Eckert gebaut hatte, kam auch aus Amerika nach Deutschland, wobei nicht gesagt werden kann, wer die Priorität in der Erfindung hatte. Hierzulande ist das Waschgerät unter dem Herstellernamen „Josef Daremport" in den Handel gebracht worden.

*Abbildung 149:* Wiegenwaschmaschine um 1860. A ist ein wasserdichter Trog, B sind Rollen, die sich frei drehen können. Das Reibbrett F besitzt an der Unterseite eine Reihe von Bürsten, die beim hin und her Bewegen auf das Waschgut einwirken. Die Stärke des Druckes wird durch eine Feder an dem Arm C reguliert. Die Waschmechanik muss ziemlich stark gewesen sein, denn die zeitgenössische Beschreibung zu dieser Waschmaschine lautet in etwa so: „Nur in Straf- und Arbeitshäusern dürfte diese Maschine in Deutschland und dem übrigen Europa angewandt werden können, da ja bekanntlich dort von den Sträflingen sehr grobes Zeug getragen wird und dasselbe die stärkere Reibung vertragen kann."

Die Wiegenwaschmaschinen waren die direkten Nachfolger des Waschbretts. Die Oberfläche wurde so weit es ging nachgeahmt, nur die Form wurde gebogen. Das Neue daran war eigentlich der Ersatz der menschlichen Arme durch ein hin und her bewegbares Reibbrett. Das war schon ein Fortschritt im Vergleich zum mühevollen Rubbeln auf dem Waschbrett. Findige Maschinenbauer wollten den Wäscherinnen die Arbeit noch leichter machen und optimierten die mechanische Konstruktion. Eine davon war die Maschine von Dunkhorst.

*Abbildung 150:* In „Dunkhorst's patentierter Waschmaschine" (um 1880) ist die Handhabung verbessert worden. Anstelle eines Griffes am Reibbrett ist ein in der Mitte befindlicher langer Stil eingebaut worden.

Im fachlichen Sprachgebrauch ist das Waschen mit Wiegenwaschmaschinen auch als „Schwenkwaschen" bezeichnet worden. In den Jahren nach 1930, als es effektiv wirkende Waschmaschinen mit rotierender Trommel und eigener Heizung gab, wurde der Begriff des Schwenkwaschens zum abwertenden Urteil für ungenügende Waschwirkung im allgemeinen. Wenn etwas nicht sauber wurde, dann sagte man sinngemäß: „das sieht ja aus wie schwenkgewaschen!"

### Schaukelwaschmaschinen

Diese Waschgeräte bestanden aus einem hölzernen Gestell, bei dem ein Behälter aus Holz und innwendig verzinktem Blech mit fest verschließbarem Deckel hin und her schaukelte.

Die Schaukelwaschmaschine war ursprünglich in Schlesien weit verbreitet und wurde dann unter dem Begriff „Schlesische Waschmaschine" in der Fachwelt bekannt.

Um 1890 kam eine Schaukelwaschmaschine aus Vollmetall in den Handel und trug den vielversprechenden Namen „Torpedo-Waschmaschine", was offensichtlich mehr auf die Form als auf ihre Wirkung hindeutete. Im Grunde lief der Waschprozess in der gleichen Art ab wie bei den hölzernen oder mit Zinkblech ausgeschlagenen Maschinen. Man füllte die heiße Seifenlauge in den Behälter mit Wäsche, verschloss die Maschine und bewegte das Behältnis mittels eines Hebels hin und her.

*Abbildung 151, oben:* Prototyp aller Schaukelwaschmaschinen (ab 1850). Wenn die heiße Seifenlauge auf die halb gefüllte Schaukel gegossen war, musste 8 bis 10 Minuten geschaukelt werden. In der Waschschaukel für die kleinen Haushalte konnten 8 bis 10 Hemden oder 4 bis 5 Bettlaken gleichzeitig gewaschen werden. Um die Waschwirkung zu erhöhen, hat man in die Maschine hölzerne Kugeln gegeben.

*Abbildung 152:* Das linke Bild zeigt die Torpedo-Waschmaschine geschlossen. Die Wäscherin musste nur die Maschine hin und her bewegen. Im rechten Bild ist gezeigt, wie einfach es ist, die gebrauchte Seifenlauge aus der Maschine in einen Kübel zu füllen (um 1920).

## Flügelradmaschinen

Um 1900 tauchen zum ersten Mal weiterentwickelte Zapfenwaschmaschinen auf. Sie werden in dem 1912 in zehnter Auflage erschienenen Büchleins von Otto Radeck beschrieben.
In der späteren Literatur kommen sie als Flügelradmaschinen
wieder zum Vorschein.

*Abbildung 153:* Das Modell der
Maschinenfabrik M. Schaede in
Saalfeld (Saale) kam um 1910
unter dem Markennamen „Karin-
Schnellwaschmaschine" auf den
Markt. In der Werbung wird die
besonders schonende Arbeitsweise der Waschmaschine herausgestellt.

Bei vergleichenden Waschversuchen zwischen einer Zapfenwaschmaschine und der oben dargestellten Flügelradmaschine
habe sich, so schrieb der frühere „Dirigent der königlichen Mus-
terbleiche zu Solingen", ganz klar ergeben, dass in der Zap-
fenmaschine etliche Stücke zerrissen wurden, während ähnliche Stücke in der Flügelradmaschinen ohne Beschädigung
geblieben seien.

Das Prinzip der Flügelradmaschinen ist in den späteren Konstruktionen namhafter Hersteller noch bis zum Zweiten Weltkrieg beibehalten worden.

*Abbildung 154:* Eine der Ka-
rin-Schnellwaschmaschine
ähnliche Flügelradmaschi-
ne hatte die Firma Krigar &
Jhssen in Hannover entwi-
ckelt. Ob der Name „Blitz-
Wäscher" sein Versprechen
gehalten hat, war aus der Literatur nicht zu entnehmen.

Wenn man aus heutiger Sicht auf die Bezeichnungen der Waschmaschinen von vor hundert Jahren zurückblickt, so fällt auf, dass
die „Schnelligkeit" eine große Rolle gespielt hat. Es gab Blitz-
wäscher, Schnellwäscher, Turbowäscher usw. Dies ist insofern
verwunderlich, als wir heutigen Zeitgenossen glauben, früher sei
alles viel langsamer gegangen und gemütlicher gewesen. Vielleicht war es das auch, aber die Menschen hatten offensichtlich auch „keine Zeit", denn sonst wäre das Argument mit der
Geschwindigkeit nicht so wichtig gewesen.

### Bottichwaschmaschinen

Die bisherige Klassifikation der Waschmaschinen erfolgte nach
der Art der mechanischen Wäschebearbeitung, vorwiegend nach
dem Prinzip der Wäschebewegung. In diesem Abschnitt wird
dieser Grundsatz durchbrochen, weil der haushaltstechnische
Sprachgebrauch gegen Ende des 19. Jahrhunderts den Begriff
der Bottichwaschmaschinen erfunden hatte. Damit war die Form
des Waschbehälters in den Vordergrund gerückt und die Art der
Wäschebewegung in den Hintergrund. Allerdings schränkten sich
die technischen Ausführungsformen der Wäschebeweger durch
die Bottichform auf wenige Typen ein. Dies waren die drehenden
Zapfen und die drehenden Flügelräder oder Kombinationen aus
beiden. Interessant ist, dass die Wäschebewegungen so viel Aufmerksamkeit fanden, nicht jedoch die Beheizung der Maschinen,
denn sie besaßen keine. Die Wäsche musste vor oder nach der
„Maschinenwäsche" gekocht werden.

*Abbildung 155:* Die Maschinenfabrik Miele hat als erstes Unternehmen die Bottichwaschma-
schinentechnik auf den neuesten
Stand gebracht. Vor allem waren
es die Arten des Antriebs für die
Wäschebeweger, die den Fortschritt ausmachten. So ist dann
bereits um 1910 der Name Miele
zu einem Synonym für fortschrittliche Waschtechnik geworden.
Die „gepflegte Frau" sollte symbolisieren, wie einfach doch das
Waschen mit einer Bottichma-
schine geworden ist und als „Tan-
te" ihre Erfahrungen beim Wasch-
maschinenkauf preisgeben.

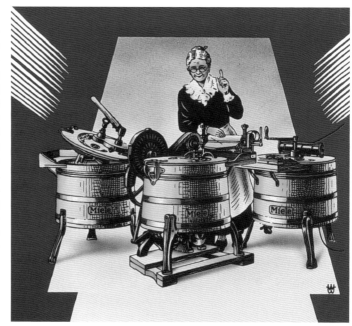

Wenn in der älteren Literatur von „Waschen" gesprochen wird, dann verstand man darunter nur den Teil der Arbeit, der mit einer mechanischen Bearbeitung der Wäsche verbunden war, so zum Beispiel das Bearbeiten in einer Maschine. Allerdings ist die Literatur sehr uneinheitlich, wohl auch deswegen, weil landsmannschaftliche Unterschiede im Sprachgebrauch eingeflossen sind. Nicht zu vergessen sind die Einflüsse aus den USA ab etwa 1910, wo die Technisierung des Haushalts bereits eingesetzt hatte, während in Deutschland noch der Waschkessel das Maß der Dinge war.

Der ergonomischen Gestaltung des Antriebs ist von den Maschinenherstellern viel Beachtung geschenkt worden, denn von der leichten Bedienbarkeit der Waschmaschinen hing ihre Akzeptanz bei den Hausfrauen und Wäscherinnen ab. Kugellagerung war um 1900 noch keine Selbstverständlichkeit. Die Übertragung der Muskelkraft in drehende Bewegung sollte so effektiv wie möglich erfolgen. Dazu entwickelten die Ingenieure die Unter- und Oberantriebsmaschinen, später dann die Kurbeln und Schwungräder. Die nachfolgend abgebildeten Maschinen sind zwischen 1900 und etwa 1930 auf dem Markt gekommen.

Aus der Literatur war nicht zu entnehmen, welche Art des Antriebs mehr verbreitet war. Es ist jedoch davon auszugehen, dass wegen der leichteren Handhabung die rechts abgebildete Maschine eine größere Akzeptanz gefunden hatte.

*Abbildungen 156:* Das linke Bild entspricht der klassischen Unterantriebs-Waschmaschine, wie sie von einer ganzen Reihe von Firmen zwischen 1900 und 1930 hergestellt worden ist. Die rechte Maschine stellt eine technische Weiterentwicklung dar, weil sich aufgrund der größeren Übersetzung die Rührflügel schneller bewegten. Deshalb gab man dem Gerät den Namen „Schnellwaschmaschine".

*Abbildungen 157:* Oberantriebs-Waschmaschinen: sie kosteten weniger als die Unterantriebsmaschinen. Das linke Bild zeigt die klassische Ausführung, das rechte eine Ausführung mit einem Pendel.

*Abbildungen 158:* Rotations- und Schwungradmaschinen: Die Mechanik auf der links abgebildeten Maschine konnte den Wäschebeweger rotierend sowie auf und abwärts bewegen, wodurch die Bearbeitung der Wäsche intensiviert wurde. Das rechte Bild zeigt eine Schwungrad-Waschmaschine, bei der die Übertragung der Kraft äußerst effektiv war, wenn das Rad erst einmal so richtig „in Schwung" war.

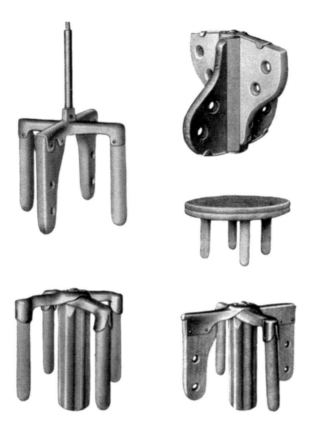

*Abbildung 159:* Es gab unterschiedliche Formen der Wäschebeweger für die Bottichwaschmaschinen. Am beliebtesten waren die Flügelräder, weil sie zum besten Wascheffekt führten.

Die Wäschebeweger in den Bottichwaschmaschinen bestanden grundsätzlich aus einem Kreuz mit Zapfen oder Flügeln oder beiden.

Mit den Bottichwaschmaschinen sind Schaukel, Wiege, Walze und Bürste als Waschprinzip vom Markt verschwunden. Das heißt aber nicht, dass damit die Bottichwaschmaschinen ihre letzte Entwicklungsstufe erreicht hätten. Im Gegenteil, jetzt erst begann ihre technische Evolution, denn durch die Motorisierung der Wäschebewegung ergaben sich gänzlich neue technische Möglichkeiten, die jedoch erst nach dem Zweiten Weltkrieg ab 1948 auf den Markt kamen. Auf dem nationalen deutschen Markt gab es diese Maschinen nicht. In den USA gab es bereits im ersten Drittel des 20. Jahrhunderts kleine Bottichwaschmaschinen aus Ganzmetall für den Haushalt.

Die Beschreibung der Geschichte der deutschen Bottichwaschmaschinen folgt in einem späteren Abschnitt.

### Trommelwaschmaschinen

Mit der Erfindung der Trommelwaschmaschinen wurde eine gänzlich neue Richtung im Maschinenbau beschritten. Jetzt war nicht mehr eine bis dahin von den Wäscherinnen ausgeübte Tätigkeit, wie Schlagen, Stauchen oder Reiben der Wäsche das Vorbild, sondern es wurde eine integrale Wirkung aller mechanischen Einwirkungen angestrebt. Mit einer Trommel war dies möglich. Doch der Weg bis zur heutigen Waschmaschine war weit.

Zunächst entstand um 1860 die Tailor'sche Waschmaschine mit einer sechsseitigen Trommel, die an den Stirnseiten exzentrisch gelagert war. Das Neue an dieser Waschmaschine war eigentlich nur die Form der Trommel. Sie war länger als hoch, hatte also nicht mehr die Form eines Würfels, wie sie in der frühen Chemischreinigung um 1850 verwendet worden ist.

**Amerikanische Wäsche**

In der Gebrauchsanweisung für die Tailor'sche Maschine wird empfohlen, die amerikanische Waschmethode mit Ammoniak und Terpentinöl anzuwenden (siehe dazu Kapitel 3). Interessanterweise wird bei dieser neuen Art von Waschmaschine bereits versucht, die zusätzliche Handarbeit so weit wie möglich zu reduzieren. Zum Beispiel wird auf das nach dem Maschinenwaschen übliche Kochen der Wäsche verzichtet und dafür noch ein zweites Mal in der Maschine mit kochendem Wasser unter Zusatz von Holzkugeln gewaschen.

*Abbildung 160:* Die von Tailor konstruierte Waschmaschine bestand aus der sechsseitigen Trommel und einem Quetschwerk zum Entwässern der Wäsche. Die Maschine war mit Rädern versehen, damit sie in der Waschküche an den Ort gefahren werden konnte, wo sie gerade benötigt wurde. In der Literatur ist unter Bradfordscher Maschine eine ähnliche Konstruktion beschrieben.

Der nächste Entwicklungsschritt war die rotierende Zylinderwaschmaschine, im alltäglichen Sprachgebrauch auch als Kugelwaschmaschine bezeichnet, weil man zum Erreichen einer vernünftigen Waschwirkung 10 bis 12 Holzkugeln hinein tun musste. Die zeitgenössischen Berichterstatter sagen übereinstimmend, dass diese Maschine die Wäsche zerstöre, wohl wegen der Holzkugeln. Ohne die Kugeln könne man die Maschine drehen so lange man wolle, ohne die Wäsche zu beschädigen, aber auch ohne jede Waschwirkung. Ab etwa 1870 hatte diese Maschine offensichtlich keinerlei Bedeutung mehr.

Dagegen fand die „Rotationswaschmaschine" bei den Hauswirtschafterinnen eine gute Resonanz. Sie bestand aus einer zylindrischen Trommel, so wie bei der vorstehend beschriebenen „Kugelwaschmaschine", aber sie war exzentrisch gelagert und hatte im Innern „viele 2 Zoll (ca. 5 cm) lange Zapfen". Durch die exzentrische Lagerung der Trommel wurde die Wäsche, ähnlich der Tailor'schen Waschmaschine, von einer Seite zur anderen geworfen, was schon zu einer gewissen Mechanik führte. Aber die in der Trommel vorhandenen Zapfen wirkten wie die heutigen Mitnehmerrippen und sorgten für eine intensive Waschmechanik. Dies war auch der Grund, warum in einem Erfahrungsbericht über das Waschen in der Rotationswaschmaschine gesagt wird, dass man beim Waschen feiner Wäsche die Kurbel nur sehr langsam drehen sollte, um Schäden am Waschgut zu vermeiden. Ansonsten wasche die Maschine recht schnell.

Eine richtungsweisende Weiterentwicklung der Trommelwaschmaschinen gelang Ferdinand Petersen aus Hamburg. Er veränderte das Waschprinzip grundlegend. Während bei den vorhergegangenen Maschinen das Waschgut gegen die Seitenwände des Waschbehälters geworfen wurde, wie zum Beispiel den Schaukelwaschmaschinen und den Trommelmaschinen mit exzentrischer Lagerung, so wird hier das Waschgut in Richtung der drehenden Trommel bewegt, weil die Trommel symmetrisch gelagert war und aus in geringem Abstand zueinander befindlichen Holzstäben bestand. Das machte es allerdings notwendig, dass die Trommel in einem Behälter untergebracht werden musste, um die Waschlauge aufzunehmen. Damit war auch die noch heute übliche Form der Zweitrommelmaschinen geboren. Jetzt gab es eine Innentrommel und eine Außentrommel, doch letztere zunächst nur in Form eines Waschtrogs.

Das oberhalb der Trommel befindliche Quetschwerk diente zur Entwässerung der gewaschenen Wäsche und zum Mangeln der getrockneten Wäsche. Allerdings darf man die Mangelqualität nicht mit der heutigen vergleichen (siehe dazu auch den Abschnitt über das Glätten der Textilien).

Trotz allem Fortschritt in der Maschinentechnik hatte die Maschine ein gewisses Problem mit der Waschmechanik. Durch die Stäbe der Waschtrommel wurde die Wäsche nämlich nicht genügend hochgehoben, um eine ausreichende Waschwirkung zu erzielen, zumal die Trommel im Durchmesser ziemlich klein war. Petersen versuchte dies dadurch zu verbessern, dass er den Deckel, der die Trommel verschloss, sehr groß machte und darauf mehrere Bürsten montierte. Während der Drehung der Trommel schrubbten diese Bürsten dann die Wäsche. Offensichtlich war die Wirkung recht ordentlich, denn es wurde empfohlen, beim Waschen feiner Wäsche den Deckel mit dem Bürsten nach außen zu verwenden, damit keine Schädigung der Wäsche eintreten kann.

*Abbildung 161:* Gegen Ende des 18. Jahrhunderts setzten sich die Trommelwaschmaschinen allmählich durch, wie an dem Beispiel der Maschine der Firma Oscar Schimmel & Co aus dem Jahre 1906 zu sehen ist. Die exzentrische Lagerung der Trommel sollte das Durchrütteln der Wäsche unterstützen.

*Abbildung 162:* Die patentierte Waschmaschine von Ferdinand Petersen aus Hamburg war die Mutter der heutigen Waschmaschinen. Der Vater war der französische Abbé de Maillerai im Jahre 1821.

Zum ersten Male wurde die Wäsche in einer Maschine mit Innentrommel und Außentrommel, hier war es ein Waschtrog, gewaschen. Der zwischen Innentrommel und Waschtrog erfolgende Austausch der Waschflotte war ebenfalls neu. Bisher gab es nur Waschsysteme mit einer einzigen Trommel oder einem einzigen Waschgefäß.

Die Waschmaschine von Petersen war eigentlich für den Hausgebrauch vorgesehen, denn die „weiteren Beigaben, wie Wring- und Mangelvorrichtungen machen die complete Maschine zu einem Universalmöbel für kleinere Haushaltungen, denn indem sie fast alles zur Wäsche Nöthige mit einander verbindet, ist sie compendiös gebaut und nimmt möglichst wenig Raum ein."

Petersen dachte jedoch auch an die Verwendung seiner Maschine im gewerblichen oder institutionellen Bereich. Überall dort, wo ein Dampfanschluss verfügbar war, hätte man die Maschine auch anschließen und die Waschflotte im Waschtrog heizen können. Damit war der Übergang der Waschmaschinentechnik vom Haushalt zum Gewerbe eingeleitet worden.

## 5.5 Handbetriebene Waschmaschinen **mit** Heizung

Im Gegensatz zu den handbetriebene Waschmaschinen ohne Heizung, die meistens aus Holz hergestellt waren, bestehen die Maschinen mit Heizung ausnahmslos aus Metall. Der Antrieb mittels einer Kurbel ist jedoch gleich geblieben, doch ist nach 1920 oftmals auch ein alternativer Antrieb durch einen Wasser- oder Elektromotor vorgesehen worden.

### Koch's Dampfwaschmaschine

Dieses Gerät ist eine Übergangserscheinung von den nicht beheizbaren Geräten zu den beheizbaren, weil es eine externe Wärmequelle braucht. Man muß das Gerät auf einen Herd oder Ofen stellen.

Über die Waschwirkung dieser kleinen Waschmaschine ist in der Literatur nichts zu finden. Man kann annehmen, dass das Gerät für die „kleine Wäsche" durchaus geeignet war. Allerdings ist es schwer vorstellbar, wie in einen solch kleinen Topf ein Bettlaken passen sollte.

*Abbildung 163:* Koch's Dampfwaschmaschine um 1880. Im Innern des Kessels befindet sich eine drehbare Gittertrommel aus nicht rostendem Material.

### John's Volldampf-Waschmaschine

In den Polytechnischen Mitteilungen des Jahres 1880 erschien eine Notiz über eine interessante Erfindung für die Hausfrau. Es war die Volldampf-Waschmaschine.

*Abbildung 166:* John's Volldampfwaschmaschine um 1880. Eine kleine handbetriebene Trommel steht auf einem eigens dafür konstruierten Ofen. Um die Wärmeverluste zu vermeiden, hat die Maschine einen dicht schließenden Deckel. Die Waschzeit wird in der Gebrauchsanweisung mit 10 bis 15 Minuten angegeben.

*Abbildungen 164, oben:* Der Prospekt zu John's Volldampfwaschmaschine zeigt in vielen Bildern den richtigen Umgang mit dem Waschgerät. Er wendet sich an die Mütter mit Kindern, also an Familien, in denen größere Wäschemengen anfallen. Der Heizofen für die Waschmaschine konnte auch zum Erhitzen der Bügeleisen genutzt werden.

Es gab in jener Zeit eine ganze Reihe von neuen, beheizbaren Waschgeräten, auf die in der Literatur hingewiesen wird, eine Bebilderung aber fehlt.

### Gebrauchsmustergeschütze Waschmaschine

Um 1900 ist auf eine kohlebefeuerte Trommelwaschmaschine ein Gebrauchsmuster erteilt worden.

*Abbildung 165:* Der Sparofen.

*Abbildung 167:* Waschmaschine mit D.R.G.M. um 1870. Obwohl die Waschmaschine für den einfachen Haushalt gedacht war, stellte man sie in der Werbung zusammen mit einem Pagen dar, um zu symbolisieren, dass die Hausfrau von der harten Arbeit des Waschens entlastet wird.

Wie die Maschine im Einzelnen aufgebaut war, ist den zeitgenössischen Informationen nicht zu entnehmen. Das Bild ist hier auch nur deswegen eingefügt, weil es in eindrucksvoller Art zeigt, welchen hohen Stellenwert das häusliche Waschen vor gut 130 Jahren hatte.

### Langtrommel-Waschmaschine

Ab 1910 hatten die Hersteller von Waschmaschinen bereits eine einigermaßen klare Vorstellung von den grundsätzlichen Vorgängen beim Waschen. Entsprechend sind dann auch die Maschinen ausgefallen. Die nachstehend abgebildete Maschine entspricht im Grunde bereits diesen Maßstäben.

*Abbildung 168:* Langtrommel-Waschmaschine mit Unterfeuerung um 1910. Diese Ganzmetall-Waschmaschine für einen großen Haushalt oder eine institutionelle Wäscherei sieht für damalige Verhältnisse bereits recht professionell aus. Das große Rad spart Kraft beim Drehen der Trommel, die Trommel selbst scheint perforiert zu sein und die Unterfeuerung besitzt einen voluminösen Feuerungsraum.

Noch vor dem Ersten Weltkrieg war die grundsätzliche Entwicklung der Trommelwaschmaschinen abgeschlossen. Die flächendeckende Einführung als Haushaltswaschmaschine kam jedoch erst dann, als die bisherige Langtrommel mit zwei Lagerungsstellen in eine Hochtrommel mit nur einem Lagerungspunkt erfunden war. Dann erst „passte" die Trommel in ein so kleines Gehäuse, das auch in der Küche aufgestellt werden konnte. Doch der Weg dahin war steinig.

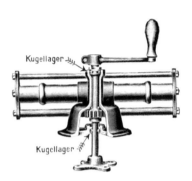

*Abbildung 169:* Wassermotor als Antrieb für Waschmaschinen. Wichtig waren eine lange Welle und gute Kugellager. Das Bild zeigt, wie man sich um 1910 einen optimalen Wassermotor vorstellte.

## 5.6 Motorisch betriebene Waschmaschinen

### Der Beginn der motorischen Antriebe

Den Anfang machte der Dampfmotor, allgemein als Dampfmaschine bezeichnet. Diese Geräte waren für industrielle Anwendungen vorgesehen und entsprechend groß ausgelegt. Um 1910 gab es jedoch auch schon kleine Ausführungen, die dann tatsächlich den Namen „Dampfmotoren" bekamen. In der gewerblichen Wäscherei sind sie als Einzelantrieb für Zentrifugen verwendet worden. Im einfachen Haushalt wie in größeren herrschaftlichen Waschküchen waren die Dampfmotoren so gut wie nie anzutreffen.

Anders war es mit den Wassermotoren. Ihre Entwicklung begann parallel zur Einführung der zentralen Wasserversorgung in den Städten. Aber erst gegen Ende des 19. Jahrhunderts gab es einige Hersteller für diese Geräte. Zu Beginn des 20. Jahrhunderts gehörte der Wassermotor zu einer Standardausrüstung der Bottichwaschmaschinen, wenn man denn Wasser aus der Leitung zur Verfügung hatte.

Das Prinzip des Wassermotors bestand darin, dass sich durch den Druck des Leitungswassers eine langsame Drehbewegung eines Rades erzielen lässt. Die erzeugte Kraft reichte gerade aus, um die Rührflügel einer Waschmaschine zu drehen. Der große Vorteil der Wassermotoren lag in ihrer Wirtschaftlichkeit. Sie benötigten nur den Druck einer Wasserleitung, das Wasser selbst konnte man anschließend zum Waschen verwenden.

Trotz der wirtschaftlichen Vorteile des Wassermotors konnte er sich nicht durchsetzen, weil seine Leistung viel zu klein war, um größere Waschmaschinen anzutreiben. Außerdem mussten sie immer wieder von Hand unterstützt werden, wenn der Drehwiderstand im Bottich zu groß wurde. Mehr als eine freundliche Hilfe war der Wassermotor nicht. Die Lösung war der Elektromotor.

Die serienmäßige Ausstattung der Waschgeräte mit Elektromotoren ging nur ganz zögerlich vonstatten, weil die Stromanschlüsse noch nicht flächendeckend vorhanden waren, aber auch wegen der technischen Grenzen der Elektromotoren selbst.

Bei Gleichstrommotoren, die an die Lichtleitung angeschlossen werden konnten, musste man zunächst mit einer Kurbel oder einem Schwungrad den Motor anwerfen, bevor er auf Touren kam. Dazu brauchte man eine Kupplung, die die Kraftübertragung zeitlich steuerte.

Die Drehstrommotoren liefen ohne mechanische Hilfe an, benötigten jedoch einen Kraftstromanschluss, der in den Haushalten nur in den seltensten Fällen vorhanden war.

Erst ab Mitte der 20er Jahre lieferte die Firma Siemens sogenannte Universalmotoren aus, die sowohl mit Wechselstrom
wie auch mit Gleichstrom betrieben werden konnten.

Eine weitere Schwierigkeit bestand in der wasserdichten Kapselung der Elektromotoren, um Wasser und Feuchtigkeit wegen
der Gefahr eines Kurzschlusses abzuhalten. Bevor sich die serienmäßige Kapselung der Motoren durchsetzte, wurden die Motoren an die Wand oder auf einem Sockel montiert und die Kraft
mittels Transmissionen auf die Maschinen übertragen.

*Abbildung 170:* Elektromotor und Antrieb für Waschmaschine. In einer größeren Gemein-
schaftswaschanlage einer Mietskaserne war die elektromotorische Zeit des Waschens bereits um 1910 angebrochen. Der Elektromotor war an die Wand montiert, um ihn vor Wasser
zu schützen. Der Antrieb der Waschmaschine geschah über ein Vorgelege, das auch die Ände-
rung der Drehrichtung (Reversierung) ermöglichte. Für Haushaltswaschmaschinen war diese
Technik zu aufwändig, es sei denn die Maschinen wurden in Großhaushalten mit angeschlos-
senem Geschäftsbetrieb installiert.

Durch die Umstellung der Kraftübertragung vom Hand- auf den
Maschinenbetrieb entstand ein zunächst nebensächlich erschei-
nendes Problem, das der Reversierung. Im Handbetrieb schob
man ganz einfach den Hebel hin bzw. her oder drehte die Handkurbel vor- bzw. rückwärts. Der Elektromotor konnte das nicht,
denn er lief in seinen Anfangsjahren nur in eine Richtung.

Bis in die 30er Jahre blieb die Reversierung der Waschtrommel ein ungelöstes Problem. Die Maschine sollte nach jeweils vier bis fünf Umdrehungen die Richtung wechseln, damit sich die Wäsche nicht verknäulte. Das Hauptproblem war das Abbremsen bzw. Beschleunigen beim Umsteuern, weil dabei der Motor stark belastet wurde. Die einfachste Art der Umschaltung durch Umpolen des Motors war nicht machbar, da dies kein Motor lange aushielt. Stattdessen musste man mechanische Getriebe an die Maschine anbauen. Doch 1932 gelang der Firma Siemens eine Umsteuerung mit dem elektrischen Antrieb, den sie erstmals an ihre Trommelwaschmaschine „Kraftwascher" anbaute.

*Abbildung 171:* Modell „Kraftwascher" der Firma Siemens mit motorischer Umsteuerung aus dem Jahre 1932. Es war die erste Serienmaschine, bei der die Trommel in zwei Richtungen drehen konnte. Auch die Beheizung war elektrisch. Das Spülwasser wurde durch die hohle Trommelachse eingespritzt. Allerdings konnte man noch nicht schleudern.

Mit der Erfindung der Umsteuerung der Waschmaschinen war der Weg für die weitere Verbreitung des Elektromotors in der Waschtechnik bereitet. Siemens hat diese Erfindung zum Anlass genommen, die Haushaltstechnik insgesamt auf einen höheren Stand zu bringen. Dazu sind dann auch die Familien der Mitarbeiter in die praktische Erprobung der neuen Geräte einbezogen worden. Der Besitz eines Siemens-Gerätes sollte fortschrittliches Denken und Handeln symbolisieren.

## Allgemeines Umfeld für den Elektromotor

Als zu Beginn des 20. Jahrhunderts die Elektrifizierung der Haushalte begann, passten sich die Hersteller von Waschmaschinen an die neue Situation sofort an. Diese Entwicklung kam jedoch nicht plötzlich, sondern bahnte sich bereits gegen Ende des 19. Jahrhunderts an.

Die zentrale Wasserversorgung sollte ein Ersatz für die zunehmend verschmutzten städtischen Gewässer sein. Das Gas sollte Licht in die Straßen und Häuser bringen. Dann kam die Elektrizität und sagte dem Gas den Kampf an. Sauberer und ungefährlicher waren ihre Hauptargumente.

Bereits um 1880 waren Gaskochgeräte und Gasbügeleisen so weit entwickelt, dass die Gasversorgungsunternehmen an eine breite Einführung denken konnten. Etwa um dieselbe Zeit begann die elektrotechnische Industrie den Strom nicht nur für Beleuchtungszwecke, sondern auch für den Betrieb von Haushaltsgeräten zu erproben. Kurz vor 1900 kamen die ersten Elektrobügeleisen und -kochapparate auf den Markt. Es waren damals teure Luxusgeräte, da kaum Stromleitungen in die Wohnungen verlegt waren. Selbst in Berlin waren 1910 nur 3,5 % aller Wohnungen elektrifiziert. Erst mit der Rationalisierungseuphorie um 1920 wurde die Elektrifizierung der Wohnungen verstärkt in Angriff genommen und ein größeres Angebot an Elektro-Haushaltsgeräten erschien auf dem Markt. Allein in Berlin stieg die Zahl der stromversorgten Haushalte zwischen 1925 und 1930 von 27 auf 54 % an.

Um 1943 benutzten etwa 11 Millionen der insgesamt 20 Millionen Haushalte täglich ihre Gaskochgeräte. Damit war dann auch die höchste Abgabe von Haushaltsgas erreicht. 1947 sind in den Westzonen (spätere Bundesrepublik) nur noch 4,3 Millionen Gaskochgeräte gezählt worden, doch 1951 hatten 43 % der Haushalte wieder einen Gasanschluss. Aber trotz komfortabler Gastechnik konnten sich gasbeheizte Waschmaschinen nicht durchsetzen.

Interessanterweise war es jedoch nicht die Elektrowärme, die den elektrischen Geräten zum Durchbruch verhalf, sondern der vielseitig verwendbare Elektromotor. Das Gas konnte sich bis in die Zeit nach dem Zweiten Weltkrieg als Heizquelle gegenüber dem Strom noch behaupten, verschwand dann aber fast vollständig aus den Haushalten, um dann in den 90er Jahren als Erdgas, vielfach auch als Fernwärme bezeichnet, wieder zurückzukommen.

*Abbildungen 172:* Gaskochgeräte (oben) kamen bereits um 1900 in die Wohnungen, während die elektrischen Herde und Backöfen (unten) erst ab den 20er Jahren eine größere Verbreitung fanden.

Der eigentliche Siegeszug der elektrischen Haushaltsgeräte, und damit auch der Waschmaschine, begann in der Zeit zwischen 1951 und 1955, was zu einer drastischen Erhöhung des

Stromverbrauchs führte. In den Jahren zwischen 1960 und 1965 nahm der Stromverbrauch jährlich um etwa 13 % zu, flachte nach der Energiekrise 1973 etwas ab und nimmt nun seit 1995 um 1 % pro Jahr zu.

### Jahrhundertwende bis zum Zweiten Weltkrieg 1939

Als die Maschinenbauer um die Jahrhundertwende daran gingen, die Waschmaschinen zu elektrifizieren, hatten sie zunächst nur den Antrieb im Visier. Sie wollten die Handbedienung auf Motorkraft umstellen. Die Heizung der Waschflotte stand erst in der zweiten Reihe. Und das Waschprinzip übernahmen sie aus den Erfahrungen der vorhergegangenen 50 Jahre, das in den Schaukelmaschinen, den Flügelradmaschinen und den Trommelmaschinen realisiert war. Dies alles waren Maschinen für die Waschküche. Daneben gab es jedoch schon Bestrebungen, kleine Maschinen für die Wohnungen zu bauen. Es waren zunächst nur zaghafte Ansätze und von wenig Erfolg gekrönt, jedoch hatten die Initiatoren solcher Entwicklungen erkannt, dass sich die gesellschaftlichen Verhältnisse in Deutschland wandeln werden, ähnlich dem damals großen Vorbild USA.

In den rund 40 Jahren Entwicklungszeit von 1900 bis 1939 haben sich die Grundformen für die heutigen Waschmaschinen heraus kristallisiert. Allerdings hatten die Hausfrauen jener Zeit noch keine rechte Vorstellung von der idealen Waschmaschine. Für sie änderte sich durch den Besitz einer Waschmaschine nicht viel. Es waren lediglich Hilfsgeräte und nur ein teilweiser Ersatz für die mühselige Handarbeit, also lediglich eine Erleichterung, die jedoch auch schon etwas wert war.

Angefangen hat die motorische Entwicklung mit den Bottichmaschinen aus Holz und einem Wassermotor. Nach der Art der Wäschebewegung sind sie auch Rührflügelmaschinen genannt worden, wie bereits im Kapitel 5.4 beschrieben worden ist.

Die Bottichmaschinen mit Rührflügel wurden in vielen deutschen Haushalten neben dem Waschkessel in die Waschküche gestellt, für die Wohnküche waren sie viel zu groß. In diesen Maschinen wurde die Wäsche abends eingeweicht, dann morgens heraus genommen und geschleudert. Das Einweichwasser ist abgelassen und durch heißes Wasser aus dem Waschkessel ersetzt worden, das man mit einem Eimer eingefüllt hat. Dann kamen Seife oder Waschpulver in die Maschine und anschließend die ausgeschleuderte Wäsche. Das Spülen erfolgte ebenfalls in der Maschine, sofern Leitungswasser verfügbar war.

Zur Grundausstattung der Bottichwaschmaschine gehörte eine Zeitschaltuhr für die Rührflügel.

**Der Waschtag könnte verschwinden:**

Als sich die Bottichwaschmaschinen in den Waschküchen gut eingeführt hatten, war das Waschen wesentlich erleichtert worden. Man hätte also den Waschtag als solchen abschaffen und mehrmals pro Woche waschen können. Doch dies scheiterte zunächst am Beharrungsvermögen der Hausfrauen. Repräsentativ für viele findet sich in der Literatur folgende Aussage:

„Im Prinzip hat man auch mit der Waschmaschine montags gewaschen. Alle Frauen haben montags gewaschen, es sei denn man hatte ausnahmsweise keine Zeit gehabt oder es hat am Montag geregnet."

*Abbildung 173:* Motorbetriebene Rührflügelmaschine der Firma Miele aus dem Jahre 1932. Dieses Waschgerät war bei den deutschen Hausfrauen äußerst beliebt, weil es preiswert, robust und sehr effektiv war. Das erste Modell kam 1911 auf den Markt.

*Abbildung 174:* In einer Anzeigenserie versuchte Miele, die Männer auf die harte Arbeit des Waschtages aufmerksam zu machen: „Wenn Vater waschen müsste, kaufte er heute noch eine Miele".

*Abbildung 175:* Miele brachte 1930 eine Ganzmetallmaschine heraus, in die einige Jahre später eine elektrische Heizung eingebaut wurde. Damit konnte man dann „im Wasser Feuer" machen.

Die elektrische Beheizung machte in den Anfangsjahren der elektrisch betriebenen Waschmaschine einige Probleme, denn es war schwierig, wenig störanfällige Heizstäbe herzustellen. Erst als Ende der 30er Jahre der Tauchsieder erfunden worden war, konnte man dieses Prinzip auf die Waschmaschine übertragen. Aber erst nach dem Zweiten Weltkrieg gelang es, wirklich brauchbare elektrische Heizstäbe für die Waschmaschinen herzustellen. Damit war dann auch eines der Hindernisse auf dem Weg zur „etagenfähigen" Waschmaschine beseitigt.

Interessanterweise gelang es der Waschmaschinenindustrie relativ schnell, etagenfähige Maschinen herzustellen, das Problem war jedoch das Entwässern!

Eine weitere Ganzmetallmaschine brachte die Firma Maytag um 1925 auf den Markt. Das Waschprinzip beruhte auf der Flottenbewegung durch eine intensive Strömung, die mittels eines Wellenrades am Boden des Bottichs erzeugt wurde. Der Elektromotor trieb nicht nur das Wellenrad sondern auch den Wringer an.

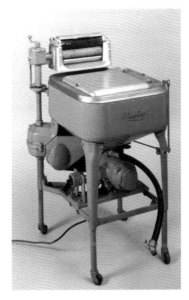

*Abbildung 176:* Wellenradmaschine mit Wringer (1925). Die Maschine war nur für kleine Wäscheposten geeignet und zur Verwendung in der Wohnung vorgesehen. In Wirklichkeit stand sie in der Waschküche, denn die Wäsche musste vor der Maschinenbehandlung im Waschkessel gekocht werden, wenn sie ausreichend sauber werden sollte.

Auf der Leipziger Messe 1928 war eine amerikanische Waschmaschine ausgestellt, die nach dem Saugglockenprinzip arbeitete. Sie nannte sich „Easy-Waschmaschine", wohl auch deswegen, weil eine separate Schleuder eingebaut war.

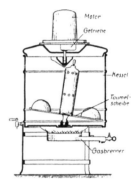

*Abbildung 178:* Eine dem Wellenradprinzip ähnliche Maschine hat 1930 die Firma Tempo-Waschmaschinen GmbH, Berlin; entwickelt. Eine an einem aufrecht stehenden Zylinder befestigte Scheibe mit vier Halbkugeln wurde im Kreis gedreht und „taumelte" im Waschbottich auf und nieder. Die Maschine war mit Elektromotor und Gasbeheizung ausgestattet. Der Preis betrug 265 RM.

*Abbildung 177:* Easy-Waschmaschine (1928). Bei der Abwärtsbewegung der Saugglocken wurde die Wäsche zusammen gedrückt und blieb beim Hochheben zunächst an den Glocken hängen und fiel erst dann in die Waschflotte zurück, wenn das Gewicht der hochgehobenen Wäsche gleich war mit der durch das Hochheben geschaffenen Hubkraft.

Im gleichen Jahr 1928 stellte die Firma Siemens ihren „Protos-Turbowascher" als gänzlich neue Konstruktion in der Waschtechnik vor. Im Unterschied zur üblicherweise im Laugenbehälter liegenden Zylindertrommel bestand dieses Gerät aus einem hochstehenden Kessel mit ebenfalls hochstehender Innentrommel. Die Antriebswelle ging vom Motor aus durch den Kesselboden.

So logisch sich die Konstruktion des Turbowaschers auch ansah, so war ihr doch kein Markterfolg beschieden. Das Gerät war zu teuer, konnte nicht beheizt werden und brachte Reklamationen wegen Fußbodenbeschädigungen beim Schleudern. Damit war die einzige deutsche Waschschleudermaschine vor dem Zweiten Weltkrieg wieder vom Markt verschwunden.

*Abbildung 179:* Der Turbowascher von 1928 sah zwar wie eine überdimensionierte Konservenbüchse aus, konnte aber waschen und schleudern. In der Schräglage sorgte eine Fliehkraftkupplung dafür, dass sich die Trommel nur mit geringer Drehzahl bewegte, eben gerade so viel, wie man für das Waschen benötigte, ca. 25 U/min. Wenn man den Kessel aufrichtete, erhöhte sich die Drehzahl und erreichte eine Drehgeschwindigkeit von ca. 500 U/min.

Bereits um die Jahrhundertwende hatten die Krauß-Werke in Schwarzenberg im Erzgebirge das Prinzip der „tanzenden Trommel" entwickelt. Die Trommel war allseits beweglich und taumelte hoch und nieder. Anfänglich wurde das Gerät mit Handkurbel und Kohleheizung angeboten, 1931 gab es dann auch einen elektromotorischen Antrieb.

*Abbildung 180:* „Turna-Krauß" hieß die Waschmaschine mit der tanzenden Trommel aus Schwarzenberg im Erzgebirge.

Die Waschmaschine wurde von der Praktisch-wissenschaftlichen Versuchsstelle mit dem „Sonnenzeichen" ausgezeichnet.

*Abbildung 181:* Scando-Wäscher von Electrolux um 1927. Die kupferne Kugel dreht sich nur in eine Richtung

Die Schaukelwaschmaschinen müssen seit ihrer Entstehung um 1850 ein äußerst beliebtes Gerät gewesen sein. Nicht anders ist zu erklären, dass fast 80 Jahre später eine auf dem Schaukelprinzip arbeitende Waschmaschine mit einem Elektromotor versehen worden ist.

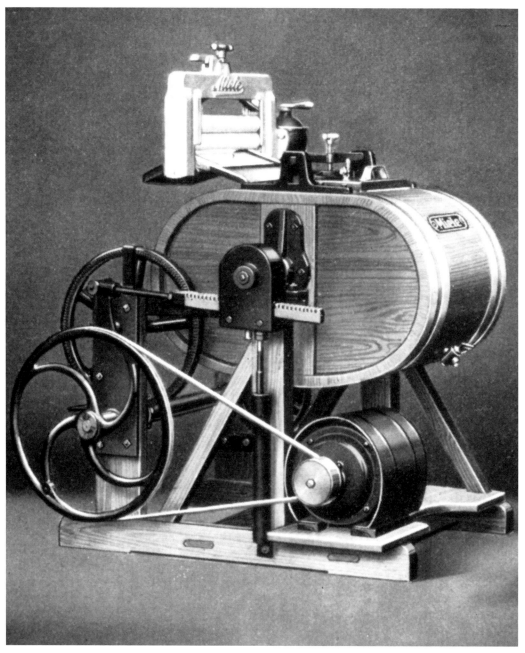

*Abbildung 182:* Die Schaukelwaschmaschine von Miele mit Wringer war um 1930 noch ein aktuelles Produkt. Aus der einfachen schlesischen Schaukel ist ein voll mechanisiertes Gerät geworden.

Im Jahre 1935 zeigte Electrolux den „Kugelwascher". Es war ein recht praktisches Gerät, wenngleich die Waschwirkung doch recht bescheiden war. Eine elegante Form war nicht genug, um die deutschen Hausfrauen zum Kauf zu bewegen und so wurde er bald wieder vom Markt genommen.

Den Abschluss der technischen Entwicklungen in der Zeit zwischen 1900 und 1939 bildete 1932 der „Kraftwascher" von Siemens. Es war eine Langtrommelmaschine mit Reversierung des Elektromotors und elektrischer Heizung.

*Abbildung 183:* Electrolux-Kugelwascher. Die Achse war schräg liegend und der niedriger liegende Teil ist als Auslass, der höhere als Einlass für Lauge oder Wasser ausgebildet gewesen. Wenn man zum Beispiel nach dem Waschen die Lauge ablaufen ließ, so saugte sie gleichzeitig am oberen Einlass das Spülwasser in die Kugel.

*Abbildung 184:* Zusammen mit der Protos-Wäscheschleuder bildete der Kraftwascher von Siemens das neue Modell des maschinellen häuslichen Waschens für die 50er Jahre.

In einer rückschauenden Übersicht über die rund 40 Jahre Waschtechnik im Haushalt ist zu erkennen, dass man wohl wusste, dass die Trommelwaschmaschine die Lösung der Zukunft sein wird, aber aus Kostengründen immer wieder versucht wurde, billigere Lösungen zu finden.

### Von 1940 bis 1950

In den Jahren zwischen 1940 und 1950 war an eine fortschrittliche Waschtechnik im Haushalt überhaupt nicht zu denken. Es wurden die bereits vorhandenen Geräte weiter benutzt, mussten aber oftmals still gelegt werden, da keine Ersatzteile für die Maschinen vorhanden waren oder kein Strom für die Motoren bzw. keine Kohle für die Heizung verfügbar war. Es herrschte

*Abbildung 185:* In den Kriegs- und Nachkriegsjahren war das Überleben wichtiger als jeder Komfort. Gewaschen wurde im gleichen Raum, in dem gewohnt wurde. Oftmals hatten die Familien nur einen einzigen Raum, in dem auch die Wäsche zum Trocknen aufgehängt werden musste. Wegen Stromsperre, meistens tagsüber, bügelten die Hausfrauen die Wäsche in der Nacht, während der Rest der Familie im gleichen Zimmer schlief.

Mangel an allen Ecken und Enden, eine Normalität gab es nicht mehr. Haushaltstechnik war zum Fremdwort geworden.

Wer diese extreme Situation erlebt hat, konnte sich nicht vorstellen, dass ab 1950 alles ganz anders werden würde. Aber es wurde anders! Das private, gesellschaftliche und wirtschaftliche Leben begann sich zu normalisieren und die Zeit des Wirtschaftwunders bahnte sich an. Damit kam auch wieder Leben in die Entwicklung der Hausgeräte, wobei der Kochherd, der Kühlschrank und der Staubsauger mit an vorderster Stelle standen. Die Waschmaschine kam erst später, zunächst war die Wäscheschleuder wichtiger. Viel später folgte dann die Geschirrspülmaschine.

### Die Waschmaschinen von 1950 bis heute.

Nach der Währungsreform 1948 ging es in den deutschen Waschküchen so weiter wie während des Krieges, nur dass Heizmaterial und Waschmittel wieder zur Verfügung standen. Geld zur Anschaffung neuer Waschmaschinen war in den Haushalten nicht vorhanden. Aber auch kommunale Einrichtungen konnten sich noch keine teuren Investitionen leisten. Erst Schritt für Schritt ging es aufwärts.

In den Haushalten wurde zunächst der alte Waschkessel ausgetauscht, ein neuer Wäschestampfer oder Wäschestößel gekauft und die mit Rostflecken versehenen Wannen und Zuber ausgemustert. An eine neue Waschmaschine war noch nicht zu denken, aber an eine kleine Wäscheschleuder, um das mühsame Auswringen der Wäsche zu vermeiden, und durch die geringere Restfeuchte der geschleuderten Wäsche auch die Trocknungszeit auf der Wäscheleine zu verkürzen. Ansonsten blieb die Waschküche wie sie bisher war. Diese Situation änderte sich ab 1955. Die Waschmaschine wurde zum Haushaltsgerät in des Wortes wahrster Bedeutung. Sie wanderte nämlich von der Waschküche in die Wohnung, wo der Kochherd und der Staubsauger immer schon waren.

Die Waschmaschinenindustrie musste ihre bisherige Strategie vollkommen umstellen. Es waren keine runden Bottiche mit Rührwerken mehr gefragt sondern handliche, formschöne Geräte, die neben den Kühlschrank oder den Herd passten. Vorbilder dazu gab es aus den USA zur Genüge, wo bereits in den 30er Jahren die Haushaltswaschmaschine eine große Verbreitung gefunden hatte, vorwiegend als sogenannte Bottichmaschinen in quadratischer oder rechteckiger Form

1951 baute AEG als erste deutsche Firma eine Bottichwaschmaschine nach dem Prinzip der amerikanischen Wellenradmaschine. Das Gerät gab es mit und ohne elektrische Beheizung. Der Wäschebeweger bestand aus einer am Boden des Bottichs befindlichen Scheibe mit etwa 1 cm hohen radial verlaufenden Rippen. Die Scheibe wurde durch einen Wechselstrommotor mit 400 bis 700 Umdrehungen mit einem Anschlusswert von max. 500 Watt angetrieben und drehte sich nur in einer Richtung. Durch die Drehbewegung entstand innerhalb des Bottichs eine intensive Strömung, die die Wäsche durchflutete, aber auch stark verdrehte. Deshalb durfte das Wellenrad nur drei bis vier Minuten eingeschaltet werden, wollte man nicht die Wäsche ruinieren.

Die praktische Nutzung dieser Wellenradmaschine sah so aus, dass die Wäsche zunächst eingeweicht werden sollte, anschließend im Waschkessel gekocht, um dann in 1,5 bis 2,0 kg schweren Portionen in heißer Seifenlauge für drei bis vier Minu-

*Abbildung 186:* Die Wellenradmaschine der AEG von 1951 mit separater Schleuder leitete die Ausstattung der deutschen Haushalte mit Waschmaschinen ein. Das Fassungsvermögen der Maschine war noch so klein, dass größere Teile, wie Bettbezüge oder Gardinen, nur einzeln gewaschen werden konnten.

## Der Siegeszug der Elektrik

Als die ersten Bottichwasch-maschinen auf dem Markt waren, ahnten sowohl die Hersteller wie auch die Ver-braucher, dass diese Art von Waschmaschinen auch in eine Küche passen wür-den. Die Idee der Haushalts-waschmaschine schwebte in der Luft, wenngleich zu-nächst nur die Form in die Küche passte. Das Wasch-ergebnis entsprach noch nicht den Vorstellungen, die man von einer küchenge-rechten Maschine, die wirk-lich sauber wäscht, hatte.

In der Folge der Entwicklung der Bottichwaschmaschinen verschwanden zunächst an den bisherigen Modellen die Handkurbeln, Stangen-getriebe und Schwungrä-der. Aber auch die Kohle- und Gasfeuerungen muss-ten dem elektrischen Strom weichen. Stattdessen tra-ten die Elemente des Fort-schritts in den Vordergrund. Dies waren die Steuerungs-elemente, Schalter und Pro-grammanzeiger.

ten in der Bottichwaschmaschine bewegt zu werden. Danach wurde die Wäsche durch den Wringer gelassen und anschlie-ßend mit klarem Wasser im Bottich gespült.

Ab 1951 bauten auch andere deutsche Firmen Bottichwasch-maschinen für den Haushalt. Die Preise lagen bei etwa 400 DM ohne, bei 490 DM mit Wringer.

Wenn man geglaubt hatte, dass die Waschmaschine mit der bes-ten Waschwirkung, nämlich die Trommelmaschine, weiter ent-wickelt werde, so sah man sich getäuscht. Es waren zunächst die Bottichwaschmaschinen, die in der ersten Reihe standen. Dies hatte jedoch ausschließlich wirtschaftliche Gründe. Die Bottichwaschmaschinen waren wesentlich billiger als Trom-melwaschmaschinen. Vielleicht waren auch die USA ein ge-wisses Vorbild, wo Bottichmaschinen einen hohen Marktanteil hatten. Doch die deutschen Maschinenhersteller hatten über-sehen, dass die Waschgewohnheiten in den USA deutlich an-ders waren als in Deutschland. In den USA wurde die Wäsche in den Bottichmaschinen sauber, in Deutschland nicht! Die Ur-sache dafür lag aber nicht in den Bottichmaschinen, sondern in der durch die Waschmaschinen erfolgten „Erziehung der Tex-tilindustrie und der Verbraucher" über Jahrzehnte hinweg. Der gleiche „Erziehungseffekt" ist auch in Deutschland nach dem Kriege eingetreten und hält bis heute an.

In Deutschland hatte man die Wäsche so lange getragen, bis sie schmutzig war, wobei es jedem Einzelnen überlassen war, wann er den Zustand „schmutzig" empfand. Bei den einen wurde das Hemd eine Woche lang getragen, bei den anderen zwei Wochen oder länger. Die Waschfrau oder die Hausfrau mussten sich dann gewaltig anstrengen, um den Schmutz aus der Wäsche herauszubringen. Dann lag vielleicht die schmut-zige Wäsche noch einige Wochen bis zum Waschtag und der Schmutz wurde dadurch noch schwerer entfernbar. Die Folge davon war, dass man die Wäsche zuerst einweichen musste, dann einseifen, kochen, reiben und rubbeln, nochmals kochen und dann spülen. Die bis Anfang der 50er Jahre auf dem Markt befindlichen Waschmaschinen konnte diese Wäsche in einem Waschgang oder auch zweien nicht sauber bringen. Ja, es war überhaupt nicht daran zu denken, die Wäsche ohne intensive Handarbeit und nur mit Maschinenarbeit richtig zu säubern. An-ders in den USA.

In den amerikanische Haushalten begann schon in der 30er Jah-ren die Technisierung der Haushalte, natürlich auch mit einer Waschmaschine. Aber auch dort wurde zunächst die Wäsche nicht sauber. Doch anstelle die Wäsche mit der Hand mühsam zu schrubben, erzogen die amerikanischen Hausfrauen ihre Män-ner dazu, das Hemd öfters zu wechseln, damit es in der Waschmaschine auch sauber werde. Das galt natürlich für die Frauen selbst und die Kinder gleichermaßen. Mit der Zeit lernten die amerikanischen Verbraucher, den Verschmutzungsgrad der Wäsche an die Leistungsfähigkeit der Waschmaschine anzupassen. Dadurch musste die Wäsche zwar viel öfters gewaschen werden, aber da dies die Waschmaschine fast von selbst besorgte, war es kein Problem für die Hausfrau. Die Amerikanerinnen standen zudem der technischen Neuerung sehr aufgeschlossen gegenüber. Für sie war es kein Problem, ihr Verhalten zu ändern, um die Technik für sie brauchbar zu machen.

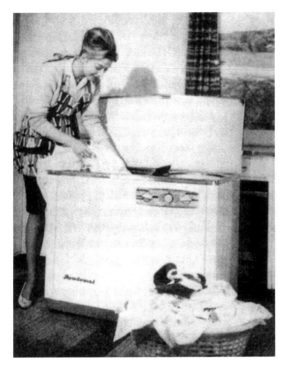

*Abbildung 187:* Waschbüffet der Rondo-Werke in Schwelm um 1960. Auf der linken Seite befand sich das Trommelabteil auf der rechten die Schleuder. Da beide Einheiten getrennt waren, benötigten die Waschbüffets drei Motoren: einen für den Wäschebeweger im Bottich, einen für die Laugenpumpe und einen für die Schleuder. Gut daran war, dass alle Motoren unabhängig voneinander geschaltet werden konnten, sodass es möglich war, gleichzeitig zu waschen und zu schleudern.

Vielfach hatten die amerikanischen Haushaltswaschmaschinen keine eigene Heizung. Die Frauen benützten das heiße Wasser aus dem Warmwasserboiler und bleichten bei Zimmertemperatur mit Chlor. In Deutschland dagegen war man gewohnt, die Wäsche zu kochen und mit Sauerstoffprodukten bei 95 °C zu bleichen.

Schließlich hatte die amerikanische Textilindustrie schon frühzeitig erkannt, dass man durch eine neuartige Veredlung der Stoffe die Knitterbildung nach dem Waschen verringern und somit das lästige Bügeln nach dem Waschen vermeiden oder auf ein Minimum reduzieren kann. Damit hatte das Waschen die zweite Horrorkomponente, nämlich das Bügeln, verloren. Man brauchte im Idealfall nur noch die schmutzige Wäsche in die Waschmaschine zu stecken und das Programm zu wählen, später die Wäsche aufhängen und wieder anziehen bzw. benutzen. Dies muss den deutschen Hausfrauen wie im Paradies vorgekommen sein.

Die amerikanische Faserindustrie tat noch ein zusätzliches, um den Hausfrauen die Arbeit zu erleichtern. Die Firma Dupont de Nemours produzierte schon seit den 40er Jahren die synthetische Faser Nylon, die man nach dem Waschen überhaupt nicht mehr bügeln musste. Die damals entstandenen Nylonstrümpfe für die elegante Damenwelt wurden zum Inbegriff für fortschrittliche Textilien.

Die neuen synthetischen Fasern produzierten aber ihrerseits wieder eine neue Waschkultur. Weil diese Fasern im Vergleich zu den Naturfasern ein geringeres Geruchsbindevermögen besitzen, „roch" die Wäsche schon nach kurzer Tragedauer nach Körperausdünstungen, also nach Schweiß. Sie war damit im eigentlichen Sinne schmutzig, somit nicht mehr tragbar, obwohl man ihr äußerlich keinen Schmutz ansah. Folglich musste sie möglichst täglich gewaschen werden. Das wiederum war kein Problem, da ja in den Haushalten eine Waschmaschine vorhanden war. Eine Bottichwaschmaschine schaffte es ohne Probleme, diese Wäsche zu säubern.

## Der normative Weg zum Vollautomaten

Auf dem deutschen Markt sind ab 1951 die neuen Waschmaschinen unter den verschiedensten Bezeichnungen angeboten worden. Jeder Grad der Innovation führte zu einem neuen technische Marketingbegriff. Um hier Klarheit zu schaffen, hat das Deutsche Institut für Normung DIN in Berlin durch die DIN 44981 festgelegt, wie der Begriff „Automatik" zu verwenden sei. Die Norm unterschied zwischen handgeschalteten, teilautomatischen und automatischen Maschinen.

Bei handgeschalteten Maschinen muss jede Funktion separat ausgelöst und beendet werden. Teilautomaten können einzelne Arbeitsvorgänge selbsttätig abschalten. Waschautomaten müssen die durchgehenden Abläufe vom Waschen bis zum Spülen ohne Umladevorgang selbsttätig steuern. Vollautomaten können darüber hinaus auch noch schleudern.

Es gab noch einen Aspekt, der die Deutschen und die Amerikaner in Sachen Wäschepflege unterschieden hatte. Die amerikanischen Hausfrauen sind wesentlich „dienstleistungsorientierter" als ihre deutschen Schwestern. Die große Wäsche, wie Bettlaken und Bettbezüge, gibt man in den USA in die gewerbliche Wäscherei, es sei denn, sie bestehen aus synthetischen Fasern, dann wäscht man sie selbst. In Deutschland wurde und wird auch diese Wäsche vorwiegend im Haushalt gewaschen. Viele der Bottichwaschmaschinen waren dabei allerdings überfordert.

Man stelle sich nun vor, eine solche amerikanische Bottichwaschmaschine wäre in einen deutschen Haushalt der 50er Jahre gestellt worden.

Die Wäsche bestand fast ausschließlich aus Baumwolle; Leinen gab es damals kaum mehr. Hemden sind mindestens eine Woche lang getragen worden, die Bettwäsche wurde höchstens alle vier Wochen gewechselt. Die Waschmittel entfalteten ihre maximale Wirkung erst bei Kochtemperatur.

Wie hätte da die Wäsche sauber werden sollen? Sie wäre es nicht geworden. Deshalb mussten die deutschen Maschinenhersteller ihre Bottichwaschmaschinen verbessern.

In Bezug auf die Beheizung der Waschmaschinen setzte sich der bereits vor dem Zweiten Weltkrieg angefangene Konkurrenzkampf zwischen Gas und Elektrizität fort. Hier konnte das

Gas mit dem Strom in preislicher Hinsicht durchaus mithalten. 1959 und 1960 brachten die Firmen CONSTRUCTA und Hohmann gasbeheizte Waschvollautomaten auf den Markt, bei denen es erstmals gelungen war, das Ein- und Ausschalten der Gasflamme zu automatisieren. Außerdem hatte man Gassteckdosen und bewegliche Gasschläuche speziell für Waschmaschinen entwickelt. Trotzdem konnten sich die gasbeheizten Geräte nicht einführen; sie verschwanden schnell wieder vom Markt, obwohl es weder gerätetechnische noch installationstechnische Gründe dafür gab.

Ein zentrales Argument für die Bevorzugung der Elektroheizung war ihre ubiquitäre Verfügbarkeit, schon allein deswegen, weil man ohnehin einen Stromanschluss für den Motor und die Pumpe der Waschmaschine brauchte. Die Gaswerke konnten in der ihnen zur Verfügung stehenden Zeit kein umfassendes Versorgungsnetz aufbauen, zumal die Gaswerke meistens nur in kommunalen Größenordnungen dachten.

In den 60er Jahren stand in den Haushaltungen jedoch auch keine unbegrenzte Menge an Strom zur Verfügung. Als Grenze galt ein Anschlusswert von 3 bis 3,3 kWh für einen 15-A-Wechselstromanschluss. Solche Anschlusswerte reichten nicht aus, um die Füllung einer Bottichwaschmaschine zu erhitzen. Die Aufheizzeiten dauerten 1 bis 2 Stunden. Deshalb wurden die Elektroheizungen oftmals nur als „Warmhalteheizungen" eingerichtet und das Wasser musste außerhalb der Maschine auf dem Herd erhitzt und dann in die Maschine geschüttet werden. Nicht ganz so mühsam war es, wenn man einen Heißwasserboiler besaß, so wie er in vielen amerikanischen Haushaltungen anzutreffen war. Unter dieser Voraussetzung kam die Trommelwaschmaschine mit ihrem geringen Wasservolumen den Möglichkeiten der Stromversorger entgegen. Folglich hat sich auch die Elektroheizung für die Waschmaschinen durchgesetzt.

Auf dem Weg von der Waschküche in die Einbauküche mussten die Waschmaschinen noch die Hürde des Entwässerns nehmen. Beim Umladen der Wäsche vom Bottich in die Schleuder, noch schlimmer beim Drehen durch einen Wringer, lief immer Wasser auf den Boden. In der Waschküche als Feuchtraum war dies nicht weiter schlimm, in einer modernen Küche passte das niemand.

Die erste Reaktion der Maschinenhersteller auf dieses Problem waren die Waschbüffets. In ihnen befand sich auf der linken Seite die Bottichwaschmaschine und direkt daneben die Schleuder. Da beide Einheiten eng beieinander und zudem mit einem Blech verbunden waren, lief von der tropfnassen Wäsche beim Umladen kaum Wasser auf den Boden. Das ausgeschleuderte Wasser konnte man mit einer Laugenpumpe direkt in den Ab-

Waschbrettmaschine

Sprudelwasser

Pumpenwaschmaschine

Rührflügelmaschine

Taumelscheiben-
maschine

Saugglocken-
maschine

*Abbildung 188:* Arten von Bottichwaschmaschinen um 1933.

**Neue Klassifizierungs-
merkmale für die Wasch-
maschinen**

Zu Beginn der 50er Jah-
re sind die Waschmaschi-
nen nach dem technischen
Prinzip der Waschmechanik
klassifiziert worden. Es gab
Rührflügelmaschinen, Wel-
lenradmaschinen, Saug-
glockenmaschinen, Pum-
penmaschinen und Trom-
melmaschinen. Mit fort-
schreitender Tendenz zur
Automatisierung verlor die
Art der Waschmechanik zu-
sehends an Bedeutung. Man
beschränkte sich auf die Un-
terscheidung zwischen den
Bottichwaschmaschinen
und den Trommelwaschma-
schinen. Der Hauptunter-
schied zwischen den bei-
den Gerätegattungen be-
stand in der geringeren mechanischen Beanspruchung
der Wäsche in den Trommelmaschinen. Aus gerätetech-
nischer Sicht lag er jedoch
im unterschiedlichen Was-
serverbrauch für den ei-
gentlichen Waschvorgang.
Trommelmaschinen benötig-
ten etwa 6 Liter Wasser pro
Kilogramm Wäsche, wäh-
rend die Bottichmaschinen
zwischen 15 und 25 Liter
verbrauchten. Diese Unterschiede waren wichtig für
die Elektrifizierung der Heizung. Es war in punkto Kosten ein gewaltiger Unter-
schied, ob man 6 Liter oder
25 Liter Wasser aufheizen
musste. Allein schon des-
wegen ist den Trommelma-
schinen der Vorzug gegeben
worden.

fluss oder zur Wiederverwendung in den Bottich pumpen.

Das nächste Ziel bestand darin, die Bottichwaschmaschinen
so zu konstruieren, dass sie auch schleudern konnten. Dies ist
von der Firma Hoover 1962 versucht worden. Eine ideale Lösung scheint es nicht gewesen zu sein, denn das Gerät konnte
sich überhaupt nicht einführen.

Je länger die Weiterentwicklung und Optimierung der Bottichmaschinen andauerten, desto klaren wurde es den Ingenieuren,
dass eigentlich nur die Trommel der geeignete Wäschebeweger
ist. Aber zunächst musste man die Maschine so bauen, dass die
Trommel auch als Schleuder verwendbar war. Bis in die Mitte
der 50er Jahre war dies nicht gelungen. Erst als August Leppler 1958 eine elastisch-nachgiebige Trommelhalterung erfunden
hatte, ging es mit der Trommelwaschmaschine weiter. Ab 1965
trat sie ihren Siegeszug an.

In den 60er Jahren waren dann die Trommelmaschinen kon-
struktiv so weit ausgereift, dass sie in Großserien kostengüns-
tig hergestellt werden konnten. Andererseits verschaffte das
Wirtschaftwunder den Deutschen genügend frei verfügbares
Geld, so dass sie sich eine etwas teurere Waschmaschine anschaffen konnten. Die Trommelmaschinen kamen gerade zur
rechten Zeit auf den Markt, passten vor allem in das von den
Deutschen gewünschte Konzept nach Kochwäsche und intensiver Waschmechanik.

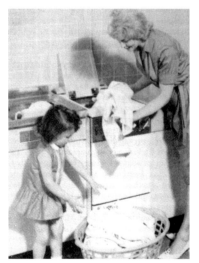

*Abbildung 189:* Wegen des
Platzmangels in den modernen Küchen brachte die Firma Philips in Hamburg ei-
nen Trommelvollautomaten
auf den Markt, der nur 40 cm
breit war, aber trotzdem vier
Kilogramm Wäsche waschen
konnte.

Ab etwa 1965 hatten in Deutschland die Trommelwaschmaschinen auf der ganzen Linie gegen die Bottichwaschmaschinen ge-
siegt. Jetzt ging es darum, dieses Waschprinzip zusammen mit
den Waschmittelherstellern zu optimieren und die Bedienung
so verbraucherfreundlich wie möglich zu machen.

*Abbildung 190:* Mit der links abgebildeten Maschine begann
das Zeitalter der Haushalts-Voll-
automaten. Temperatur und Programm konnten über Drehschal-
ter eingestellt werden. Die Lauge
wurde nach dem Vorwaschen automatisch abgepumpt und durch
frische ersetzt.

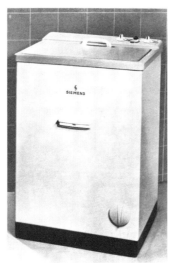

*Abbildung 191: Bosch brachte
den ersten Vollautomaten im Jahre 1957 auf den Markt, Siemens
folgte 1960. Ein Joint-Venture
zwischen Bosch und Siemens
führte 1967 zur BSH Bosch und
Siemens Hausgeräte GmbH.*

*Abbildung 192:* Der Lavamat von AEG kam 1958 auf den Markt.

*Abbildung 193:* Im Jahre 1955 stellte Bauknecht seinen ersten Waschautomaten der Öffentlichkeit vor.

Nachdem in den 60er Jahren das Grundprinzip des Waschvoll-automaten zur Serienreife entwickelt war, gingen die Herstel-ler daran, die Bedienfreundlichkeit zu verbessern und die öko-logische Seite zu optimieren.

In Bezug auf die Bedienfreundlichkeit wurde das zunächst ehr-geizige Ziel, die Maschine und das entsprechende Waschpro-gramm nur durch „einen Knopfdruck" zu realisieren, in den 60er Jahren erreicht.

Die ökologische Optimierung dauerte bis Ende der 80er Jah-re, teilweise auch noch länger, denn eine Reduzierung der Waschtemperatur, Verringerung der Wassermenge und kür-zere Programmzeiten konnten nur in enger Kooperation mit der Waschmittelindustrie erfolgen. Im Vergleich zu den 70er Jahren konnte bis zum Jahre 2000 der Wasserverbrauch der Wasch-maschinen um rund 70 %, der Stromverbrauch um etwa 50 % gesenkt werden.

Seit der Mitte der 90er Jahre wird von den Maschinenherstel-lern mit Erfolg versucht, die bis dahin übliche Handwäsche in die Maschine zu verlegen. Durch moderne Sensorik und Elektronik können die einzelnen Verfahrensparameter genau gesteuert und die Waschbedingungen auf die Empfindlichkeit des Waschguts besser angepasst werden.

## 5.7 Entwässern

Das Auswringen der Wäsche war zwar der letzte Teil der Knochenarbeit beim Waschen, aber er war auch der härteste, überhaupt wenn es um die großen Teile ging, wie Bettbezüge und Bettlaken. Am besten ging es, wenn zwei Personen zusammen an der Wäsche drehten. Die kleinen Teile konnten leicht von einer Person allein ausgewrungen werden.

Das Auswringen der Wäsche war offensichtlich schon von Anfang des Waschens an ein beachtenswerte Tätigkeit, denn in einem der ältesten Bilder über das Waschen ist eine Szene mit wringenden Wäschern enthalten.

Auf den seit etwa 1850 gedruckten Holzstichen von Waschmaschinen sind fast überall kleine Walzenwringer zu sehen. Man bekommt dabei den Eindruck, dass das Waschen und das Wringen zusammen gehören – in der Tat ist es ja auch so.

Die Konstruktion der Wringer oder Quetschen, wie man auch sagte, war an sich recht einfach, doch gab es trotzdem Unterschiede. Von Otto Radek, einem ehemaligen Direktor einer Bleichanstalt, wird berichtet, dass diejenigen Wringer, bei denen nur eine Walze angetrieben wird, die Wäsche zerreißen, während die mit Antrieb auf beiden Walzen wesentlich schonender seien.

Eine Verbesserung der Wringer mit nur einer angetriebenen Walze wurde durch das Anbringen von Spiralfedern zum Druckausgleich bei unterschiedlich dicken Teilen erreicht.

Der große Vorteil der Wäschewringer war, dass sie aufgrund ihrer Einfachheit recht billig herzustellen waren und wegen des niedrigen Preises eine große Verbreitung fanden. Doch das Bessere ist der Feind des Guten. Diese elementare Wahrheit be-

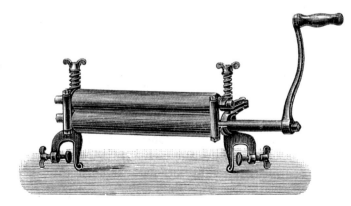

*Abbildung 194:* Diese „Wringmaschine" war um 1900 der neueste Schrei. Sie wurde als ein absolut sicheres System mit Selbstregulierung des Druckes angepriesen. Hersteller des Gerätes war die Maschinenfabrik Martin in Duisburg.

*Abbildung 195:* Der von der Maschinenfabrik L. Strakosch & J. Boners Nachf. in Wien konstruierte Wringer kam unter der Bezeichnung „Auswindemaschine" auf den Markt. Es war ein Gerät, bei dem beide Walzen gleichzeitig angetrieben wurden und war daher besonders wäscheschonend.

kamen die Wringerhersteller zu spüren, als um 1890 die ersten Schleudern auf den Markt kamen. Es waren zunächst sehr einfache Geräte mit Handbetrieb, aber wesentlich wirkungsvoller als die Wringer, vor allem wäscheschonender, was in der damaligen Zeit äußerst wichtig war.

Mit welchem Interesse die ersten Schleudern für den Hausgebrauch aufgenommen wurden, zeigt eine Beschreibung in dem 1905 erschienenen Buch „Die Kunst- und Feinwäscherei". Dort wird berichtet:

„Noch vollständiger als durch die Wringmaschine wird das Wasser durch die Zentrifugal-Trockenmaschine entfernt.

Die nasse Wäsche wird in die Trommel gelegt und diese dann in sehr rasche Umdrehung versetzt. Alle beweglichen Teile streben nach einfachen physikalischen Gesetzen sich vom Drehungsmittelpunkt zu entfernen, aber nur die flüssigen Teile kön-

*Abbildung 197, oben:* Das Ensemble mit Status-Charakter. Dreibeiniger Waschbock, Zuber und Wringer, das waren die Arbeitsgeräte der Wäscherinnen im Haus zwischen 1850 und 1900. Danach kamen das Waschbrett und die Bürste dazu.

Für die am Fluss tätigen Wäscherinnen galt das Schlagholz als Arbeitssymbol.

*Abbildung 196, rechts:* Zentrifugal-Trockenmaschine der Firma E. Cohn mit Handbetrieb um 1890. Der Begriff „Schleudern" war damals noch nicht üblich. Man sprach etwa bis Ende des Ersten Weltkrieges nur von Zentrifugieren. Erst in den zwanziger Jahren bürgerte sich in der Wäscherei das „Schleudern" ein.

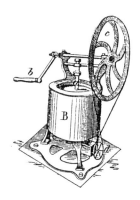

*Abbildung 198:* 1868 ist eine der ersten Zentrifugal-Trockenmaschinen gebaut worden. Das Grundprinzip ist bis heute erhalten geblieben, nur die technische Ausführungsform hat sich geändert.

nen wirklich entweichen. Sie treten durch das Trommelsieb in die äußere Trommel, aus der sie dann abfließen.

Da die innere Trommel in der Minute tausend und mehr Umdrehungen macht, ist in wenigen Minuten die Wäsche von einem großen Teil ihres Wassergehaltes (50 bis 60 %) befreit.

Will man die Wäsche gleichzeitig ausspülen, so lässt man mittels einer Brause beständig frisches Wasser auf die in der Trommel befindliche Wäsche rieseln und zentrifugiert so lange, bis das Wasser klar aus dem Abflussrohr austritt."

Interessant ist an der beschriebenen Funktion der Zentrifuge, dass auch das Spülen in das Gerät verlegt werden konnte. Wie effektiv das war, wird jedoch nicht beschrieben. An anderer Stelle wird dazu ergänzt, dass man auch einen oder zwei Spülgänge einsparen kann, wenn man nach jedem Spülen zwischenschleudert.

So vorteilhaft sich die Beschreibung der Zentrifuge auch las, so langsam setzte sie sich vor dem Zweiten Weltkrieg in den Haushalten durch. Vielmehr blieb der bewährte Wringer im Gebrauch oder man kaufte sich eine Wäschepresse. In der Werbung für diese Geräte wurden ihre große Wäscheschonung herausgestellt und der günstige Preis. Die bekanntesten Fabrikate waren „Frauenlob" und „Remlu".

Nach dem Zweiten Weltkrieg gab es Wäschepressen für den Haushalt, die mit dem Druck des Leitungswassers von 2 bis 6 bar arbeiteten.

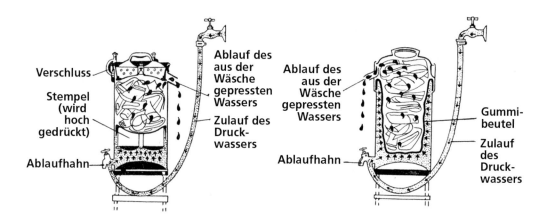

*Abbildung 199:* Die Wäschepressen mit Stempel (links) drückten von unten auf die Wäsche, diejenigen mit Gummibeutel pressten von unten und seitlich.

Die Wäschepresse war zwar effektiver in der Entwässerung als der Wringer, konnte sich jedoch gegen die elektrischen Wäschezentrifugen nicht behaupten.

*Abbildung 200:* Remlu-Wäschepresse in Arbeits- und Beladestellung. Die Wäschepressen waren über Jahrzehnte sehr beliebte Geräte in den Haushaltungen.

*Abbildung 202:* Die Firma Glemser in Stuttgart konstruierte 1932 die Wäschepresse „Original Frauenlob" und bot es im Fachhandel zum Preis von 38 Reichsmark an.

Die Zentrifuge markierte einen wichtigen Abschnitt im Leben der Wäscherinnen und der Hausfrauen. Es war daher nur logisch, dass die Zentrifugen einen elektrischen Antrieb bekamen. Bereits um 1910 kamen die ersten Wäschezentrifugen für den Haushalt auf den Markt, nur hat dies den meisten Hausfrauen nichts genützt, weil sie keinen Stromanschluss für den Elektromotor hatten.

1913 wurde ein Vergleich der Entwässerungsleistung der unterschiedlichen Systeme veröffentlicht.

| Art | Restfeuchte | Art | Restfeuchte |
|---|---|---|---|
|  | von Hand 163 % | 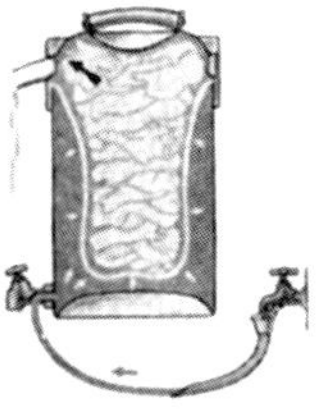 | Wasserdruckpresse 2,8 bar, 115 % |
|  | Wringer handbetrieben 122 % |  | Zentrifuge motorbetrieben 56 % |
| 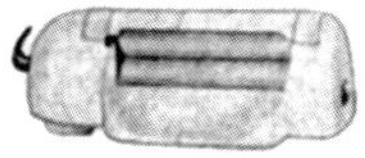 | Wringer motorbetrieben 90 % | | |

*Abbildung 201:* Die mit Elektromotor betriebenen Geräte sind allen anderen überlegen. Unter Restfeuchte ist der Anteil an Wasser, bezogen auf das Gewicht der trockenen Wäsche zu verstehen.

*Abbildung 203:* Zunächst war auch eine kleine Schleuder schon eine große Hilfe für die Hausfrau.

*Abbildung 205:* 1929 kam eine „Schnellpresse" der Firma Miele auf den Markt. Das Modell wurde bis 1939 gebaut.

Die Blütezeit der mit einem Elektromotor betriebenen Zentrifugen für den Haushalt begann in der 50er Jahren und hielt an, bis sie die schleudernden Waschautomaten überflüssig machten.

*Abbildung 204:* Die ersten Wäscheschleudern in einem funktionellen und formschönen Gehäuse sind bereits um 1930 auf dem Markt erschienen. Es war jedoch notwendig, die Schleudern auf dem Boden fest zu verankern.

*Abbildung 206:* Wäschezentrifuge aus dem Jahre 1954 im typischen Look der „Weißen Ware".

## 5.8 Das Trocknen

Soweit die Bevölkerung auf dem Lande wohnte und die herrschaftlichen Häuser von umfangreichen Ländereien umgeben waren, bereitete das Trocknen der Wäsche keine großen Probleme. Man hing die Wäsche im Freien auf, denn Platz dazu war genug vorhanden. Anders sah es bei schlechtem Wetter aus. Aber die Anwesen hatten normalerweise genügend freien Raum im Haus, um einen Platz zum Aufhängen der Wäsche zu finden.

Die Stadtbewohner hatten schon größere Probleme. Zwar gab es in den Hinterhöfen auch einen Platz für die Wäsche – der gehörte einfach dazu – aber bei schlechtem Wetter musste die Wäsche in der Wohnung getrocknet werden. Da ging es bei manchen Familien schon recht eng zu.

Als die ersten Zentrifugen im Haushalt auftauchten, lag die Restfeuchtigkeit der Wäsche nach dem Schleudern gerade noch bei 40 Prozent, fast schon im Bereich der Bügelfeuchte. Das erleichterte vieles.

Fortschrittliche Haushalte und teilweise auch Siedlungswäschereien verfügten bereits um 1920 über Trockenschränke, in denen die nasse Wäsche aufgehängt werden konnte. Die kleineren Ausführungsformen waren unter dem Begriff „Kabinentrockner" bei den Hausfrauen bekannt.

Trockenschränke bestanden aus einem Blechgehäuse, in dem Hängestangen für die Wäsche und ein Gebläse mit elektrischer Heizung installiert waren. Die Wäsche wurde in ähnlicher Form aufgehängt wie auf der Leine im Freien. Man benötigte relativ viel Platz für diese Trockenschränke, dazu einen elektrischen Anschluss, der Ende der 60er Jahre, als diese Geräte auf den Markt kamen, fast überall vorhanden war.

Die Kabinentrockner konnten an die Wand montiert werden, benötigten also keine Stellfläche, was gerade in kleinen Wohnungen von großem Vorteil war.

*Abbildung 208:* Unentbehrliche Hilfen zum Trocknen der Wäsche um 1900.

Holzklammer

Klammersack

Leinenwickler

Kasten für die Leinen

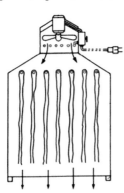

*Abbildung 207:* Kabinentrockner. Die an auf klappbaren Wäschestangen oder einer Leine aufgehängten Wäschestücke wurden durch ein Gebläse von oben mit Warmluft angeströmt. Die Kabinentrockner waren nur zum Trocknen kleiner Wäscheteile geeignet.

Trockenschränke und Kabinentrockner wurden in aller Regel mit elektrischem Strom beheizt. Die preislich günstigere Gasheizung konnte sich nicht durchsetzen.

Eine noch einfachere Form des Trocknens als in Kabinen sollten die Hängetrockner darstellen. Die Geräte glichen im Prinzip einem Händetrockner.

*Abbildung 208:* Der an der Wand befindliche Hängetrockner bläst heiße Luft auf die in einem Korb darunter befindliche Wäsche. Wichtig war, dass die Wäsche im Korb möglichst oft durchmischt wurde, damit auch die zunächst unten liegenden Teile trocken wurden.

*Abbildung 209:* Wäschetrocknen im Zimmer um 1800.

Dieses einfache Gerät blieb bis in die 70er Jahre noch in vielen Wohnungen ein alltäglicher Gegenstand.

Ende der 50er Jahre hatten die führenden Maschinenhersteller die ersten Haushaltstrockner, die nach dem Tumblerprinzip funktionierten, auf den Markt gebracht. Die Zielgruppe waren die Bewohner in industriellen Ballungszentren, weil dort wegen der Luftverschmutzung die Wäsche nicht mehr im Freien getrocknet werden konnte. Von der Firma Miele ist dann 1968 in einer Studie gezeigt worden, dass durch einen Haushaltstrockner nicht nur die Arbeit des Aufhängens und Abhänges der Wäsche entfällt, sondern auch ein wesentlicher Teil der Bügelarbeit eingespart werden kann.

Zunächst versuchten die Maschinenbauer, die Waschtrommel auch als Trocknungsgerät zu benutzen und bauten in die Waschvollautomaten ein zusätzliches Heizregister ein. Das bedeutete jedoch, dass entweder nur gewaschen oder nur getrocknet werden konnte. Nur das Trocknen allein für die 5,5 kg Wäsche eines Waschautomaten dauerte insgesamt 270 Minuten, weil die Wäsche in drei Partien getrocknet werden musste. Rechnete man das Waschen noch mit dazu, dann dauerte die Waschprozedur mehr als 5 Stunden, eine vollkommen indiskutable Zeit.

Die ersten Haushaltstrockner als Einzelgeräte sind als Frischlufttumbler konzipiert worden. Die frische Luft wurde in einem Heizregister erwärmt, über die feuchte Wäsche geführt und dann in den Aufstellungsraum entlassen. Die in der Abluft enthaltene Feuchtigkeit führte zu einer starken Erhöhung der Luftfeuchtigkeit im Raum, weshalb die ersten Haushaltstrockner nur in gut belüftbaren Räumen aufgestellt werden sollten.

Ende der 60er Jahre kamen dann Haushaltstrockner auf den Markt, die nach dem Kondensationsprinzip arbeiteten. Die heiße, feuchte Trocknerluft wurde abgekühlt, bevor sie in den Aufstellungsraum entlassen wurde. Die in der Luft enthaltene Feuchtigkeit kondensierte und ist als Kondenswasser aufgefangen worden.

Zur besseren Energienutzung sind in den 90er Jahren Wärmepumpen eingebaut worden.

Die neuste Entwicklung stellen die gasbeheizten Trockner dar. In den USA sind diese Geräte weit verbreitet, in Europa dagegen nicht. Der Grund dafür liegt wohl in der ungenügenden Verfügbarkeit von Gas in den Haushaltungen.

## 5.9 Das Glätten der Wäsche

Das universellste Gerät zum Glätten von Textilien im Haushalt war und ist das Bügeleisen. Deshalb soll es hier auch an erster Stelle stehen.

## Bügeln von Hand

### Volleisen

Darunter versteht man Eisen, bei denen der gesamte Bügelkörper aus einem geformten Metallblock besteht. Der Griff ist meistens aus weniger wärmeleitfähigen Materialien, zum Beispiel Holz, hergestellt. Sicherlich sind die Volleisen die älteste Form der Bügeleisen. Sie mussten auf dem heißen Herd oder Ofen erhitzt werden. Dazu gab es für größere Haushalte spezielle Bügelöfen oder -herde. Damit man die Bügelarbeit rationeller durchführen konnte, gab es Volleisen mit auswechselbarem Griff; so konnte durch das Wechseln des Griffes das abgekühlte Eisen abgestellt und das heiße mitgenommen werden.

*Abbildung 211:* Das unten abgebildete Eisen besteht aus einem Eisenkern mit fest angebrachtem Bügel (Volleisen). Das mittlere Eisen ist im Grunde auch ein Volleisen, jedoch ist der Bügel abnehmbar und wird auch als Satzeisen bezeichnet. Das rechte Bild zeigt ein Bolzeneisen.

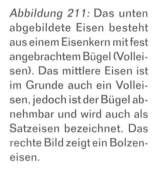

Die Volleisen mit Wechselgriff, sogenannte Satzeisen, sind noch bis weit nach dem Zweiten Weltkrieg in Gebrauch gewesen. Die Idee des Griffwechsels ließ sich die amerikanische Erfinderin Mrs. Pott 1871 patentieren. Von der Firma Enterprise in Philadelphia sind die Satzeisen in Lizenz produziert und auch nach Deutschland exportiert worden.

*Abbildung 212:* Weil mehrere Eisen zu einem Satz zusammen gehörten, nannte man die Volleisen mit abnehmbarem Bügel auch Satzeisen.

### Bolzeneisen

Die Bolzeneisen waren aus Eisen, später aus Messing, und innen hohl; in diesem Raum ist ein heißer Bolzen hineingeschoben und mit einer Klappe verschlossen worden. Der Bolzen selbst wurde genauso wie die Volleisen auf einem Herd oder Ofen erhitzt. Soweit es zu beurteilen ist, waren die Bolzeneisen nicht allzu lange im Gebrauch; nach dem Ersten Weltkrieg sind sie von den Kohlebügeleisen verdrängt worden.

## Kohlebügeleisen

Das Innere des Bügeleisens war als Brennkammer für Kohle ausgeformt. Durch Luftdurchlässe nahe der Bügeleisensohle und Öffnungen im Deckelrand konnte die bereits glühend eingefüllte Kohle weiter schwelen und die Sohle des Eisen auf Temperatur halten. Zur besseren Durchlüftung musste das Eisen ab und zu kräftig geschwenkt werden. Der große Vorteil der Kohlebügeleisen lag darin, dass man nicht auf einen heißen

*Abbildung 213:* Kohlebügeleisen gab es in formschönen Modellen vom einfachen Design bis hin zu kunsthandwerklich gestalteten Gehäusen.

Herd oder Ofen angewiesen war. Allerdings bestand beim Bügeln die Gefahr, dass Kohlenasche auf die Wäsche fiel und sie versengte und verschmutzte. Zudem entstand Kohlenmonoxid als gesundheitsschädliches Abgas. Daraufhin wurde das Glühstoffeisen entwickelt, wo anstelle der normalen Haushaltskohle eine industriell hergestellte Holzkohle verwendet worden ist, die weitgehend geruch- und rauchfrei verbrannte, und noch dazu die Wärme wesentlich länger hielt. Man konnte diese Glühstoffeisen auch vom Material her leichter herstellen, da ein Rost im Innern des Eisens nicht mehr notwendig war.

Bügeleisen mit Holzkohlenfüllung sind bis nach dem Zweiten Weltkrieg noch in vielen Haushalten in Gebrauch gewesen.

*Abbildung 214:* Glühstoffeisen zur Heizung mit Holzkohle.

*Abbildung 215:* Bügeleisen aus der japanischen Jgarashi-Kollektion mit Kohlebefeuerung und aufgesetztem, ausziehbaren Kamin für besseren Luftdurchzug und heiße Glut innerhalb des Eisens.

*Abbildung 216:* Bügeleisen zum Erhitzen mit einer Gasflamme, sogenanntes Hohleisen.

*Abbildung 217:* Petroleum-Plättofen. Wenn der Herd oder der Ofen nicht geheizt war, konnte ein kleiner Petroleumbrenner eine sinnvolle Heizquelle für das Bügeleisen sein.

### Gasbügeleisen

Bereits um 1850 sind die ersten Versuche gemacht worden, Gas als Heizquelle für Bügeleisen zu benutzen, nicht zuletzt deswegen, weil Gas als eine „saubere Energiequelle" für den Haushalt angesehen wurde. Dabei sind drei Ansätze gewählt worden.

**Satzeisen:** Das Bügeleisen ist wie der Kochtopf auf den Gasbrenner des im Hause bereits vorhandenen Gasherd gesetzt worden. Besser war es jedoch, einen besonderen Bügeleinsatz zu kaufen, damit die Flamme präziser der Form des Bügeleisens angepasst werden konnte. Es gab auch einen Bügelschuh, damit die Flamme nicht direkt mit dem Eisen in Berührung kam, sondern über das Metall des Bügelschuhs erwärmt wurde.

**Hohleisen:** Es war eine dem Bolzeneisen ähnliche Konstruktion, jedoch mit einer besonders dicken Sohle und innen mit Rippen versehen. Zur Erwärmung wurde das Eisen mit dem offenen Teil nach unten über eine Gasflamme gestülpt. Zur Luftansaugung und Ableitung der Brenngase befanden sich an der Spitze des Eisens zwei Öffnungen. Im Prinzip war das Hohleisen eine spezielle Form des Bolzeneisens zur Erhitzung mit einer Gasflamme. Der Gasverbrauch betrug ungefähr 300 Liter in der Stunde. Etwa gleich viel verbrauchte auch ein Satzeisen.

**Direkt beheizte Eisen:** Damit war es zum ersten Mal in der Geschichte des Bügeleisens möglich, kontinuierlich ohne Aufheizphasen zu arbeiten. Das erste Gerät dieser Art ist 1858 von der Firma Schäffer & Walcker produziert worden.

Im Inneren des Bügeleisens befand sich ein länglicher Brenner mit zehn bis zwölf Öffnungen, dessen Flammen direkt gegen die Sohle gerichtet waren. Die Gaszufuhr erfolgte durch einen Schlauch, der mit der Rückseite des Gerätes verbunden war und an die von der Zimmerdecke herabführende Gasleitung angeschlossen war. Anfänglich wurde unvermischtes Leuchtgas verwendet, das sich aber für das Bügeln als ungeeignet erwies, da es zwei gravierende Nachteile hatte. Zum einen waren die erzeugten Temperaturen zu niedrig, zum anderen verbrannte das Gas in dem engen Gehäuse des Bügeleisens wegen ungenügender Luftzufuhr nur unvollständig und fing an zu rußen. Deshalb begann man bereits 1870, die Gasbügeleisen dadurch zu verbessern, dass man zwei Schläuche an den Brenner führte, einen für das Gas, den anderen zur Luftzufuhr. Auf der Pariser Weltausstellung 1879 sind diese Zweischlauchsysteme vorgestellt worden. Doch schon einige Jahre später gelang es, effektivere Gasdüsen zu entwickeln, die in einem Mischrohr endeten und selbsttätig Luft ansogen und so die Flamme mit genügend Sauerstoff versorgten. Damit war dann der Weg für das Einschlaucheisen frei.

Mit einer Stellschraube konnte die Flamme reguliert werden und damit auch die Temperatur der Bügelsohle. Der Gasverbrauch der direkt beheizten Gasbügeleisen lag bei 100 bis 120 Liter Gas pro Stunde. Durch Kleinstellen der Flamme konnten die Eisen vor Überhitzung bewahrt werden.

Die Gasbügeleisen leiteten eine neue Epoche im Verhältnis zwischen Haushaltungen und Energielieferanten ein. Solange fossile Brennstoffe, wie Holz und Kohle, zum Beheizen der Bügeleisen benutzt wurden, konnte jeder Haushalt, wo immer er auch war und wie viel Geld er dafür ausgeben wollte, sich diese Brennstoffe besorgen. Mit den Gasbügeleisen waren die Haushalte nun auf ein Energieversorgungsunternehmen angewiesen, das zunächst die Infrastruktur für die Belieferung mit Gas schaffen musste. Erst wenn die Gasleitung in das Haus gelegt war, konnte mit Gas gekocht und gebügelt werden.

*Abbildung 218:* Spiritusbügeleisen der Firma J.B. Allertshammer aus Wien um 1895. In dem kugelförmigen Behälter befand sich der Spiritus (möglichst 95 %ig), Von dort floss er in den Brenner im Inneren des Bügeleisens. Der Behälter musste alle Stunde nachgefüllt werden.

### Spiritusbügeleisen

Diese Eisen bestachen durch ihre einfache Konstruktion und den sauberen Brennstoff, der in den Drogerien zu einem günstigen Preis gekauft werden konnte.

Etwa um 1850 entwickelten die US-Amerikaner das Spiritusbügeleisen, das einige Jahre später auch in Deutschland auf den Markt kam. Die Eisen hatten einen kleinen Behälter für Spiritus, der ungefähr für eine Stunde bügeln ausreichte, und einen kleinen Brenner, ähnlich einem Bunsenbrenner, im Inneren des Gehäuses. Im Unterschied zu den Kohlebügeleisen konnte die Temperatur der Sohle ziemlich konstant gehalten werden. Die Handhabung der Spirituseisen war vergleichsweise unkompliziert und die Betriebskosten waren gering. Trotzdem konnte sich das Eisen nicht durchsetzen. Wahrscheinlich wegen des gleichzeitig entwickelten Gasbügeleisens, mit dem ebenfalls eine kontinuierliche Arbeitsweise und eine einigermaßen verlässliche Temperatureinstellung möglich waren.

### Elektrobügeleisen

Schon 1890 meldete C. Zipernowsky ein Patent zur Beheizung von Bügeleisen mit Übergangswiderstand an. Die AEG übernahm das 1887 erteilte Patent des Franzosen Labre für eine Lichtbogenheizung, bis schließlich von F. W. Schindler 1891 die sich in der Folgezeit durchsetzende Widerstandsheizung patentiert worden ist.

Um 1910 gab es dann elektrische Bügeleisen; sie konnten aber zunächst nicht gegen die Gasbügeleisen bestehen, da sie nicht heiß genug wurden. Die Bügeleisenhersteller hatten es bis da-

*Abbildung 219:* Die Bügelsohle als Zigarettenanzünder überzeugte auch die letzten Gegner des elektrischen Stroms.

## Subvention für den Bügelstrom

Als ab 1910 das Elektrobügeleisen auf den Markt gekommen war, setzte es sich gegen die Gaseisen zunächst nur langsam durch, weil die Gaspreise niedriger waren als die Strompreise. Um hier ein Regulativ zu schaffen, führten die Energieversorger die Plättstromzähler ein. Das waren Zähler mit Schweranlauf, die hinter dem Hauptzähler angeschlossen wurden. Der Preis für die Kilowattstunde des Plättzählers war niedriger als für den Lichtstrom und die Differenz ist von der Rechnung abgezogen worden.

*Abbildung 220:* Im Jahre 1928 gab es bereits regulierbare Elektrobügeleisen, die eine höhere Leistung brachten als nicht regulierbare, und deshalb „Hochleistungsbügeleisen" genannt wurden.

hin nicht geschafft, eine Isolierung für die elektrischen Teile zu entwickeln, die gleichzeitig eine hohe Wärmeleitfähigkeit hatten. Der Firma Hugo Helberger als eine der ältesten Spezialfabriken für Heiz- und Kochapparate in München, ist es dann 1912 gelungen, „das in Spiralen gelagerte Widerstandsmaterial unter außerordentlich starkem hydraulischen Druck in eine gut wärmeleitende Steinmasse von sehr hohem spezifischen Gewicht einzubetten". Damit war der Durchbruch für das elektrische Bügeleisen gelungen.

Wie so oft bei Erfindungen, blieb die Fachwelt skeptisch. Deshalb hat Hugo Helberger in der Werbung seine Bügeleisen so aufgeheizt, dass die rotglühende Sohle als Lichtquelle und als Zigarettenanzünder benützt werden konnten. Deutlicher konnte man nicht zeigen, wie heiß die neuen elektrischen Bügeleisen werden.

Das elektrische Bügeleisen verdrängte in kurzer Zeit die bis dahin üblichen Gasbügeleisen. Um 1920 dürfte die Umstellung abgeschlossen gewesen sein, zumal keine besonders großen Investitionen notwendig waren, um von Gas auf Strom umzustellen.

Den Durchbruch für das Elektrobügeleisen hatte jedoch der Verkaufspreis gebracht. Die ersten Bügeleisen kosteten um 1892 etwa 45 Mark, waren dann aber auch handwerklich gefertigte Prunkstücke, keine Serienartikel. In der Serienfertigung 1920 sank der Preis auf durchschnittlich 6,50 Mark und fiel bis 1940 auf runde 4 Mark. Ein Satz Volleisen kostete vergleichsweise um 1925 etwa 7 Mark und lag damit im Bereich der Elektroeisen.

Die Verbesserung der Bügeleisen begann mit Einführung der Widerstandsheizung durch Chromnickeldraht. Dadurch sind die Anheizzeit verkürzt und die Temperatur der Bügelsohle erhöht worden. In Ermangelung einer Temperaturregelung brauchte man einen Überhitzungsschutz. Bereits um 1910 stellte man das Bügeleisen auf einen speziellen Untersatz mit Kontaktstiften, die in die auf der Rückseite des Bügeleisens befindlichen Löcher passten, und der Stromkreislauf wurde geschlossen. Die Aufheizphase des Bügeleisens dauerte so lange, wie das Bügeleisen in den Kontaktstiften steckte. Andere Bügeleisenhersteller hatten das umgekehrte Prinzip gewählt und die Stromzufuhr über ein Kabel während des Bügelns erreicht. In den Ruhephasen schaltete das Eisen ab.

Bei beiden Methoden konnte die Temperatur noch nicht geregelt werden. Die Büglerin musste nach wie vor mit dem feuchten Finger die Temperatur erfühlen.

1923 kamen die ersten Eisen mit einem Bimetallregler auf den Markt. Diese konnten das Eisen bei Erreichen einer bestimmten

Temperatur abschalten. Durch die Erfindung des Birkareglers (1925) und des in den USA produzierten Spencerreglers (1924) wurde es möglich, die Temperatur zwischen 180 und 260 Grad stufenlos zu regeln und auch die Überhitzung zu vermeiden. Durch die kontrollierten Temperaturen konnte der Bügelprozess besser an das Textilgut angepasst werden, was dazu führte, dass man weniger Druck benötigte und dadurch die Bügeleisen leichter gemacht werden konnten.

In den Jahren nach dem Zweiten Weltkrieg fand eine explosionsartige Entwicklung der Bügeltechnik statt. Die Reglerbügeleisen wurden zum Standard und eine Vielzahl von Modellen mit technischen Verbesserungen kam auf den Markt. Neben den ergonomischen Verbesserungen wurde auch die Energienutzung optimiert.

*Abbildung 221:* 1950 gab es bereits wieder ausreichend Strom, aber die Wohnungseinrichtungen waren noch sehr einfach. Improvisieren war eine der wichtigsten Tätigkeiten der Frauen.

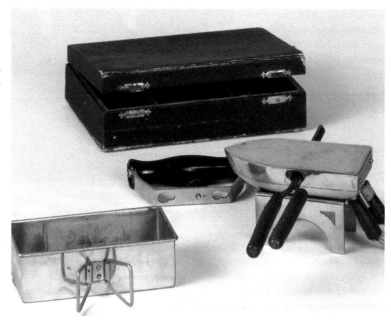

*Abbildung 222:* Das Universalbügeleisen. Das Haushaltsbügeleisen war in den Anfangsjahren der Elektrizität bis zu einem gewissen Grade ein Luxusgegenstand, den man so umfassend wie möglich verwenden wollte, zum Beispiel auf Reisen zum Bügeln der Kleidung für Mann und Frau, zum Erhitzen der Brennschere für die Haare der Dame und zum Erwärmen des Rasierwassers für den Herrn.

*Abbildung 223:* Elektrisches Reglerbügeleisen aus den 70er Jahren.

Anfang der 80er Jahre begann dann die letzte technische Evolution des Bügeleisens, das war die zusätzliche Erzeugung von Dampf innerhalb des Eisens. Es gab zunächst zwei Systeme: das Tropfensystem und das Boilersystem. Beide Systeme besaßen einen kleinen Wassertank. Beim Tropfensystem wurde das Wasser aus dem Boiler beim Durchtritt durch die Bügelsohle erhitzt, beim Boilersystem wurde das Wasser im Boiler selbst auf Verdampfungstemperatur gebracht.

*Abbildung 224:* Das nach dem Tropfensystem arbeitende Bügeleisen (links) benötigte destilliertes Wasser, das Boilersystem (rechts) nur normales Leitungswasser.

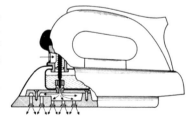 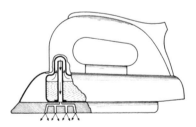

Die ersten Modelle der Dampfbügeleisen waren zunächst wegen der Tropfenbildung noch unvollkommen, heute gehören Dampfbügeleisen zu den unkompliziertesten Haushaltsgeräten.

# Mangeln der Wäsche

Das Mangeln dient vorwiegend zum Glätten flacher Wäscheteile. Die technischen Vorrichtungen dazu können ähnlich den
Waschmaschinen eine bewegte Geschichte aufweisen. Und genauso wie die Waschmaschinen haben die Mangelmaschinen
„kalt", also ohne Heizung angefangen. Man bezeichnete diese
Kaltmangeln als „Rollen" und sprach vom Rollen der Wäsche.
Als um 1850 auch in Deutschland das Dampfzeitalter begonnen hatte, sind im Laufe der Jahre auch die Mangeln „heiß" gemacht worden. Von nun an gab es auch Heißmangeln!

### Die Anfänge der Kaltmangeln

Das Vorbild für die Mangeln war das Mangeln von Hand. Hier
wurde die Wäsche um einen Mangelknüppel, eine Holzrolle, gewickelt, auf einen Tisch gelegt und dann mit dem Mangelbrett
oder Mangelholz unter möglichst starkem Druck hin und her bewegt. Das Mangelholz sollte mindesten dreimal so lang sein wie
der Mangelknüppel. So einfach diese Methode des „Wäsche-
rollens" auch war, so ungenügend war ihre Wirkung. Die Wäsche wurde nicht besonders schön glatt. Dies geht aus einem
Bericht der Wilhelmine Buchholz aus dem Jahre 1868 hervor,
in dem sie schreibt:

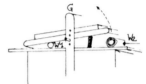

*Abbildung 226, oben:* Damit der mit Wäsche be-
wickelte Wäschknüppel
unter die Lade geschoben
werden konnte, wurde die
Lade gekippt. Ein Klotz unter der Lade und die am Gal-
gen (G) vorhandene Steck-
vorrichtung verhinderten
das Abgleiten der Lade.
Nach Einbringen des be-
wickelten Wäschknüppels
wurde die Lade in die Stellung des nebenstehenden
großen Bildes gebracht und
gerollt.

*Abbildung 225:* In ihrer einfachsten Form bestand die Mangel aus
einem Tisch mit dicken Pfosten und einer starken Platte. Darauf liefen zwei Rollen und eine offene Lade, in der eine Anzahl schwerer
Quadersteine lag. Durch Hin- und Herbewegen des Kastens wurde
die auf den Mangelknüppel aufgewickelte Wäsche geglättet.

### Vorbereiten der Wäsche zum Rollen

Es waren zwei Dinge wichtig: die Feuchtigkeit und das Zusammenlegen.

Die Wäsche musste eine gewisse „Rollfeuchtigkeit" aufweisen, ähnlich der Bügelfeuchte heute, die allerdings beim Rollen nicht verschwand. Deshalb musste die gerollte Wäsche anschließend noch getrocknet werden.

Die großen Wäschestücke mussten zunächst glatt gezogen und dann so zusammengelegt werden, dass sie genau auf die Mangelknüppel passten. Je präziser die Vorbereitung war, desto glatter wurde die Wäsche.

„Diese einfache Einrichtung findet sich nur noch selten an. Der fortschreitende Luxus verlangt das schönste und eleganteste Aussehen des Weißzeuges und nur mit den verbesserten Maschinen der Neuzeit (1868) ist man im Stande, leicht und mit wenig Zeitverlust den erhöhten Anforderungen zu genügen."

Die „maschinellen" Anforderungen an das Rollen der Wäsche erfüllten seit dem 16. Jahrhundert die Rollmangeln, auch als Kaltmangeln oder Rollen bezeichnet.

Die meisten Kaltmangeln waren aus Holz und sind von den örtlichen Handwerkern hergestellt worden. Die wichtigsten Elemente waren zwei Wäscheknüppel, ein großes Mangelbrett und ein Kasten oder eine Lade mit Gewichten. Eine typische Konstruktion zeigt die Abbildung auf der vorhergegangenen Seite, die auf die seit dem 16. Jahrhundert bekannten Wäscherollen zurückgeht.

Die einfache Konstruktion der bis dahin gebauten Mangeln hat ein Herr Mohr verbessert. Er sorgte dafür, dass die Lade mit den Steinen oder Gewichten nicht mehr über den Tischrand hinaus geschoben werden konnte und an der Kante hängen blieb.

Einen technischen Fortschritt zur Mohr'schen Mangel zeigt die Englische Mangel. In ihr sind bereits etliche Vereinfachungen in der Handhabung realisiert. So konnte der mit Bleigewichten oder Steinen beschwerte Mangelkasten mit einer Kurbel hin und her

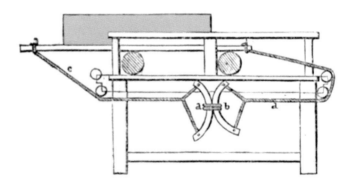

*Abbildung 227:* Die schraffierten Kreise stellen die bewickelten Mangelknüppel dar. Der graue Kasten enthält Steine zum Beschweren des Mangelbretts, das auf den Rollen aufliegt. Durch die Seilverbindung des Mangelbretts mit den zusammengebundenen Fassdauben können die Rollen nicht über den Mangeltisch hinaus bewegt werden.

bewegt wie auch hoch gedreht werden, um die mit Wäsche bewickelten Mangelknüppel unter das Mangelbrett zu legen bzw. wieder herauszunehmen. Trotz allen technischen Fortschritts standen die Kaltmangeln auch noch bis Ende des 20. Jahrhunderts in Nord- und Mitteldeutschland in der Gunst vieler Hausfrauen. Diese schätzten die Glätte und den Glanz der Wäsche, die für das Rollen typisch sind, und von der Heißmangel offensichtlich nicht erreicht werden.

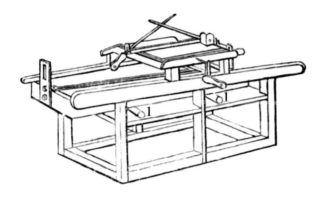

*Abbildung 228:* Englische Rollmangel um 1850. Auf die mit (1) gekennzeichneten Wäscheknüppel wurde die Wäsche aufgewickelt und dann in der Mangel hin und her gerollt.

## Die amerikanischen Mangeln

Etwa um 1860 kamen die ersten Geräte aus den USA nach Deutschland. Es waren gänzlich neue Konstruktionen, aber auch aus Holz wie die deutschen Wäscherollen. Der wesentliche Unterschied zu den deutschen Geräten bestand darin, dass sie Walzen zum Glätten der Wäsche besaßen, ähnlich den Kalandern der Textilindustrie.

*Abbildung 229:* Links: Amerikanische Mangel um 1860 mit Endlostuch (A), Druckfedern (B) und Stellschrauben (C). Die Wäschestücke sind auf das Endlostuch aufgelegt worden, durch die Mangel gedreht und wieder zurück geführt worden. Man konnte zwei Stücke zusammen durchdrehen und der Glätteeffekt war immer noch ausreichend gut.

Rechts: Die beiden Mangeltische vor und hinter den Walzen konnten hoch geklappt werden, damit das Gerät in der Zeit, in der es nicht gebraucht wurde, platzsparend weggestellt werden konnte.

Diese amerikanische Mangel hat in Deutschland großen Anklang gefunden. Vor allem war es die Leistungsfähigkeit des Gerätes, die imponierte, denn eine Person konnte mit dieser neuen Mangel genauso viel glätten wie zwei mit der alten Rollmangel. Außerdem konnte eine Person alleine das Gerät bedienen.

### Erste deutsche Eisenmangel

Um 1865 baute die Firma Ferdinand Petersen in Hamburg die erste Mangel nach dem amerikanischen Prinzip mit Eisengestell und großem Schwungrad. In der Literatur wird über die Funktion nicht viel gesagt, sondern das angenehme Äußere hervorgehoben. Das zierliche Aussehen mache sie zu einem Möbelstück und könnte die Zierde jedes Haushalts sein. Es sei eine gelungene Verbindung zwischen dem Angenehmen und dem Nützlichen, aber auch zwischen dem Luxus und dem Unentbehrlichen.

*Abbildung 230:* Die „Mangelmaschine" von Ferdinand Petersen passte in das Streben der Zeit um 1860, als „Alles in einem eleganten Haushalt von nettem Äußerem sein musste." Die Füße des Gerätes waren mit Rollen versehen, damit es nach dem Gebrauch an einen repräsentativen Platz im Hause gestellt werden konnte. Die Walzen bestanden aus Holz, der Rahmen aus Eisen.

Das Gerät von Petersen war nicht so leistungsfähig wie die amerikanischen Mangeln, dafür aber universeller einsetzbar. Es konnte auch als Wringer verwendet werden, nur mussten dann die Walzen mit einem dicken Flanelltuch überzogen werden. Dazu kombinierte sie Petersen mit einem Waschtrog, in dem sich eine Trommel drehte, und hatte damit die erste Wasch-, Wring-, Mangelmaschine auf den Markt gebracht.

In der Folgezeit haben eine ganze Reihe von Maschinenfabriken das Prinzip von Ferdinand Petersen aufgegriffen und weiter entwickelt. Von kleinen Tischmangeln bis zu größeren Standmangeln ist alles gebaut worden.

*Abbildung 231:* Die Triumpf-Mangel entsprach dem Idealbild eines schönen Haushaltsgerätes um 1910. Die Mangel war nicht nur ein Glättgerät sondern auch ein Möbelstück. Im Prospekt wird extra auf die „feinlackierten Anschiebebretter" aufmerksam gemacht.

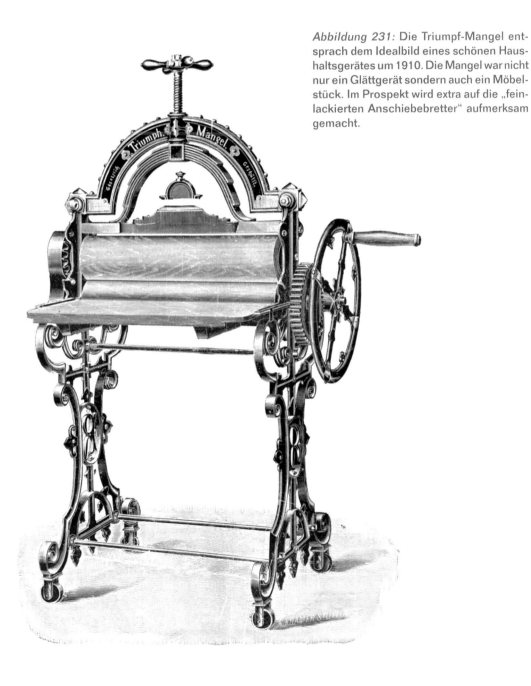

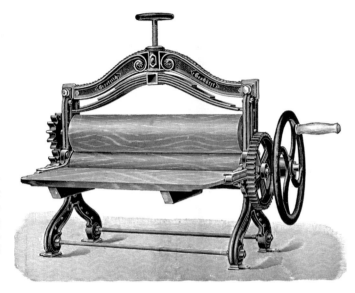

*Abbildungen 232:* Die handbetriebene Mangel als Tischgerät
war um 1910 ein fester Bestandteil der technischen Ausrüstung
eines gehobenen Haushalts, siehe nebenstehendes Bild und
oben!

*Abbildung 233:* Dreiwalzen-
Mangel der Firma Miele im Jahre 1935. Das schmucklose Design entsprach der zeitgemäßen
Sachlichkeit. Durch die Anpres-
sung der oberen und unteren Walze mittels kräftiger Spiralfedern
wurde die Wäsche in kurzer Zeit
besonders glatt.

*Abbildung 234:* 1934 brachte die Holler'sche Carlshütte in Rendsburg eine Handmangel auf den Markt, die als Besonderheit eine im unteren Gestellteil enthaltene Federung hatte und nach dem Gebrauch als Tisch verwendet werden konnte.

In der oberen Abbildung ist das Gerät in Arbeitsstellung zu sehen. Mit dem Handrad in der Gestellmitte konnte der Druck der unteren Walze eingestellt werden. Durch die Übertragung der Kraft mittels einer starken Blattfeder wurden die Walzen extrem zusammen gepresst, was zu einem sehr guten Glätteffekt an der Wäsche führte.

Die untere Abbildung zeigt die Mangel in Ruhestellung. Die ursprünglich vor und hinter den Walzen befindlichen Auflagebretter sind nach oben geklappt und bilden zusammen einen Tisch. Das Handrad ist im Mittelteil des Gestells befestigt.

Das Getriebe war eine vollkommen neue Konstruktion und ist von den Benützern der Mangeln wegen der Wäscheschonung sehr geschätzt worden.

Die Mangel kostete im Jahre 1934 etwa 40 Reichsmark.

Damit beim Mangeln keine übernormalen Spannungen auf das Textilmaterial ausgeübt wurden, hatten die Mangeln ein Ausgleichsgetriebe, dessen Konstruktion patentrechtlich geschützt war. Die Wäscheschonung war auch beim Mangeln oberstes Gebot.

*Abbildung 235:* Viktoria-Schwing-mangel nach amerikanischem Vorbild um 1910. Ob sich die ame-rikanische Erfindung in Deutsch-land einen größeren Markt ero-bert hat, ist nicht bekannt. Das Prinzip jedenfalls scheint sehr vernünftig zu sein. Es war mit Si-cherheit eine Erfindung, die dem Rollen der Wäsche mit dem Man-gelholz sehr nahe kam.

In den 20er Jahren sind dem Zuge der Zeit entsprechend die Mangeln mit einem Elektromotor versehen worden, um die müh-same Arbeit des Drehens mit der Handkurbel zu beenden.

Erwartungsgemäß stieß die Elektromangel nicht auf das unge-teilte Interesse der Hausfrauen, weil der „gefühllose" Elektro-motor nicht auf die Besonderheiten der Wäsche reagieren konn-te. Doch diese Befürchtungen legten sich nach kurzer Zeit und der Elektromotor gehörte zum technischen Standard.

*Abbildung 237:* Miele-Mangel mit elektrischem Antrieb. Die Ar-beitsbreite war im Vergleich zu den handbetriebenen Mangeln größer geworden, weil die elektromoto-rischen Kräfte grö-ßer waren als die menschlichen!

*Abbildung 236:* Die Mangeln für den einfacheren Haus-halt waren schmucklos aber funktionell, d.h. starker Fe-derdruck und großes Hand-rad.

## Heißmangeln für den Haushalt

Das erste Mangelgerät mit Heizung brachte Siemens 1928 unter dem Markennamen „Protos" auf den Markt. Die anderen Hersteller folgten mit ähnlichen oder verbesserten Geräten, so zum Beispiel Miele, AEG und Cordes.

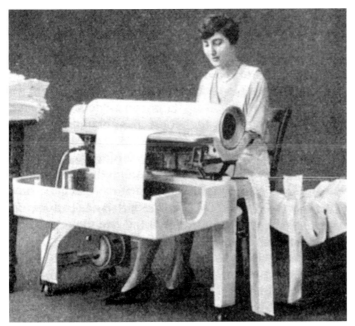

*Abbildung 238:* Die Protos-Bügelmaschine bestand aus einer mit Baumwollmolton und Nessel bezogenen Walze, die sich langsam in der darunter liegenden beheizten Mulde oder Plättwanne drehte. Die Wäsche ist über das Anlegebrett zwischen Walze und Mulde geschoben worden. Heute würde man zu diesem Gerät „Muldenmangel" sagen. Die Beheizung war elektrisch oder mit Gas. Mit einer Arbeitsbreite von etwa 85 cm konnten Kopfkissen in voller Breite, Bettlaken auf die Hälfte gefaltet, eingelassen werden. Zur Reinigung der Mulde oder zum Entfernen falsch eingelaufener Wäschestücke musste die Walze per Fußschalter hoch gehoben werden.

*Abbildung 239:* Mit einem Meter Arbeitsbreite war die Heißmangel von Cordes nur für sehr große Haushaltungen interessant. Die Mulde konnte elektrisch oder mit Gas beheizt werden. Die Mangel konnte für die Haushalte mit Gleichstrommotor geliefert werden. Das Gerät kostete 1933 etwa 1800 Reichsmark.

Mit den Heißmangeln für den Haushalt ist die Gerätetechnik in neue Dimensionen der Wäschebearbeitung vorgestoßen. Jetzt konnte die mangelfeuchte Wäsche geglättet und gleichzeitig getrocknet werden.

# Unternehmergeist und Risikobereitschaft

In den zweihundert Jahren der neueren Geschichte des häuslichen Waschens ist der Fortschritt in der Waschmittelchemie und Maschinentechnik fast ausschließlich durch Handwerk, Gewerbe und Industrie entstanden. Die erste deutsche Waschmaschine des Pfarrers Jacob Christian Schäffer wurde von einem geschickten Regensburger Küfer hergestellt. Obwohl seine Name nicht bekannt ist, gilt er als der „Begründer der Serienproduktion von Waschgeräten", denn im Vertrauen auf die publizistische Genialität seines Auftraggebers baute er 1767 gleich 60 Geräte auf eigene Rechnung, wovon er 24 in Regensburg verkaufte, der Rest ging auf schriftliche Bestellung an Käufer in ganz Deutschland. Seine Nachfolger im Waschmaschinenbau aus Holz waren teilweise genauso erfolgreich, sind jedoch in der Literatur nicht dokumentiert. Lediglich der hölzernen Schaukelwaschmaschine aus Schlesien wird um 1870 eine in die Hunderte gehende Serie attestiert. Das änderte sich, als um 1900 das Metall zum bevorzugten Werkstoff der Maschinenbauer wurde. Den Anfang machte der Waschkessel zum Kochen der Wäsche. Ob aus verzinktem Blech, Kupfer oder emailliertem Eisen wurde er zum Wegbereiter für die metallenen Behälter in der häuslichen Wäsche. Ihr größter Vorzug war, dass sie direkt befeuert werden konnten. Wegen der doch im Vergleich zu Holz aufwändigeren Herstellung kristallisierten sich bereits Spezialisten heraus, die Kleinserien auflegten und damit die Einzelfertiger preislich unterbieten konnten. Dazu musste man jedoch Kapital und Mut zum Risiko besitzen, kurzum Unternehmer sein.

Mit dem Beginn der Waschmaschinen aus Metall war es mit der individuellen Fertigung vorbei. Jetzt musste konstruiert, geplant, produziert sowie Zulieferung bestellt und letztlich alles montiert werden. Aber der entscheidende Schritt davor war die Erforschung der besten Waschtechnik. Das bedeutete, dass es nicht genügte, eine gut organisierte Maschinenfabrik zu besitzen, sondern es gehörte auch eine eigene Forschungsabteilung dazu. Wenn heute waschtechnisch hoch entwickelte Geräte zur Verfügung stehen, dann ist das auf diese Verbindung von Innovation und Maschinenbau zurückzuführen. Angefangen von den Wäschebewegern in den einfachen Bottichwaschmaschinen bis hin zu den empfindlichsten Sensoren in ökologisch optimierten Vollautomaten musste von den Herstellern und ihren Zulieferern alles selbst entwickelt werden. Der Fortschritt in der Waschmaschinentechnik ist die Erfolgsgeschichte der Waschmaschinenindustrie.

Doch ein Teil des Erfolgs gebührt auch der Waschmittelindustrie.

Mit der Mischung aus Perborat und Silikat brachte Fritz Henkel die Entwicklung der selbsttätigen Waschmittel zu Beginn des 20. Jahrhundert so richtig in Gang. Nicht nur, dass die Ausgangssubstanzen auf breiter Basis angewandt wurden, die Zielsetzung traf genau die Wünsche der Hausfrauen. Das Waschen sollte nicht mehr eine Knochenarbeit sein. Die Entlastung der Frau und schönere Wäsche waren die wichtigste Botschaft der neuen Waschmittelphilosophie aller Hersteller. Mit den Verbesserungen der Ökonomie und Ökologie der Waschmaschinen mussten auch die Waschmittel Schritt halten. Hier ist die Zusammenarbeit zwischen Waschmittelindustrie und Waschmaschinenindustrie besonders hervorzuheben.

# 6. Von der kommunalen Waschanstalt zum privaten Münzsalon

## 6.1 Der sozialgeschichtliche Anfang der Waschanstalten

Die verheerende Cholera-Epidemie in England 1832 war der Anlass zur Gründung öffentlicher Wasch- und Badehäuser. Aus sozialgeschichtlicher Sicht muss zunächst der „Kitty of Liverpool" ein Denkmal gesetzt werden, denn diese einfache, aber mutige Frau ließ sich nicht durch die Gefahren der Cholera abschrecken, sondern half ihren Nachbarn, indem sie Spenden sammelte, ein kleines Hinterhaus mietete und dort einen Waschkessel aufstellte. Für einen Wochenbeitrag von einem Penny versorgte sie die Nachbarschaft mit warmem Wasser und schuf einen Platz zum Waschen und Trocknen der Wäsche.

In den folgenden Jahren entstanden bei englischen Ärzten neuartige Überlegungen zur Vorbeugung von Epidemien. Durch eine zentrale Wasserversorgung sollte sauberes Wasser in die Wohnungen kommen, andererseits sollte aber auch durch aushäusiges Waschen die Feuchtigkeit aus den Wohnungen herausgehalten werden, denn trotz Wasserleitung verfügte bei weitem nicht jedes Haus über eine Waschküche. 1844 gründete sich in London die „Association for Promoting Cleanliness among the Poor" mit dem Ziel, den Sauberkeitsgedanken in die Arbeiterschichten hineinzutragen, aber auch den Bau öffentlicher Wasch- und Badeanstalten zu unterstützen. In Verbindung mit der Körper- und Bekleidungshygiene sollte eine positive Epoche in der Geschichte der Armut beginnen. Nach dem englischen Vorbild entstanden auch in Frankreich, Belgien und Deutschland ähnlich Komitees und Vereinigungen, die kapitalkräftige private Spender und Kommunen zur Finanzierung der Wasch- und Badeanstalten suchten. Neben moralischen Argumenten, vor allem der Verantwortung für die ärmere Bevölkerung, waren es auch handfeste finanzielle Gründe, die von den Initiatoren ins Feld geführt wurden. So hat der für den Bau der Hamburger Wasch- und Badeanstalt verantwortliche Ingenieur Lindley bewiesen, dass die in Armut lebende, und damit zwangsläufig unreine Bevölkerung eine höhere Krankheits- und Sterberate aufweise, wobei die Krankheitskosten für die Ärmeren aus der Staatskasse bezahlt werden müssen. Eine saubere Bevölkerung helfe also, die Staatskasse zu entlasten, dementsprechend die Steuerlast zu verringern. Abgesehen davon führe Unsauberkeit zu Verwilderung und Gesetzesverstößen.

*Abbildung 240:* In der ältesten Sozialsiedlung der Welt, der von Jakob Fugger 1521 gestifteten Fuggerei in Augsburg, befand sich ein Waschhaus mit angrenzender Bleichwiese. Auf der Abbildung steht das Waschhaus am Ende der Straße als hervorspringendes Gebäude.

*Abbildungen 241:* Die Aus-
schnitte aus einem Holz-
schnitt von Wenzel Hol-
lar (* 1607 † 1677) zeigen,
dass es durchaus Streit zwischen den Wäscherinnen
geben konnte. Doch im Original überwiegen die Sze-
nen mit friedlichen Frauen.

## Gesellschaftliche Bedeutung der Sauberkeit

In Berlin hat sich der Arzt Dr. Franz Behrend 1854 vehement für
den Bau einer Wasch- und Badeanstalt eingesetzt. Er prangerte
an, dass die bestehenden Waschlokale für die Arbeiter viel zu
teuer seien, und wies auf die drastischen medizinischen Folgen
ungenügender Wäsche- und Körperpflege hin. Behrend appel-
lierte auch an das sozialethische Gewissen der Kommunalpo-
litiker und geißelte die öffentliche Ignoranz gegenüber Arbeits-
unlust, Verdrossenheit, häuslichem Zwist, Unfriede mit sich
und der Welt, Not, Mangel und schließlich frühzeitiger Invalidi-
tät zu Lasten der Gesellschaft. Konkret formulierte er 1854 die
Frage: „ Und da will man, dass der Arbeiter seines Lebens froh
sei, predigt ihm Genügsamkeit und macht ihm bittere Vorwür-
fe, wenn er sich unsauber hält? (....) Darf und kann man aber
nach dem Vorausgegangenen daraus den Frauen dieser unbemittelten Familien einen Vorwurf machen?"

Die Folgen der Unsauberkeit sind für den Arzt von großer gesell-
schaftlicher Relevanz. So schreibt er: „Der Fabrikarbeiter, Mau-
rer, Zimmerer, Steinsetzer, Handlanger, Tagelöhner, der den Tag
über auswärts beschäftig gewesen, möchte abends im Schoß
seiner Familie Erholung suchen. Da findet er aber alles unsauber: kein reines Bett, kein reines Handtuch, kein reines Tisch-
zeug. Alles ist schmierig, selbst Weib und Kind. Der Schmutz
widert ihn an; er wendet seiner Häuslichkeit den Rücken und
sucht Erholung mit Gefährten in Branntweinläden, Bierlokalen
und Kneipen. Das Familienleben geht zu Grunde, denn das Leben außer dem Haus wird ihm zur Gewohnheit. Er ergibt sich
dem Trunke, dem Spiele oder einer anderen Liederlichkeit. Unfriede, Mangel und Noth sind die unvermeidlichen Folgen; die
Kinder werden vernachlässigt!"

Es gab jedoch aus sozialer Sicht auch warnende Stimmen gegen die geplanten Wasch- und Badehäuser, weil die bisherigen
Großwaschküchen kein besonders harmonisches Bild der waschenden Hausfrauen vermittelt hatten. Otto Buchner, der seine Beobachtungen auf der Pariser Welt-Industrie-Ausstellung
1867 und in englischen Wasch- und Badeanstalten in einem
Buch 1868 beschrieb, meinte dazu:

„Wer je unglücklich oder romantisch genug war, (....) in eine solche Anstalt (gemeint war eine Großwaschküche) alten Schlages
zu gehen, und dazu an einem Waschtag, der schreckte gewiss
ebenso schnell zurück, wie vor den Pforten der Hölle, vor all
dem Dampf, Unrath, Lärm und wirrem Durcheinander. Mitten
in Nebel und Dunstwolken sah er die Reihen von Waschzubern,
megärenartige Weiber daran, waschend, reibend, seifend, kei-
fend und kreischend, ein Hemd oder Leintuch schüttelnd, so
dass er dem spritzenden Regenschauer kaum noch zu entrin-

nen vermochte, während er vergebens sein Fußwerk gegen strömendes Wasser oder seine Toilette gegen Seifenschaum zu schützen wusste!"

Diese Zustände mussten auch den englischen Erbauern der ersten Wasch- und Badeanstalt in Liverpool bekannt gewesen sein, aus der Buchner 1868 berichtet:

„Wie ganz anders in einer modernen Waschanstalt! Gar kein oder nur sehr wenig Dampf ist da zu sehen, kaum einiges Waschen und Reiben, gar kein Auswringen der Wäsche, von aufgehängter trocknender Wäsche keine Spur. Und was tausendmal wunderbarer ist, man kann an manchen Wochentagen Dutzende von Weibern, von Wäscherinnen erblicken, welche nicht keifen, ja nicht einmal ein Wort miteinander plaudern! Und doch hat man dieses größte aller Wunder durch Mittel zu Stande gebracht, wie sie kaum einfacher sein könnten. Jede Frau steht da nämlich in ihrer besonderen Zelle, durch hohe solide Wände von der Nachbarin hüben und drüben geschieden, und sie darf umso weniger bezahlen, je schneller sie fertig ist."

## Disziplinierung der waschenden Hausfrauen

Die Parzellierung der Arbeitsplätze war eine entscheidende Neuerung. Sie war jedoch erst nach längerer Debatte im Vorfeld zur Verabschiedung eines Gesetzes zur Förderung der öffentlichen Wasch- und Badeanstalten im englischen Parlament 1848 getroffen worden (Sir Henry Dukinfields Act). Die Waschzellen waren ein Zugeständnis an die Kritiker, die in den öffentlichen Waschhäusern nur „Sammelplätze liederlicher Dirnen und schlechter Weiber" sahen, die Hausfrauen von ihrem eigenen Herde wegzögen, und dahin brächten, „ihre Kinder und ihre häuslichen Pflichten zu vernachlässigen". Durch den Hinweis auf die getrennten Waschzellen und die strenge Aufsicht zur Unterbindung des Umherlaufens in den Gängen, sowie getrennten Eingängen für die Geschlechter und nur einen einzigen Zugang für Frauen zum Waschtrakt konnte schließlich das Gesetz mit der notwendigen Mehrheit verabschiedet werden.

Die Einrichtung von Waschzellen mag zwar politisch opportun gewesen sein, wiedersprach aber allen traditionellen Vorstellungen von der Wascharbeit. Bis dahin beruhte das Waschen auf Kooperation der Frauen am Waschplatz, der auch ein sozialer Treffpunkt war, wo Gerüchte ebenso ausgetauscht wurden wie Kochrezepte, aber auch Streit ausgetragen und Freundschaften gepflegt und gelebt wurden. Der Zwang, nun allein in einer kleinen Waschzelle arbeiten zu müssen, war widernatürlich, wenngleich die Arbeit selbst leichter war als früher. Otto Buchner schreibt dazu aus eigener Anschauung:

*Abbildung 242:* Die Wassertürme der Freien Reichsstadt Augsburg aus dem 15. Jahrhundert versorgten zunächst die öffentlichen Brunnen, wo die Bürger ihr Wasser holten. Erweiterungsbauten von ca. 1750 mit großen Druckreservoirs waren im ganzen Reich bekannte Sehenswürdigkeiten, die öffentliche Springbrunnen, Gewerbebetriebe, die Sozialsiedlung Fuggerei sowie Hunderte von privaten Haushalten mit Wasser versorgten. Zur Verbesserung der hygienischen Verhältnisse hat man 1777 das zufließende Flusswasser durch sauberes Wasser aus zusammengeführten nahen Quellen ersetzt.

*Abbildungen 243:* Die Waschzellen für die Hausfrauen waren mit Wasch- und Spülgefäßen für kaltes und heißes Wasser ausgestattet. In einigen Häusern gab es auch direkten Dampfanschluss zum Kochen der Wäsche. Die Heißwasserrohre wurden durch die Waschzellen geleitet und konnten als Trockenstangen benutzt werden.

„Zu ebener Erde längs der Mitte eines großen luftigen Raumes liegen Reihen von Waschzellen, etliche vierzig bis sechzig, oft sogar hundert an der Zahl, wo jede Frau für sich oder mit Hilfe einer Magd ihre Wäsche reinigen kann. Es sind kleine gesonderte Abtheilungen oder Verschläge, meist zwei und zwei nebeneinander, ohne Tür und Decke, d. h. nur durch hohe Wände von geöltem Schiefer von einander getrennt und sämtlich numeriert. (...) denn die Zelle ist nur sechs Fuß lang, drei und einen halben Breit (....) Wir erblicken da zwei bis drei hölzerne Zuber oder Tubben hintereinander. In den vordersten lassen zwei Hähne kaltes und warmes Wasser strömen, in den hinteren Wasserdampf und heißes Wasser, während Klappen und Ventile am Boden der Zuber das gebrauchte Wasser abfließen lassen."

Das Kernstück der englischen Waschhäuser war ein Niederdruckdampfkessel. Damit konnte das Waschwasser erhitzt werden und das mühsame Anheizen und Feuern des Waschkessels wurde überflüssig. Dadurch verkürzte sich auch die Waschzeit, die nach den englischen Studien kaum mehr als zwei Stunden betrug – waschen, spülen und trocknen. Danach ist dann auch die Gebühr für die Benützung der Waschzelle bemessen worden. Wer länger brauchte, musste einen überdurchschnittlich höheren Betrag dazu bezahlen. Aber nicht, um die Langsamen zu bestrafen, sondern den Berufswäscherinnen den Zugang zu den Waschhäusern unattraktiv zu machen. Diese nämlich nutzten die Sozialpreise aus, indem sie die Wäsche ihrer Kunden billig wuschen und damit mehr Geld verdienten.

Waschtechnische Hilfen für die Hausfrauen gab es in den englischen Waschhäusern nicht. Paris machte da eine Ausnahme. Dort war 1852 in einigen Bauten eine Waschmaschine installiert. Überall gab es jedoch handbetriebene Zentrifugen und einen Raum mit einer Mangel.

Die große Besonderheit der englischen Waschhäuser waren die in einem großen Saal untergebrachten Trockeneinrichtungen. Sie bestanden aus einer Reihe von herausziehbaren Fächern, ähnlich senkrecht stehende Schubladen, wie sie in den 70er Jahren dann auch in Deutschland als Kulissentrockner von verschiedenen Maschinenfabriken gebaut worden sind. Allerdings waren sie so groß, dass sie nur für öffentliche Waschanstalten oder gewerbliche Wäschereien geeignet waren.

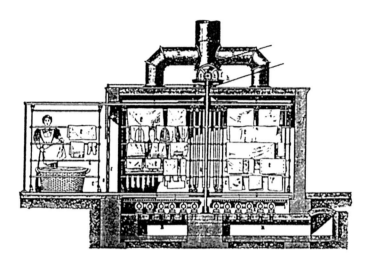

*Abbildung 244:* Kulissen-Trockenkammer der Firma Gebr. Poensgen, Düsseldorf, gegen Ende des 19. Jahrhunderts.

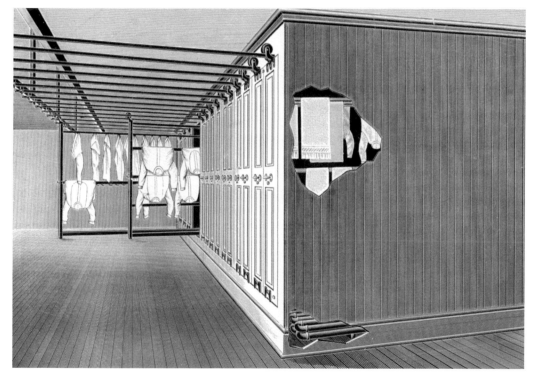

*Abbildung 245:* Kulissen-Trockner der amerikanischen Firma Nelson & Kreuter, Chicago, um 1890. Der große Vorteil der Kulissentrockner lag darin, dass die Frauen nicht in den heißen Trockenraum treten mussten, wenn sie die Wäsche aufhängen wollten. Sie konnten im Aufhängeraum eine „Kulisse" herausziehen, die Wäsche auf die Stangen bzw. Seile hängen, und dann wieder zurück in den Trockner schieben. Die Beheizung erfolgte durch am Boden befindliche Heizrohre, die von einem Dampfkessel auf Temperatur gehalten wurden.

## 6.2 Auch Deutschland baut öffentliche Waschhäuser

**Aktiengesellschaft ermöglicht Gründung der Hamburger Wasch- und Badeanstalt**

1851 hat sich in Hamburg eine Aktiengesellschaft zum Bau einer Wasch- und Badeanstalt gegründet. Mit dem Überschuss aus dem Betrieb der Anstalt sollten die Aktien ausgelöst und die Anstalt dann in die Hände des Hamburger Senats übergehen. Auf dieser Grundlage erklärten sich Rat und Bürger 1852 bereit, das Baugrundstück und die Wasserlieferung kostenlos zur Verfügung zu stellen. Die Grundsteinlegung erfolgte noch im gleichen Jahr.

Nach einer Bauzeit von 2 Jahren hätte 1854 die Eröffnung erfolgen sollten, doch die Technische Kommission des Senats verweigerte die Inbetriebnahme, weil nach ihrer Ansicht die Dampfkesselanlage einige Sicherheitsmängel aufwies. Die Bedenken waren nicht unbegründet, denn 1850 explodierte in einer Berliner Badeanstalt eine ähnliche Anlage. Doch der Architekt setzte sich durch. Am 5. April 1855 eröffnete die Hamburger Wasch- und Badeanstalt als erste deutsche Einrichtung dieser Art ihre Tore.

Aufgrund der Erfahrungen in England und Frankreich mit öffentlichen Wasch- und Badeanstalten ist 1852 in Brüssel der erste Internationale Hygiene-Kongress veranstaltet worden, auf dem verbindliche Richtlinien für die Errichtung von kombinierten Bade- und Waschhäusern verabschiedet worden sind. Zum Zeitpunkt des Kongresses gab es in England acht, in Paris sogar vierzehn Waschhäuser – in Deutschland kein einziges, obwohl schon 1850 der Berliner „Centralverein für das Wohl der arbeitenden Klassen" die Forderung nach städtischen Wasch- und Badeanstalten aufstellte. Doch die Städte hatten zu jenem Zeitpunkt kein Geld für solche Projekte, da sie mit der zentralen Wasserbewirtschaftung beträchtliche Kosten zu decken hatten. Wasserleitungen und Kanalisation verschlangen große Summen. Auch das englische Vorbild, wo durch private Spender große Summen für die Wasch- und Badehäuser aufgebracht werden konnten, wirkte in Deutschland nicht. Selbst so prominente Sponsoren wie die englische Königin, Parlamentsmitglieder, Offiziere und erfolgreiche Unternehmer hatten keine Signalwirkung, auch nicht der Bischof von London als Präsident des englischen „Centralvereins für die Förderung der öffentlichen Wasch- und Badeanstalten"!

Im Jahre 1855 war es dann aber doch so weit. In Hamburg und Berlin öffneten die ersten deutschen Wasch- und Badeanstalten ihre Pforten. Die Wascheinrichtung entsprach im Prinzip dem englischen Vorbild, doch zusätzlich waren noch Bügeleisen vorhanden, die auf einem gasbeheizten Ofen erhitzt werden konnten, und eine handbetriebene Mangel.

Die Resonanz auf die neue Waschgelegenheit war in Hamburg nicht gut. Bereits nach dem ersten Betriebsjahr musste die Benutzungsgebühr wegen mangelnden Interesses von Seiten der Bevölkerung auf die Hälfte gesenkt werden, und schließlich benutzten nur noch professionelle Wäscherinnen die Einrichtung. 1905 ist dann ein Teil der Waschzellen in Badekabinen umgewandelt worden, bis dann 1917 wegen kriegsbedingten Kohlemangels die Waschabteilung endgültig geschlossen wurde.

Den anderen Wasch- und Badeanstalten in Deutschland erging es nicht viel besser als der Hamburger Anstalt. Bis zum Ende des Jahrhunderts waren sie in gewerbliche Betriebe umgewandelt oder an gewerblich Betriebe vermietet bzw. von berufsmäßigen Wäscherinnen genutzt worden. Folgerichtig sind dann nach den schlechten Erfahrungen in Hamburg, Berlin, Magdeburg und anderen größeren Städten keine öffentlichen Wasch- und Badeanstalten mehr gebaut worden, sondern nur als Badeanstalten konzipiert. Trotzdem gab es bis zur Mitte des 20.

Jahrhunderts in einigen Städten private Wasch- und Badeanstalten. Das breite Hausfrauenpublikum hatte jedoch kein Interesse an den öffentlichen Waschanstalten.

Die Soziologen sind sich in der Beurteilung der Erfolglosigkeit
der deutschen Wasch- und Badeanstalten nicht einig. Eigentlich hätten sie in gleicher Weise akzeptiert werden müssen wie
in London und Paris, denn Hamburg und Berlin zählten damals
auch schon zu den europäischen Großstädten. Gerade das Proletariat hatte unter schlechten Wohnverhältnissen zu leiden und
das Waschen in der Küche als einzig beheizbarem Raum trug
wahrlich nicht zur Lebensqualität bei. Offensichtlich war dies jedoch immer noch beliebter als die Wäsche in die Waschanstalt
zu transportieren. Es kann aber auch sein, dass die Wohnver-
hältnisse in Hamburg und Berlin doch um einiges besser waren
als in den anderen europäischen Metropolen. Es gab überall genügend Wasser aus Brunnen oder fließenden Gewässern und
die Wohndichte war auch nicht so extrem wie in London und Paris. Außerdem waren die englischen und französischen Städter
schon länger an die Großstadt adaptiert als die erst vom Land
hinzugezogenen deutschen Stadtbewohner. Letztlich war die
Inanspruchnahme der Waschhäuser dann aber auch eine Frage des Geldes. England befand sich in der Mitte des 19. Jahrhunderts auf dem Höhepunkt der Industrialisierung, während
Deutschland gerade erst richtig damit anfing. Folglich waren
die Einkommen in England auch höher als in Deutschland. Ähnlich war es in Frankreich.

Ein gravierender Unterschied zwischen den deutschen Städten
und London bzw. Paris bestand in der staatlichen Siedlungspolitik. Als die Mobilisierung der Massen in der Mitte des 19. Jahrhunderts mit der Wanderung vom Land in die Stadt begann,
herrschte in Deutschland die Vorstellung, dass man ländliches
Wohnen durch Kleinhaus mit Garten oder Kleinsiedlung auch in
die Nähe der Stadt oder in die Stadt selbst bringen könne. Solange nach dieser Philosophie gebaut wurde, hatte jedes Haus
oder jede Kleinsiedlung die Möglichkeit, die Wäsche zu Hause zu waschen. Man musste nicht in die öffentliche Waschanstalt gehen, was oftmals allein von der Entfernung her schon
schwierig war.

Zusammenfassend und abschließend bewertend muss man sagen, dass die öffentlichen Waschanstalten in Deutschland ein
Misserfolg waren. Das Angebot war nicht geeignet, um die klassische Verhaltensweise der deutschen Hausfrauen zu ändern.

*Abbildung 246:* **Zur Wascharbeit in der eigenen Waschküche oder in der Wohnkü-
che standen im Normalfall
keine technischen Hilfen zur
Verfügung. Außer Wasch-
kessel, Waschbrett und
eventuell Stößel war nichts
da. Trotzdem zogen es viele
Hausfrauen vor, unter diesen einfachen Bedingungen
zu waschen, anstelle in eine
öffentliche Waschanstalt zu
gehen, wenn sie denn ver-
fügbar war.**

## 6.3 Neue Formen des gemeinschaftlichen Waschens

Wenn auch die öffentlichen Waschanstalten nicht den erhofften Erfolg hatten, so hieß das nicht, dass kein Bedarf an gemeinschaftlich zu nutzenden Waschgelegenheiten vorhanden gewesen wäre. Dies hatten die Begründer des Großsiedlungswohnungsbaues schon gegen Ende des 19. Jahrhunderts erkannt. Also bauten sie zentrale Waschküchen in den Siedlungen. In ähnlicher Weise ist auch der Werkswohnungsbau verfahren.

In den Großsiedlungen war es das Ziel, preiswerten Wohnraum zur Verfügung stellen zu können. Deshalb sind normierte Kleinwohnungen gebaut worden. Damit sind die Bauherren von dem Ideal der „ländlichen Wohnung" in der Stadt abgerückt. Es war kein Quadratmeter übriger Platz in der Wohnung. Es reichte gerade für einen Zwei-Generationen-Haushalt.

Nach dem Ersten Weltkrieg entstanden genormte Wohnungen nach den Plänen der „Reichsforschungsanstalt für Wirtschaftlichkeit im Bau- und Wohnungswesen" und den Bauhaus-Architekten in Weimar. Die Wohnungen waren gut belichtet und belüftet, hatten Bad, WC und Zentralheizung, jedoch anstelle der bisherigen Wohnküche nur eine reine Arbeitsküche auf kleinstem Raum. Hier war es allein aus Platzmangel schon fast nicht möglich, Waschzuber und andere Hilfsgeräte unterzubringen. Daher nahmen die Bewohner das Angebot einer zentralen Waschküche in Anspruch.

Die zentralen Waschküchen hatten eine moderne maschinelle Ausstattung, in etwa mit einer kleinen gewerblichen Wäscherei vergleichbar. Es waren motorbetriebene Trommelwaschmaschinen mit Dampfbeheizung vorhanden, Schleudern, Trockenapparate, Bügelplätze und Heißmangeln. Für die Handwäsche stand eine gut eingerichtete Waschzelle zur Verfügung.

Die Kosten für die Einrichtung der zentralen Waschanlage wurde zunächst vom Bauträger übernommen, dann jedoch über eine Umlage auf die Miete an die Bewohner verteilt. Das Waschen musste von den Bewohnern selbst durchgeführt werden und kostete je nach Siedlung zwischen 20 und 30 Pfennig pro Kilogramm. In den meisten Siedlungswäschereien war ein Waschmeister angestellt, der für die technische Funktion der Geräte, vor allem aber für den Dampfkessel zuständig war, und die Termine mit den Bewohnern vereinbarte.

Zentren des Großsiedlungsbaus waren zwischen 1920 und 1930 die Städte Wien, Berlin, Frankfurt und Stuttgart.

Bei den Benutzerinnen fanden die zentralen Wascheinrichtungen im allgemeinen guten Anklang. Bemängelt wurde die fes-

*Abbildung 247:* In den Siedlungswäschereien stand ein moderner Waschmaschinenpark zur Verfügung. Trommelwaschmaschinen und Schleudern gehörten ebenso dazu wie Trockenkammern und Heißmangeln.

te Terminierung und der damit entstehende Zeitdruck für die Bearbeitung der Wäsche. In einige Waschanlagen durften die Kinder nicht mitgenommen werden, was zu Schwierigkeiten in Kleinstfamilien führte. Die Kosten waren ein immer wiederkehrendes Problem.

## Waschtag in einer zentralen Waschanlage

Am Vorabend eines meist einmal im Monat terminierten Waschtages wurde in einem großen Waschtrog die Einweichlauge mit Soda angesetzt und die Wäsche hinein gelegt. Damit über Nacht nichts gestohlen werden konnte, gab es in einigen Waschanlagen abschließbare Deckel. Am nächsten Tag befeuerte der Waschmeister den Dampfkessel, und bis die ersten Wäscherinnen erschienen, war der Kessel bereits unter Druck.

Die eingeweichte Wäsche wurde nach Farbe und Empfindlichkeit sortiert und zuerst kam die weiße Kochwäsche in die Maschine. Diese wurde bei drehender Trommel mit kaltem Wasser gespült bis der Hauptteil der Einweichlauge entfernt war. Dann wurde auf das gewünschte Flottenniveau mit Wasser aufgefüllt, Waschpulver zugeschüttet, der Dampf aufgedreht und der Elektromotor eingeschaltet. Bei gasbeheizten Maschinen musste die Wäscherin selbst das Gas anzünden.

Während der Aufheizzeit konnte in den Waschbottichen die empfindlichen Textilien, wie Wollsachen, feine Baumwolle und Seide, bearbeitet werden.

Nach zehn bis fünfzehn Minuten Kochzeit wurde die Beheizung abgestellt und die heiße Lauge in einer Zinkwanne zum Waschen der farbigen Wäsche aufgefangen. Anschließend ist mit kaltem Wasser gespült worden.

*Abbildung 248:* Blick in den Waschraum der Otto-Suhr-Siedlung, Berlin-Kreuzberg, im Jahre 1958.

Das Schleudern musste in zwei Portionen erfolgen, da die Schleudern meistens nur die halbe Kapazität der Waschmaschinen hatten.

Die in den Zinkwannen aufgefangene Lauge wurde in die Maschine geschüttet, dazu die farbige Wäsche getan, wiederum aufgeheizt und dann bei etwa 60 Grad gewaschen.

Die große Flachwäsche, wie Bettlaken, Bettbezüge, Tischdecken und ähnliches wurden durch die Heißmangel gelassen, während die zu trocknende Wäsche in die Kulissentrockner gehängt wurde. Kleine Teile sind vorgetrocknet und dann gebügelt worden.

Diese sogenannte große Wäsche sollte nach vier bis sechs Stunden fertig bearbeitet sein und in Körbe gestapelt zum Rücktransport in die Wohnung bereit liegen.

*Abbildungen 249:* Zentralwäscherei in der Gehag-Siedlung, Berlin-Treptow, im Jahre 1933. Zum Einweichen der Wäsche gab es kleine und große Bottiche, dazu auch einige Becken zum Vorwaschen der Wäsche oder für die Handwäsche empfindlicher Textilien. Die Trommelwaschmaschinen hatten Dampfbeheizung und eine Reversiereinrichtung der Trommel. Interessanterweise hatten die Frauen sehr schnell gelernt, mit den Maschinen umzugehen. Dies stand in krassem Widerspruch zu den Gegebenheiten in den gewerblichen Wäschereien, wo vorwiegend Männer an den Maschinen arbeiteten.

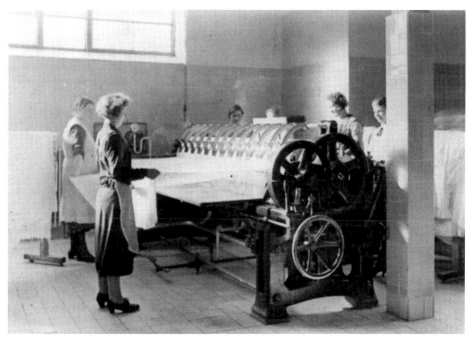

*Abbildungen 250:* Die Zentrifugen waren so groß bemessen, dass eine ganze Maschinen-
füllung auf einmal geschleudert werden konnte. In den dampfbeheizten Kulissentrocknern
konnte die geschleuderte Wäsche auf Stangen gehängt werden und war in relativ kurzer
Zeit trocken, was in Anbetracht der engen Zeitgrenzen, die eine Hausfrau für die Durchführung ihrer Wascharbeit zur Verfügung hatte, sehr wichtig war. Zum Glätten war eine moderne Muldenmangel installiert, wie sie auch in gewerblichen Wäschereien anzutreffen war.
Hier war die Zusammenarbeit mit den anderen Hausbewohnern gefragt.

## 6.4 Das Ende der zentralen Siedlungswäschereien

*Abbildungen 251: Im ländlichen Raum gab es zahlreiche Maschinengemeinschaften oder Gemeinschaftswaschküchen, ähnlich wie es auch gemeinsame Kühlhäuser und Landmaschinenringe gab.*

Nach dem Zweiten Weltkrieg waren diese mit modernen Maschinen ausgestattet. Bis in die 70er Jahre erfreuten sich diese Anlagen einer regen Frequentierung. Trotzdem wuschen mehr als 90 Prozent der ländlichen Haushaltungen ihre Wäsche zu Hause. In einer Vergleichserhebung zeigte sich 1959, dass die Nutzung der Gemeinschaftswaschanlagen stark von der dörflichen Struktur abhing. Wo Streusiedlungen oder Einzelgehöfte vorherrschten, wurde zu Hause gewaschen, weil der Weg zur Gemeinschaftsanlage zu weit war.

Anders als bei den öffentlichen Waschanstalten in der zweiten Hälfte des 19. Jahrhunderts hatten die zentralen Siedlungswäschereien mit äußeren Schwierigkeiten zu kämpfen. Da war zunächst die Heizmaterialknappheit im Zweiten Weltkrieg. Ab 1940 sind Kohle und Gas rationiert worden, wodurch die Feuerung für die Waschmaschinen ausfiel. Die Menschen mussten sich mit Holz behelfen. Es gab aber auch keine Ersatzteile mehr für diejenigen Maschinen, für die noch Heizmaterial vorhanden war. So ruhten dann die meisten Waschanlagen von Anfang der 40er Jahre bis 1948, als es wieder Heizmaterial gab. Doch viele Anlagen waren durch Bomben zerstört oder stark beschädigt. Für die noch reparierbaren Anlagen waren keine Investoren mehr da, die das Instandsetzen bezahlt hätten. Also ist die Nachkriegswäsche in ähnlicher Form durchgeführt worden, wie die „Kriegswäsche", d. h. im Waschkessel in der Waschküche oder auf dem Küchenherd. Damit waren die ehemaligen Benützer der zentralen Siedlungswäschereien in guter Gesellschaft mit den übrigen Hausfrauen, die immer schon die Wäsche im Waschkessel waschen mussten. Es gab nach dem Krieg jedoch Millionen von Familien ohne jegliche Waschgelegenheit. Für sie konnte die öffentliche Hand in kurzer Zeit keine geeignete Waschgelegenheit schaffen. Die einzige Möglichkeit war das Ausgeben der Wäsche an einen Dienstleister, sprich gewerbliche Wäscherei.

Von den Tausenden gewerblichen Wäschereien vor dem Kriege war nur noch ein kleiner Teil übrig geblieben und der hatte alte Maschinen und beschädigte Betriebsräume. Noch schlimmer war, dass viele ehemalige Besitzer von der Front nicht mehr zurück kamen und die Betriebe nicht mehr eröffnet worden sind.

Anfang der 50er Jahre herrschte die kuriose Situation, dass Millionen Haushaltungen ihre schmutzige Wäsche waschen lassen wollten, aber keine entsprechende Dienstleistungskapazität auf der Gewerbeseite vorhanden war. Doch die Mechanismen der Marktwirtschaft begannen schnell zu wirken.

Diejenigen gewerblichen Wäschereien, die ihren Betrieb wieder in Gang bringen konnten, boten den Hausfrauen ihre Dienste entweder wie gewohnt als Vollservice an oder im Hinblick auf die Notsituation vieler Familien als sogenannte Nasswäsche, die nur gewaschen und geschleudert war, aber von der Hausfrau getrocknet und gebügelt werden musste. Diese Dienstleistung ist besonders in den Großstädten sehr gut angenommen worden. Vor allem die sozial schwächeren Bevölkerungsschichten konnten sich damit auch eine saubere und hygienische Wäsche leisten.

## 6.5 Kollektive Waschanlagen im freien Wettbewerb

Als nach 1948 die Deutschen wieder frei reisen konnten, sahen sie, dass es in den angelsächsischen Ländern kleine, privat betriebene „Waschanstalten" gab, die von der Bevölkerung gerne benützt worden sind. Sie hießen „Coin Operated Laundry" und befanden sich in unmittelbarer Nähe zum Wohnsitz ihrer Kunden oder aber in Einkaufszentren, wo man ohnehin öfters hingehen bzw. hinfahren musste.

*Abbildung 252:* Schon kurz nach dem Zweiten Weltkrieg hatten die US-Amerikanerinnen ihre Vorliebe für das externe Waschen entdeckt. Als es die kleinen Waschmaschinen gab, konnte jede Frau für sich alleine waschen. Zwar hatten viele Familien zu Hause bereits eine kleine Bottichwaschmaschine stehen, aber die Bettwäsche wuschen sie der besseren Reinigungswirkung wegen in den Münzwaschsalons. Außerdem war es beschwerlich, in der Wohnung mit den großen Bettüchern und Bettlaken zu hantieren, ganz zu schweigen vom Auswringen und Trocknen.

Diese Münzwaschsalons, wie man in freier deutscher Übersetzung sagte, hatten allerdings mit den Waschanstalten um 1850 wie auch mit den zentralen Siedlungswäschereien wenig gemeinsam. In den Münzwaschsalons waren kleine Maschinen aufgestellt, die gerade mal 5 kg Wäsche fassten, aber in kurzer Zeit wuschen und schleuderten. Daneben gab es dann noch kleine Trommeltrockner, sodass die Wäsche in kürzester Zeit erledigt war. Teilweise waren auch Bügeleisen vorhanden.

Das Bedienen der Waschmaschinen war im Vergleich zu den Waschmaschinen in den Siedlungswäschereien sehr einfach. Zudem waren die Maschinen von der Vorderseite beladbar, was die Bedienung noch zusätzlich erleichterte.

Die Idee der Münzwäschereien kam ab 1950 auch nach Deutschland und breitete sich in den Städten schnell aus. Überall, wo viele Menschen ohne Waschgelegenheit wohnten, entstand ein Münzwaschsalon. Zunächst sind amerikanische Maschinen installiert worden, später dann auch deutsche Fabrikate. Bis in die 70er Jahre hielten sich die Münzwäschereien am Markt, dann ging es in dem Maße abwärts, wie die Waschmaschine in die Haushalte vordrang. Im Jahr 2000 waren nur noch vereinzelt solche Münzwäschereien tätig.

*Abbildung 253:* Wenn man den Aussagen der Soziologen glauben darf, lernten die französischen Männer zeitlich vor ihren deutschen Brüdern, mit den Waschmaschinen umzugehen. Das Bild entstand 1955 in einem Waschsalon in Paris.

So muss man am Ende dieses Kapitels konstatieren, dass die Bereitstellung von Waschmöglichkeiten für die Haushaltswäsche von den Deutschen nie richtig akzeptiert worden ist. Das Ziel war es immer, die Wäsche möglichst im Haus oder gar in den eigenen vier Wänden zu waschen – vielleicht ausgenommen die Siedlungswäschereien, die jedoch nur einen kleinen Prozentsatz darstellten.

# 7. Szenen aus dem Leben der Wäscherinnen

## 7.1 Wäscherin oder Waschfrau, Wäschermadl oder Wäschermädel?

In diesem Kapitel soll der Versuch gemacht werden, den Status von Wäscherinnen und Waschfrauen im Laufe der Jahrhunderte darzustellen. Allerdings muss gleich von vornherein gesagt werden, dass sich die Darstellung nicht auf authentische Sachverhalte stützen kann, denn in der einschlägigen Literatur ist nur sehr wenig zu finden. Deshalb sind die nachfolgenden Ausführungen sehr stark von den subjektiven Ansichten des Autors geprägt.

In den bisherigen Kapiteln ist nicht unterschieden worden zwischen Wäscherin, Waschfrau, Wäschermadl oder Wäschermädel. Dies war auch nicht notwendig, da es bei den Beschreibungen um das Waschen selbst ging, gleichgültig, wer die Arbeit durchgeführt hat. In diesem Kapitel steht nun die Person in Mittelpunkt. Jetzt muss definiert werden, von wem man redet.

In der Literatur gibt es keine klare Definition dieser vier oben genannten Bezeichnungen. Man kann jedoch aus dem Zusammenhang, in dem die Bezeichnungen gebraucht werden, eine plausible Definition herleiten:

**Wäscherin** wird in zweierlei Sinn gebraucht: einmal ist es der Oberbegriff für alle weiblichen Personen, die sich mit dem Waschen im weitesten Sinne befassen. Es ist aber auch die Bezeichnung für die Frauen, die berufsmäßig die Wäsche außerhalb des Hauses der Auftraggeber wuschen. Wenn zum Beispiel die Wäsche im Hause der Auftraggeber abgeholt und in einem Waschhaus, am Fluss, Bach oder See gewaschen wurde, dann war dies die Arbeit der Wäscherin. Auch das Zurückbringen der sauberen Wäsche in das Haus gehörte zu ihrem Aufgabengebiet. Die Wäscherin musste auch das heiße Wasser und die Waschmittel beschaffen. Sie war also für alles verantwortlich. Dafür ist sie direkt von den Auftraggebern mit barem Geld entlohnt worden. Vom 17. bis Mitte des 20. Jahrhunderts war das so.

Als dann infolge der Industrialisierung immer mehr Einzelpersonen und Familien ihre Wäsche außer Haus waschen ließen, übernahmen diese Aufgabe ganze Familien oder kleine gewerbliche Betriebe. Den Transport der Wäsche besorgten dann oftmals Männer und die Frauen konzentrierten sich nur noch auf das eigentliche Waschen. Auch dann sprach man noch von der Wäscherin.

*Abbildung 254:* Die „stampfende" Wäscherin war das Synonym für die schottische Art zu waschen.

*Abbildung 255:* **Für die flämischen Wäscherinnen waren die Holzschuhe und die Puffärmel typisch.**

Die Wäscherin konnte nun jung oder alt sein oder dazwischen. Wenn sie jung war, dann hat man sie als **Wäschermadl oder Wäschermädel** bezeichnet. Die beiden Begriffe sind synonym. Obwohl das Wäschermadl aus dem bayerischen Sprachraum stammt, gab es in Berlin und Hamburg den Wäschermadlball. Dagegen ist Wien die historische Heimat der Wäschermädel. Diese Bezeichnung ist von Prof. Dr. Helene Günn in ihrem Buch über das Wäsche waschen im Donauraum benützt worden. Wenn sie als gebürtige Österreicherin diese Bezeichnung wählt, dann sollte man sich daran halten.

In welchem Alter ein Wäschermadl oder ein Wäschermädel zu einer Wäscherin wurde, kann man nicht sagen. Darüber ist auch in der Literatur nichts ausgesagt. In der bildenden Kunst werden die jungen, adrett gekleideten und gut aussehenden jungen Wäscherinnen als Wäschermadl oder Wäschermädel betitelt.

Bleibt noch die **Waschfrau**. Ihr charakteristisches Merkmal ist, dass sie in das Haus der Auftraggeber kommt und im Haus mit den Geräten und Hilfsmitteln der Hausfrau die Wäsche wäscht. Sie musste sich im Normalfall nur um die Wäsche kümmern. Damit kann man die Trennung zwischen „Wäscherin" und „Waschfrau" sehr präzise vornehmen.

Zwischen den vorstehend aufgeführten Formen der Arbeitsverantwortung gab es sicherlich noch viele Zwischenformen, die jedoch im Rahmen dieses Buches nicht näher beschrieben werden.

## 7.2 Von der Tagelöhnerin mit Status-Charakter zur Mitarbeiterin im Wäschereibetrieb

Bereits seit dem ausgehenden Mittelalter kennt man das Entlohnungsprinzip, nach dem der Verdienst tageweise ausbezahlt wird. Auch die Beschäftigungsverhältnisse sind nach Tagen vereinbart worden. Sozialversicherung und Kündigungsschutz gab es damals nicht. Jeder konnte eine tageweise Tätigkeit annehmen, sofern er wollte und Gelegenheit dazu hatte.

In der Landwirtschaft waren die Tagelöhner während der Erntezeit beschäftigt, in der Forstwirtschaft brauchte man die Tagelöhner vor allem im Winter. Viele Bauern nützen die Gelegenheit und arbeiteten als Tagelöhner in den Wintermonaten bei den herrschaftlichen Arbeitgebern. Auch Hafenarbeiter sind häufig als Tagelöhner beschäftigt worden.

Eine spezielle Tätigkeit im Tagelohn für Frauen war das Nähen. Die Näherinnen gingen für einen oder mehrere Tage in die Häuser und flickten die Wäsche oder nähten neue Kleider, oder was auch immer mit Nadel und Faden zu machen war. Sie erhielten dafür einen vorher fest vereinbarten Tagessatz und kostenloses Essen. Allerdings sprach man hier nicht vom Tagelohn, sondern von „der Stör" (siehe dazu schmale Spalte).

Die Waschfrau hat mit Sicherheit genauso wie die Näherin als Tagelöhnerin angefangen. Sie ging in die Häuser und wusch dort die Wäsche, meistens unter Mithilfe der dort beschäftigten Dienstboten. Sie musste also nicht nur selbst Hand anlegen, sondern darüber hinaus auch die Arbeitsabläufe organisieren. In der Gestaltung der Waschprozesse hatte sie jedoch wenig Spielraum, denn die Hausfrau gab die große Linie vor. Trotzdem war das nun schon etwas mehr als bei einer Näherin.

Es konnte aber auch sein, dass im Hause selbst keine Waschgelegenheit bestand. Dann musste die Waschfrau die Wäsche an den Fluss, Bach oder See oder in das kommunale Waschhaus tragen und dort waschen. Hier war nun eine gewisse Selbstständigkeit gefragt, denn die Hausfrau konnte nicht mehr eingreifen, wenn etwas nicht so lief, wie sie es wollte.

Infolgedessen war es ein Vertrauensbeweis, wenn die Hausherrin die Wäsche außer Haus zum Waschen gegeben hat. Insofern hatten sich die Wäscherinnen den Ruf von fachlich versierten Personen angeeignet, die genau wussten, wie man die Wäsche schonend behandelt.

Ein weiterer Schritt in die fachliche Sonderstellung der für das Waschen zuständigen Tagelöhnerin kam durch das Bleichen der Wäsche auf der Bleichwiese. Dies war eine zwar einfach aussehende Tätigkeit, schließlich musste man die Wäsche ja

### Die Wäscherin auf der Stör

Wenn selbständige Handwerker im Hause der Kunden arbeiteten, dann bezeichnete man dies als „Störarbeit" oder man sagte, der Handwerker sei „auf der Stör". Vor allem Schneiderinnen kamen in das Haus der Auftraggeber und fertigten dort die Kleidung für die Familienmitglieder an. Dies war sehr praktisch, denn so konnte die Schneiderin die neuen Kleidungsstücke gleich an Ort und Stelle anprobieren. Dies war viel einfacher, als wenn die einzelnen Familienmitglieder hätten zum Haus der Schneiderin laufen müssen. Die Schneiderin blieb meistens mehrere Tage, bekam Verpflegung und Bargeld. Auch die Polsterer und Sattler sind vielfach auf der Stör gewesen, denn es wäre ziemlich umständlich gewesen, die zu reparierenden Polstermöbel zum Handwerker zu transportieren.

Wenn die Wäscherinnen im Hause der Kunden die Wäsche wuschen, dann waren sie ebenfalls „auf der Stör", aber niemand sagte so! Dies lag daran, dass sie keiner Zunft angehörten und daher nicht zum Stande der Handwerker zählten.

*Abbildung 256:* Die Wäscherin aus der Zeit des Rokoko (etwa zwischen 1720 und 1780) war in Frankreich, wahrscheinlich in Paris, zu Hause.

nur auf das Gras legen und ständig feucht halten, aber die Gefahr der Faserschädigung war sehr groß. Man musste also genau Bescheid wissen, wie lange die Wäsche auf der Bleichwiese bleiben durfte und wie viel Sonnenlicht sie vertrug. Somit war die Wäscherin auch für den Werterhalt der Wäsche verantwortlich, das heißt, man erwartete von ihr nicht nur saubere Wäsche sondern auch werterhaltende Bearbeitung. Aus diesen Anforderungen machten die Tagelöhnerinnen einen von ihnen selbst definierten „Berufsstand". Es gab zwar keinen Lehrberuf und daher auch keine Zunft für das Waschen, aber die Wäscherinnen verstanden sich als eine zusammengehörige Gruppe fachlich versierter Frauen, eben der Wäscherinnen. Daraus resultierten dann die Wäschermadl-Bälle, Frühlingsumzüge und karnevalistische Feierlichkeiten. Auch in der Kleidung zeigten die Wäscherinnen eine gewisse Sonderstellung. Je nach Region erkannte man sie an den gestreiften Kleidern, mit adretten Schürzen und Häubchen.

Die große Zeit der Wäscherinnen war vorbei, als zu Beginn des 20. Jahrhunderts die gewerbliche Wäscherei entstand und das selbsttätige Waschmittel Persil auf den Markt kam.

Die gewerblichen Wäschereien boten den Haushaltungen das Waschen als Dienstleistung an und hatten zudem einige technische Vorteile gegenüber den Wäscherinnen. Zwar vertrauten zunächst viele Hausfrauen auf die bewährte Arbeit ihrer Waschfrau, aber mit der Zeit fassten die Hausfrauen doch Vertrauen in die gewerblichen Wäschereien und gaben ihnen die Wäsche. Es war ja alles viel einfacher. Die Wäsche wurde abgeholt und kam dann einige Tage später gebügelt wieder zurück. Zwar lag der Preis der gewerblichen Wäscherein höher als der Lohn der Wäscherin, aber mit der Zeit stieg aufgrund der Sozialgesetzgebung auch der Tagelohn der Wäscherinnen an. Der Unterschied zwischen Wäscherinnen und gewerblicher Wäscherei wurde damit immer geringer.

Viel entscheidender für die nachlassende Bedeutung der Wäscherinnen war das Persil. Von nun an war die harte Arbeit des Waschens für die Hausfrauen viel leichter. Zusätzlich sind einfache mechanische Vorrichtungen zu Erleichterung der Arbeit entstanden, wie Schleuder und Presse, dann kamen auch schon die ersten Waschmaschinen auf den Markt. Durch die Elektrifizierung der Haushalte war der technische Fortschritt beim Waschen nicht mehr aufzuhalten.

Die Tradition der Veranstaltungen mit den Wäschermadln hat trotz der abnehmenden Bedeutung dieser Frauen für die häusliche Wäschepflege aber fortbestanden. Jetzt übernahmen die Frauen in den gewerblichen Wäschereien die Stelle der früheren Tagelöhnerinnen. Sie waren nun nicht mehr auf die Gunst der

Hausfrauen angewiesen, sondern hatten eine feste Arbeitsstelle mit geregelter Arbeitszeit und tarifrechtlicher Absicherung ihres Lohnes. Im Dritten Reich (1933 bis 1945) fanden auf den Berufsveranstaltungen der gewerblichen Wäschereien regelmäßig auch Vorführungen von Wäschermadln statt.

Nach dem Zweiten Weltkrieg war die Zeit der Wäscherinnen endgültig vorbei. Das Waschen ist in den Haushalten so einfach geworden, dass man es ohne große Mühe selbst erledigen konnte oder man bediente sich der Dienste der gewerblichen Wäscherei.

**Traditionspflege**

Im Dritten Reich (1933 bis 1945) hat der aus München stammende Reichhandwerksmeister Klob die Wäschermadeltracht als offizielle Kleidung für die Wäscherinnen eingeführt.

## 7.3  Die Wäscherinnen und Wäschermädel

Da in der Literatur die Wiener Wäschermädel der Inbegriff der Wäscherinnen sind, soll damit auch in diesem Buch begonnen werden.

(In der Namenswahl wird auf Prof. Dr. Helene Günn als profunde Kennerin der Sprache und Bräuche im Donauraum verwiesen).

Das Wäschermädel wäscht die Wäsche ihrer Kunden außerhalb deren vier Wände. Das heißt, sie holt die Wäsche ab, bearbeitet sie und bringt sie dann wieder zurück, wobei der Transport teilweise auch von anderen Personen erfolgen kann. Im Gegensatz dazu arbeitete die Waschfrau im Haus ihrer Auftraggeber.

Es gab zwei Arten von Wäschermädel, die Putzwäscherin und die ordinäre Wäscherin, auch als Feinwäscherin und Grobwäscherin unterschieden. Es ist anzunehmen, dass die unzähligen Bilder vorwiegend  Feinwäscherinnen darstellen.

*Abbildung 257:* **Das Waschen war über Jahrhunderte eine reine Frauenarbeit. Folgerichtig hatten die Männer dabei nichts zu suchen, es sei denn, sie wurden zu Hilfsarbeiten, wie Wasser und Wäsche tragen, Brennholz beschaffen und Waschkessel feuern gebraucht. Ungebetene Zuschauer sind mit Wasser vertrieben worden.**

Die Glorifizierung der Wiener Wäschermädel kann anhand zweier Schilderungen von Zeitgenossen veranschaulicht werden:

1847 wird in einer detaillierten Beschreibung über die Erlebnisse eines Wieners gesagt: „ Wer sich einem solchen Waschinstitute (gemeint waren die Waschhütten entlang der Wien und der Als) nähert, glaubt gewiß, er stehe vor einer Gesangsschule, wo die weiblichen Schüler vor Beginn der Unterrichtsstunde sich noch in tollen Stimmkapriolen und mutwilligen Tonsprüngen herumtummeln. Unstreitig sind die edelsten, kräftigsten, klangvollsten weiblichen Stimmen Wiens in den Kehlen der Wäscherinnen zu finden. Was heute (1847) die Drehorgel aus Opernstücken von Belini, Auber und Meyerbeer herableiert, das wird von ihnen am anderen Tag im Chore nachgesungen, und zwar mit einer Reinheit und Intonation, die bewundernswert ist, aber sie selber schaffen sich immer und immer neue Gesangsweisen, (....) "

Auch an anderen Stellen wird die Sangesfreude, vor allem aber das Talent zum Chorgesang herausgestellt. Auf dem jährlich stattfindenden Wäscher-

*Abbildung 258:* Der kolorierte Kupferstich von J. Feigel nach einem Gemälde von L. Brand aus dem Jahre 1775 ist eine der ältesten Darstellungen einer Wäscherin. Die Bütte, auf dem ein Korb mit Wäsche steht, hat sich erhalten, so lange die Wäsche auf dem Rücken ausgetragen worden ist.

*Abbildung 259:* Die „liebenswürdige Wäscherin" nach einem Gemälde von Johann E. Zeisig (*1734 †1806) aus Frankreich erledigt die kleine Wäsche in der Küche um 1790.

*Abbildung 260:* Der um 1780 entstandene Stich trägt im Original den Titel: „La Blanchisseuse". Das sympathische Rokokomädchen soll eher eine Genreszene darstellen als die Tätigkeit des Waschens zu zeigen. Allerdings war in jener Zeit eher die kleine Wäsche angesagt, das heißt, es wurden nur die Unterwäsche und Strümpfe gewaschen. Alles andere am Körper und in seiner Umgebung war nicht so wichtig.

*Abbildung 261:* Die kollektive Genugtuung beim Wäschewaschen sollte mit diesem Stich wohl dargestellt werden. Aufgrund der vielen Personen auf einem Bild hat dieser Stich eine große Verbreitung gefunden. Ob man um 1850, als dieser Stich entstand, so freundlich und zufrieden die Wäsche gewaschen und sie auch noch im Raum selbst aufgehangen hat, mag dahingestellt sein.

*Abbildung 262:* Bis in die 50er Jahre des letzten Jahrhunderts war es in vielen Gegenden Europas noch üblich, die Wäsche auf dem Kopf zu tragen. Es scheint so, also ob die Beiden zum Waschplatz gingen um dort die Wäsche zu waschen. Das Bild ist eine kolorierte Lithographie von Johann M. Ranftl und stellt Mädchen aus dem österreichischen Ischl dar.

*Abbildung 263:* Das französische Wäschermädel liefert die „feine Wäsche" bei den Kundinnen ab. Der Stich stamm aus der Mitte des 19. Jahrhunderts.

*Abbildung 264:* W. Böhm malte 1844 die „Wiener Wäscherin" beim samstäglichen Ausliefern der gewaschenen Wäsche" und C. Mahlknecht machte einen kolorierten Stahlstich daraus. Neben den flachen Wäscheteilen trug die Frau auch noch die Unterkleider schön aufgehängt an ihrem Korb zu den Kundinnen.

mädelball konnten sie dann auch vor den geladenen Gästen ihr Können öffentlich zeigen.

Das Erscheinungsbild der Wiener Wäscherin hat der französische Graf Paul Vasili in seinem Buch über die Wiener Gesellschaft (La societe de Vienne) 1885 so beschrieben:

„ Da kommt ein junges Mädchen. Sie ist von mittlerem Wuchs, mit tiefen Gazellenaugen. Ihr Kopfschmuck aus einem bunten Seidentuch und in einer Schleife geknüpft, deren Enden auf den Hals herabfallen, ist sehr malerisch. Ein schwarzsamtenes Mieder umschließt ihren Körper und zeigt vorwurfsfreie Formen. Das Kleid ist ziemlich kurz und lässt noch die Form des Schuhwerks und sogar die Farbe der Strümpfe erkennen. Dieses so schmuck gekleidete junge Mädchen trägt auf ihrem Kopf einen Wäschekorb, an dem ein paar frisch gebügelte Unterröcke befestigt sind und im Winde flattern. Das ist die Wiener Wäscherin. "

Leider ist unter den vielen Bildern mit Wiener Wäschermädel keines vorhanden, das genau diesem vorstehend beschriebenen Ideal der Wiener Wäscherin entspricht.

Die vorstehende Beschreibung der Wiener Wäscherin bezieht sich auf das Ausliefern der sauberen Wäsche, also eine Tätigkeit, für jedermann sichtbar, und bei der sich die Mädchen besondern schön angezogen und hergerichtet haben. In der Sprache der Wäscherinnen war dies die Alltagstracht, im Unterschied zur Arbeitskleidung beim Waschen und der Festtracht für den Sonntag und die Feiertage.

Das Austragen der sauberen Wäsche erfolgte am Samstag und war der Höhepunkt der Woche. Nicht nur, dass die Wäschermädel ihre Alltagstracht angelegt haben, sondern nach getaner Arbeit traf man sich in einem Wirtshaus mit anderen Wäscherinnen zu einem Umtrunk und einem geselligen Gespräch. In einigen Städten kamen auch die Wäscherknechte dazu, die mit ihren handgezogenen Karren oder Schubkarren die größeren Kunden beliefert hatten.

Die soziale Stellung der Wäschermädchen war unterschiedlich. Ein Teil war selbstständig und arbeitete auf eigene Rechnung, andere waren bei einer Familie oder einem schon etwas größeren Betrieb angestellt. Die Übergänge sind hier fließend, vor allem zwischen Hausgewerbe, selbständiger Einzelarbeit und kleinem Gewerbe. Unter diesem Aspekt ist ein Bericht von 1847 sehr aufschlussreich, denn er schildert die Stellung von Mann und Frau in einer Frauenwelt:

„Man sollte glauben, dass da, wo so viele Weiber, die noch den unteren Volksständen angehören, nachbarlich

*Abbildung 265:* Zu Beginn des 20. Jahrhunderts hat sich die Tracht der Wiener Wäschermädel geändert, doch das Austragen der Wäsche auf dem Rücken mit Butte und Korb darauf ist geblieben, bis es die moderneren Transportmittel abgelöst haben.

zusammen leben, des keifenden Haders kein Ende sein würde. Im Gegenteil, sie scheinen in höchster Eintracht eine kleine
Frauenrepublik in diesem einsamen Vorstadtteile Wiens gegründet zu haben, sie führen hier, stark geworden durch Gleichheit
und Gesinnung, ein mächtiges Regiment über alles, was vom
männlichen Geschlecht in näherer Beziehung zu ihnen steht,
und wenn man sieht, wie die Anbeter, Bräutigame oder Männer
dieser Wäscherinnen vor der dampfenden Waschtonne hantieren oder etwa sogar an den Karren gespannt, im Schweiße ihres Angesichtes das weiße Linnenzeug nach der Stadt fördern,
da wird man auch zugleich der Überzeugung sein, dass sich diese Frauen schon früher emanzipiert hatten, noch ehe das junge Deutschland geboren wurde. "

*Abbildung 266:* Um 1890
scheint die Tracht der Wiener Wäschermädel ziemlich
einheitlich gewesen zu sein,
wie anhand der Kleidung der
zwei Frauen zu sehen ist. Von
Prof. Dr. Helene Grünn wird
die Kleidung so beschrie-
ben: kurze gestreifte Röcke,
Samtspenzer mit Perlmutt-
knöpfen, grell getupftes oder
gestreiftes Kopftuch zu einer
primitiven Gugl mit genial flatternden Zipfeln verbunden.
Die Fußbekleidung bestand
aus energisch geformten,
scharf benagelten Stiefelet-
ten, die sowohl zum Tanzen
des steirischen Ländlers wie
auch zum Heimmarsch geeignet waren.

Zwar haben die Politiker aus der vorbildlichen Zusammenarbeit der Frauen ein Modell für die Zukunft der Frauen machen wollen, was es sicherlich auch war, doch die besonderen Umstände darf man nicht außer acht lassen. Die Wäscherinnen verdienten im Vergleich zu Näherinnen oder Textilarbeiterinnen wesentlich mehr. In Berlin zum Beispiel brachte es eine Textilarbeiterin gerade mal auf 5 Silbergroschen Tageslohn, eine Weißnäherin auf 3 bis 4 Silbergroschen und eine Wäscherin auf 15 Silbergroschen, zusätzlich Verpflegung, wenn sie im Haus der Auftraggeber arbeitete. Da halfen die Männer gerne mit, um das gute Geschäft der Frauen zu unterstützen. Zudem verdienten die meisten Wäscherinnen auch mehr als ihre Männer.

*Abbildung 267:* Der Künstler H. Steinlen (*1859 † 1923) malte im Stile von Henri Toulouse-Lautrec die kräftigeren Wäscherinnen mit zwei Körben.

*Abbildung 268:* In einem Pastell hat der französische Maler Edgar Degas (*1834 †1917) zwei Pariser Wäschermädel beim Austragen der Wäsche festgehalten. Die zierlichen Austrägerinnen haben den Korb am Arm hängen und stützen ihn leicht auf den Hüften auf. Die jungen Wäscherinnen, die am Samstag die Wäsche austragen durften, nannte man die „Wochenmädchen".

Aus Frankreich wird berichtet, dass die Geschäftsinhaberinnen die hübschesten Mädchen zu Wochenmädchen bestimmt hatten, die dann am Samstag mit ihren großen Waschkörben am Arm die saubere Wäsche zu den Studenten und Junggesellen tragen durften.

Die Arbeitskleidung der Wiener Wäschermädel ist in einem um 1818/20 entstandenen Stich überliefert.

*Abbildung 269:* Von Josef Lanzedelly (*1794 †1832) stammt die stimmungsvolle Darstellung der vier Wiener Wäschermädel bei der Arbeit vor und in dem Waschhaus um 1820. Interessant ist, dass aus dem Waschhaus ein Schwaden von Wasserdampf herausquillt, was auf moderne Waschverfahren bei höherer Temperatur schließen lässt.

Es muss sich um die Sommerkleidung gehandelt haben, wo leichte Kleider getragen werden konnten und barfuß gehen möglich war. Im Winter war eine gute Fußbekleidung, bestehend aus Lederstiefel mit Holzsohle üblich.

Es ist anzunehmen, dass in allen Großstädten eine ähnliche Waschkultur geherrscht hat wie in Wien, und die Wäscherinnen unter vergleichbaren Bedingungen ihre Arbeit verrichtet haben. Allerdings scheint ihre Wirkung in der Öffentlichkeit nicht so stark gewesen zu sein wie gerade in Wien – ausgenommen Paris. Aus München und Berlin sind zwar auch Berichte über die Wäschermädchen vorhanden, aber in der bildenden Kunst haben sich diese kaum niedergeschlagen.

*Abbildung 270:* Die Obrigkeit förderte im 19. Jahrhundert die Arbeit der Wäscherinnen, indem sie Teile der Fluss- und Bachläufe für sie reservierten. Damit war aber vielfach auch die Verpflichtung verbunden, die Wasserläufe sauber zu halten und bei Bedarf instand zu setzen. Manchmal gab es jedoch Streit mit den anderen Wassernutzern, wie den Bierbrauern, Müllern, Gerbern und Färbern.

Vor und nach dem Zweiten Weltkrieg ist in Deutschland und Österreich das Wäschermädel wieder in Erinnerung gekommen und von einigen Fachorganisationen bei Messen und Handwerksausstellungen publikumswirksam in Szene gesetzt worden. An die früheren Traditionen konnten diese erfreulichen Bestrebungen jedoch nicht mehr anknüpfen.

So, wie das Wäschermädel schon seit Jahrzehnten aus dem Stadtbild verschwunden ist, ist es nun auch aus den Vorstellungen der für das Wäsche waschen verantwortlichen Personen ausgelöscht. Trotzdem ist es erstaunlich, wie dieses Frauengewerbe eine solche legendäre Bedeutung erlangen konnte. Ein Grund lag wohl darin, dass die Wäscherinnen an eng begrenzten Standorten, an Flüssen, Seen, Bächen oder Brunnen zusammen arbeiten mussten, aber teilweise auch in denselben Gebäuden, wie der „Wäscherburg" in Wien, wohnten. Eben jene Wäscherburg beeindruckte durch ihren langgestreckten Bau mit weitem Hofraum. In ihr lebten zahlreiche Wäscherfamilien zusammen.

Das Waschen der Wäsche war für die tüchtigen Frauen ein Schritt in die wirtschaftliche Selbständigkeit. Es genügte ihre hauswirtschaftliche Qualifikation und eine gute Portion Fleiß, gepaart mit Durchsetzungswillen und robuster Gesundheit. Viel Betriebskapital brauchten sie nicht. Es genügten die notwendigsten Gerätschaften und ein wenig Bargeld, um Seife und Soda vorzufinanzieren.

Im Unterschied zur Heimarbeit floss ihr Verdienst nicht in die Taschen der Zwischenmeister und Unterhändler. Gegen Mitte des 19. Jahrhundert ging von den erfolgreichen Wäscherinnen eine regelrechte Sogwirkung auf die dörfliche Bevölkerung aus, so dass sich immer mehr Frauen dem Waschen zuwandten. So wird von Dr. Barbara Orland über eine Wäscherin berichtet: „Sie sei eigentlich Putzmacherin (Hutmacherin) gewesen und als solcher habe man ihr die weißen, waschbaren Hauben, die alte Frauen früher zu tragen pflegten, zum Wiederherrichten gebracht. Sie

*Abbildung 271:* Der um 1880 entstandene Stich zeigt die Pariser
„Königin der Wäscherinnen" bei
der Arbeit. In Paris war es eine
besondere Ehre, zur Wäscherin-
nenkönigin gewählt zu werden.
Sie durfte dann auf dem jährlichen
großen Umzug Anfang März auf
dem Festwagen „thronen" und
die „Huldigung" des am Straßen-
rand stehenden Volkes entgegen-
nehmen.

*Abbildung 272:* Die mit „Melan-
cholie" betitelte Lithografie von
Paul Gavarni aus der ersten Hälfte des 19. Jahrhunderts begründete die kritische Einstellung der
Zeichner für die Journale jener
Zeit. Es ist nichts zu sehen von
den lieblichen Gesichtern und
idyllischen Szenen der Wiener
Wäschermädel. Vielmehr ist die
harte Wirklichkeit dargestellt, gewissermaßen ein Vorläufer der
heutigen Pressefotografie.

habe sie zuerst nur gebügelt, bis dann die eine oder andere ihr auch das Waschen der Haube übertragen habe."

Insbesondere im Umfeld der größeren Städte entwickelten sich regelrechte Wäscherinnenkolonien, so zum Beispiel in Magdalenengrund, Lichtenthal und Himmelpfortgrund bei Wien, Köpenick bei Berlin, Beuel bei Bonn, Winterhude bei Hamburg, Bühlau und Loschwitz bei Dresden und Neu-Isenburg bei Frankfurt. In Ziegelhausen bei Heidelberg und Petersthal bei Mannheim entstanden ab 1830 richtige Wäschereidörfer. Im Jahre 1882 wurden in Ziegelhausen 72 selbständige Wäscherinnen gezählt, um 1900 waren es 180. Die selbständigen Wäscherinnen konnten nach einigen Jahren die Arbeit nicht mehr alleine bewältigen und lernten dann junge Mädchen an oder beschäftigten ältere Waschfrauen, die nicht mehr in der Lage waren, sich eine eigene Kundschaft zu suchen. Die Arbeitsbedingungen der Wäscherinnen waren sehr unterschiedlich. Am besten waren diejenigen daran, die über ein eigenes Haus und Grundstück verfügten und die notwendigen Räumlichkeiten für das Waschen nutzen konnten. Wer in Miete wohnte, musste bei schlechtem Wetter die Wäsche in der Wohnung trocknen und bügeln. Dennoch waren die Frauen nicht bereit, ihre Selbständigkeit gegen eine Fabrikarbeit einzutauschen. In Ziegelhausen musste 1897 ein Fabrikant seine Zigarrenfabrik an einen anderen Ort verlegen, weil er keine Arbeitskräfte bekam, und in der Gelatinefabrik arbeiteten nur Frauen aus den umliegenden Orten, nicht aus Ziegelhausen. Die wirtschaftliche Selbständigkeit und damit verbundene hohe Arbeitsbelastung wirkten sich nicht nachteilig auf die Heiratsmöglichkeiten aus. In den Dörfern galt die Regel: „Hat ein Mädchen so viele Kunden, dass sie zwei Pack Wäsche aus der Stadt zum Waschen heimbringt (...), so kann sie heiraten." Dass die Wäscherinnen begehrte Heiratskandidatinnen waren, wird daran sichtbar, dass zwischen 1882 und 1900 zahlreiche Ehefrauen älter als ihre Männer waren.

Wenn die Frau alleine den Lebensunterhalt der Familie bestritt, konnte dies auch die Quelle für eheliche Konflikte sein. Vor allem in Petersthal gab es Männer, die ihren Frauen nur gelegentlich bei der Wascharbeit geholfen haben, ihren Alltag darüber hinaus vorwiegend im Wirtshaus verbrachten. Diese wenig schönen Wesenzüge der Männer werden in der Literatur überraschenderweise nicht so kritisch gesehen, wie es heute der Fall wäre. So heißt es: „Was in Peterthal Anlaß zur Degeneration der Männer wurde, kann ebensogut zu ihrer Humanisierung dienen. Freilich, ein wenig büßt der Mann in seiner Stellung ein. Er ist nicht mehr der Ernährer der Familie, die Frau allein kann sich und ihre Kinder erhalten – er ist (....), Begleiterscheinung im Leben der Frau geworden". Im Gesamturteil wird der Schluss gezogen: „Die Frauenarbeit ist hier mehr wohltätig als schädlich."

*Abbildung 273:* Im Jahre 1827 malte Friedrich Kraus das Wäschermädel beim Gang zu einem Kunden.

## 7.4 Die gute alte Waschfrau

In denjenigen Bildern und Literaturstellen, in denen eindeutig festzustellen ist, dass es sich bei der Wäscherin um eine Waschfrau handelt, ist sie immer eine ältere Person. Es gibt auch nicht besonders viele Stiche und Gemälde mit Waschfrauen und wenn, dann sind sie meistens mit ein paar jungen Mädchen „ausgeschmückt", weil sich die Künstler damit mehr Aufmerksamkeit für ihre Bilder erhofft hatten. Alte Waschfrauen unter sich gibt es kaum.

Dafür sind die Waschfrauen im Gedächtnis der Hausbewohner, vor allem der Kinder, in lebhafter Erinnerung geblieben. Eine Episode beschreibt Dr. Barabara Orland in ihrem Buch „Wäsche waschen":

„Sehr wohl erinnerlich ist mir aus meinem älterlichen Hause, wie beim Herannahen dieser wichtigen Epoche eines Abends spät vier oder fünf alte Waschweiber ins Haus kamen, weil die Arbeit schon zwischen zwei und drei Uhr morgens begann (...). Zu ihrem Empfang waren bereits große Teller mit umfangreichen Butterbröbten geschmiert, Wurst und Käse wurden ihnen gereicht, und der Kümmelbranntwein durfte nicht fehlen. Sie blieben dann, je nach Bedürfniß, mehrere Tage im Hause, und trieben in den unterirdischen Räumen desselben ihr Wesen. Waren sie endlich abgelohnt, so wurde die Wäsche auf große Trockenplätze hinaus gefahren, und dann wieder zurück geholt. Nun ging es an das Rollen (....)."

In den zahllosen Beschreibungen über den Waschtag im Hause unter Mitwirkung einer Waschfrau wird besonders herausgestellt, dass die Verpflegung dieser Frau sehr wichtig sei. Nicht nur, um sie physisch den Tag über zu stärken, sondern auch um ihre gute Laune zu erhalten. Zu Letzterem konnten alkoholische Getränke ganz wesentlich beitragen, wie man überhaupt den Waschfrauen eine gewisse Vorliebe für Hochprozentiges und eine ausgewiesene Trinkfestigkeit nachsagte.

Die Entlohnung der Waschfrauen bestand aus Bargeld und Naturalien, womit die Verpflegung und eventuelle Mitgaben an Nahrungsmittel gemeint waren. In vielen Häusern war es so, dass das Abendbrot nicht mehr zusammen mit der Waschfrau eingenommen wurde, sondern ihr zum Verzehr zu Hause – wahrscheinlich zum Teilen mit der Familie – mitgegeben worden ist.

In Bezug auf die fachliche Arbeit hatten die Waschfrauen einen guten und einen schlechten Ruf. Es hing eben von der jeweiligen

### Elektronenmikroskop und Waschfrauen

Mit dem „selbsttätigen Waschmittel Persil" ist das Ende der Waschfrauenära eingeleitet worden. Durch intensive Forschung ist es in der Folgezeit gelungen, die mühsame Arbeit des Waschens in Verbindung mit innovativer Waschtechnik zu einer Nebenbeschäftigung für die Hausfrau zu machen. Angesichts der enormen Anstrengungen in der Forschung hat einmal ein Wissenschaftler geschrieben: „Es ist nicht allzu lange her, da sorgte die Waschfrau mit der Seife und der Sonne für eine weiße Wäsche, heute forscht man mit Elektronenmikroskop und anderen komplizierten Apparaten, um das gleiche Ziel zu erreichen!"

Ein Zyniker schrieb dazu: „Das geschieht alles nur, weil es heute so schwer ist, eine Waschfrau zu bekommen!"

Person ab. Wenn in der Literatur öfters über die schlechte Leistung der Waschfrauen berichtet wird, so liegt dies daran, dass negative Begebenheiten sich schneller verbreiten und länger halten als positive. Dies war früher nicht anders als heute.

Der Gradmesser für die Tüchtigkeit einer Waschfrau war die Sauberkeit und die Weiße der Wäsche. Beides konnte man mit technischen bzw. chemischen Hilfsmitteln unterstützen. So wird berichtet, dass die Waschfrauen heimlich Wurzelbürsten mitbringen, weil damit die Wäsche schneller sauber wird als durch das Reiben auf dem Waschbrett, aber die Wäsche dadurch wesentlich stärker geschädigt würde. Ähnliches wird berichtet, als es um die Jahrhundertwende Chlorkalk zu einem billigen Preis zu kaufen gab. Auch hier haben offensichtlich gewiefte Waschfrauen etwas Chlorkalk unter die Seife gemischt und erhielten dann ein besonders schönes Weiß, was der Haltbarkeit der Wäsche nicht besonders gut bekommen ist.

An positiven Aspekten der Waschfrau wird immer wieder ihr unermüdlicher Fleiß herausgestellt. Es wird auch anerkannt, dass das Waschen eine äußerst anstrengende Arbeit ist und mit einer gewissen Bewunderung gesagt, wie es die Frauen nur durchhalten, von früh um fünf, manchmal auch noch früher, bis spät in den Abend in der Waschküche zu stehen.

*Abbildung 274*: Die Waschfrau musste auch bei Laune gehalten werden. Ein Tässchen Kaffee von der Hausfrau war eine standesgemäße Anerkennung.

Sprichwörtlich war auch ihre Schwatzhaftigkeit, wobei dies zunächst nicht als negatives Kriterium aufgefasst werden darf. Die Hausherrinnen schätzten es durchaus, wenn sie von ihrer Waschfrau das Neueste aus dem Dorf und der Stadt erfuhren. Schließlich wussten die Waschfrauen die Neuigkeiten über Liebe, Streit und Ehebruch, also alles interessante Dinge, die man sich gerne anhörte. Sicherlich wird es auch hier, wie überall im Leben, besonders mitteilsame Frauen gegeben haben, die vor lauter reden ihre Arbeit vernachlässigt haben. Dass so extreme Tratschhaftigkeit, wie in dem nachfolgenden Bild dargestellt, aufgetreten ist, war wohl eher die Ausnahme.

*Abbildung 275:* Das Originalbild von O. Knilling trägt die Überschrift: „Unter uns gesagt" und der Kommentator betitelt das Gespräch als „Gerichtssitzung in der Waschküche". Er macht kein Hehl daraus, dass weder die Angeklagten noch der Schuldige eine Chance hatten, sich zu rechtfertigen. Es seien nur die vorgefassten Urteile in Umlauf gebracht worden.

Waschfrau wurde man nicht aus Freude am Waschen, sondern meistens aus wirtschaftlichen Zwängen oder blanker Not. Entweder mussten die Frauen mitverdienen, damit der Lebensunterhalt für die Familie gesichert war oder sie waren alleinstehend und daher gezwungen, für sich das notwendige Einkommen zu erwirtschaften. Es war eine Tätigkeit ohne jegliche soziale Absicherung. Es gab nur Geld gegen Arbeit. Wenn die Waschfrau krank war, verdiente sie nichts. Erst als gegen Ende des 19. Jahr-

## Die alte Waschfrau

Du siehst geschäftig bei den Linnen
Die Alte dort in weißem Haar,
die rüstigste der Wäscherinnen
im sechsundsiebenzigsten Jahr.
So hat sie stets mit saurem
Schweiß
Ihr Brot in Ehr und Zucht gegessen
Und ausgefüllt mit treuem Fleiß
Den Kreis, den Gott ihr zugemes-
sen.

Sie hat in ihren jungen Tagen
Geliebt, gehofft und sich vermählt;
Sie hat des Weibes Los getragen,
die Sorgen haben nicht gefehlt;
sie hat den kranken Mann gepflegt,
sie hat drei Kinder ihm geboren;
sie hat ihn in das Grab gelegt
und Glaub` und Hoffnung nicht ver-
loren.

Da galts die Kinder zu ernähren;
Sie griff es an mit heiterm Mut,
sie zog sie auf in Zucht und Ehren,
der Fleiß, die Ordnung sind ihr
Gut.
Zu suchen ihren Unterhalt
Entließ sie segnend ihre Lieben,
so steht sie nun allein und alt,
ihr heitrer Mut ist ihr geblieben.

*Adalbert von Chamisso*

hunderts die Sozialversicherung eingeführt worden war, gab es die Möglichkeit einer Absicherung bei Krankheit. Aber die meisten Waschfrauen konnten sich die Beiträge dazu überhaupt nicht leisten. Von einer Altervorsorge ganz zu schweigen. Nicht umsonst gab es das geflügelte Wort: „Junge Wäscherin, alte Bettlerin". Unzählige Schicksale waren mit den Waschfrauen verbunden. Die literaturbekannten schönen Episoden sind sicherlich die Ausnahme in ihrem harten Leben gewesen. In der Regel mussten sie sich jeden Tag schinden, um für sich selbst und die Familie nur das Notwendigste zu verdienen. Adalbert von Chamisso hat in seinem Gedicht „Die alte Waschfrau" ein solches Lebensbild sehr anschaulich beschrieben.

*Abbildung 276:* Die Inhaberin einer Berliner Wäscherei entspricht der von Adalbert von Chamissio bedichteten „Alten Waschfrau". Sie hatte als Wäscherin angefangen und sich mit Fleiß eine kleine Wäscherei aufgebaut.

Im Jahre 1846 wurden in einem Zeitungsartikel die Waschfrauen pauschal beschuldigt, bei der „Großen Wäsche" ihrer Herrschaft heimlich ihre eigene Wäsche und gar die ihrer Schlafgänger mitzuwaschen. Daraufhin verfassten sie einen Leserbrief, der den „Herrschaften" das Leben einer Waschfrau vor Augen führen sollte:

„ ... Was ist bei einer Hauswäsche zu profitieren, hauptsächlich zur Winterszeit? Verfrorene und aufgeschundene Hände. Daß eine Wäscherin, wenn der Einsender (des Briefes an die Zeitung) es bei Lichte betrachtet, ein geplagtes Geschöpf ist, welches von Nachts 1 Uhr bis in den anderen Tag für den Lohn von 36 kr nebst Kaffee und Brod streng arbeiten muß .... "

Das Ende der Waschfrauenära hat mit dem allgemeinen wirtschaftlichen Niedergang Deutschlands nach dem Ersten Weltkrieg begonnen und ist mit der Inflation 1923/24 vollendet worden. Die bis dahin wohlhabenden Familien hatten großteils ihr Vermögen verloren und mussten nun selbst um das Überleben kämpfen. Mit der 1929 entstandenen Weltwirtschaftskrise verschlimmerte sich die Lage in Deutschland noch weiter und endete in einer Massenarbeitslosigkeit ungeahnten Ausmaßes. Die Waschfrauen verloren ihre Kunden und mussten sich in die lange Reihe der Arbeitslosen einreihen. Allerdings bekamen sie kein Geld, da sie vorher kein geregeltes Arbeitsverhältnis besessen hatten. Ihre wirtschaftliche Not war unbeschreiblich.

*Abbildung 277:* Anerkennung für die Waschfrau in einer Zeitungsanzeige: Allen wohlmeinenden Freunden wollen wir hiermit unsere redliche und teuere Wäscherin, Frau Barbara Sorge, geborene Günstig, bestens empfohlen halten. Ungeachtet ihres ziemlich vorgerückten Alters behauptet sie ihren Platz als eine zu allen Obliegenheiten des gemeinen Lebens geschickte Person.

Johann Wolfgang von Goethe, den 25. März 1826

## 7.5 Gesang und Musik um die Wäschermädel

Die besten Informationen über die Arbeits- und Lebensumstände der Wäscherinnen sind durch die heimatgeschichtlichen Forschungsarbeiten von Prof. Dr. Helene Grünn über Linz und Wien überliefert. So wissen wir auch, welche Rolle die Wäscherinnen in der Musik gespielt haben.

Zunächst haben sie selbst aktiv an der Gestaltung der Vokalmusik mitgewirkt. Die Wiener Wäscherinnen haben während der Arbeit so oft es ging gemeinsam gesungen und, nach der Aussage zeitgenössischer Zuhörer zu urteilen, müssen sie eine recht ordentliche Intonation ihrer Lieder zustande gebracht haben. Es gab auch einen Wäschermädelchor, der an den jährlichen Bällen auftrat und die Gäste unterhielt.

*Abbildung 278:* Die Liedvorträge auf dem Wäschermädelball in Wien waren der Höhepunkt des Abends. Selbst gedichtete Texte zu bekannten Liedern riefen helle Begeisterung hervor. Es waren volkstümliche Texte, frei von politischen Anspielungen, nur einfach lustige Reime.

Die jungen Mädchen konnten die herkömmlichen Melodien der Volkslieder in- und auswendig, was mit der Zeit eher langweilig wurde. Deshalb erfanden sie immer neue Texte auf die alten Melodien oder verwandelten die bekannten Melodien in neue. Die Lieder der Wiener Wäschermädel zwischen 1828 und 1836 sind von einem Sammler zusammengetragen worden und werden in der Wiener Stadt- und Landesbibliothek in einem zweibändigen Werk aufbewahrt.

Erstmals Bühnenfigur wurde das Wäschermädel im Jahre 1781, als im kaiserlich-königlichen Nationalen Hoftheater in Wien das Stück „Die Wäschermädchen" aufgeführt wurde. Es war ein komisches Singspiel in zwei Aufzügen nach einem italienischen Text mit Musik. Das Textbuch mit 64 Seiten gab es beim Logenmeister zu kaufen.

1879 ist die Volksposse mit Gesang und Tanz in einem Akt „Das Wäschermadel" von Eduard Richter in Wien uraufgeführt worden. Bezeichnenderweise heißt der Wäscher, in dessen Wohnzimmer die Posse spielt, Andreas Rumpel!

Sogar zwei Operetten wurden den Wäschermädeln gewidmet. Kein Geringerer als Franz von Suppé hat 1857 „Die Wäschermadeln, Wiener Lebensbild mit Gesang und Tanz" komponiert. Das Libretto stammte von Ottocar Franz Ebersberg.

1905 gab es eine weitere „Operette in drei Akten" mit dem Titel „Das Wäschermädel". Die Gesangstexte schrieb Bernhard

**Operette für die Wäschermadl!**

Der Komponist Franz von Suppé (*1819 in Split, Dalmatien, † 1895 in Wien) war zunächst Theaterkapellmeister in Wien und Preßburg. Er begann mit ernster Musik und wandte sich dann der Unterhaltungsmusik zu. Zu seinen größten Erfolgen zählten: Die schöne Galathee, Leichte Kavallerie, Boccaccio, Banditenstreiche und die Ouvertüre zu Dichter und Bauer. Es war eine Ehre für die Wiener Wäschermädel, dass ein so erfolgreicher Musiker wie Franz von Suppé sich ihrer kompositorisch annahm.

*Abbildung 279:* Die 1863 geborene Schauspielerin Ottilie Colin hat in der Operette „Die Wäschermadeln" von Franz von Suppé eines der Wäschermädel gesanglich dargestellt.

Buchbinder, die Musik Rudolf Raimann. Im dritten Akt wird sehr anschaulich die Tätigkeit der Wäscherinnen besungen:

## Operette in 3 Akten

*Wenn der Tag heran kaum dämmert, Hahn zum ersten Male kräht.*

*Wenn noch alles in den Federn, Wäscherin zur Arbeit geht.*

*Schleppt herbei die Wassereimer, taucht die Wäsche tief hinein.*

*Reibt und knetet, drückt und windet, bis sie spiegelblank und rein.*

*Nach einem Refrain des Frauenchors geht es weiter:*

*Krägen, Häubchen und Manschetten, Spitzentüchel, die beschmutzt,*

*Vorhäng', Bettwäsch', reich an Spitzen, werden bei uns fein geputzt!*

*Hemden, Höschen, Unterröcke, zart gefaltet und garniert,*

*werden hier gesteift, gebügelt, und geschmackvoll arrangiert.*

In Wien sucht man heute vergebens nach dem reschen, feschen Wäschermädel. Aber auch in München, wo Carl Spitzweg mit feinem Pinsel die jüngeren Wiener Schwestern malte, gibt es sie nicht mehr. Von dem von Otto Julius Bierbaum beschriebenen Arbeitsfeld „wo die Isar rauscht, wo die Brücke steht, wo die Wiese von flatternden Hemden weht" ist nichts mehr zu sehen. Aber auch in anderen Ländern sind die in den Volksliedern besungenen Idyllen der Wäscherinnen verschwunden, so auch die heute noch in Ungarn populäre Ballade des Dichters Janos Arany (*1817 †1882) über die Frau Agnes aus dem Jahre 1853.

## 7.6 Beschützer aus dem Jenseits

Die Wäscherinnen gehörten keiner Zunft an und verfügten daher auch nicht über die in der Sitte und den Bräuchen festgelegten Rituale eines anerkannten Berufsstandes. Sie besaßen daher weder Zunftfahne, Zunfttruhe noch Zunftpatron. Gerade der Zunftpatron spielte im Leben der Handwerker eine bedeutsame Rolle. An seinem Gedenktag wurden Feste gefeiert und lokale Veranstaltungen zelebriert, kurzum es wurde auf das jeweilige Handwerk eine allgemeine Aufmerksamkeit gelenkt. So gesehen waren die Patrozinien der Handwerksheiligen auch eine willkommene Gelegenheit, die Leistungen der Handwerker herauszustellen. Darauf wollten die Wäscherinnen natürlich nicht verzichten. Deshalb wählten auch sie ihre Schutzpatrone und Schutzpatroninnen, allerdings ohne den Segen eines Zunftmeisters sondern dank eigener Entscheidungsfreiheit.

Man würde den Handwerkern und den Wäscherinnen jedoch Unrecht tun, wenn man die Schutzheiligen auf rein kommerzielle Aspekte reduzierte. Die Schutzpatrone, gleichgültig ob männlichen oder weiblichen Geschlechts, sind zum Schutz der Menschen angerufen worden. Es waren Heilige, zu denen die Menschen eine besondere Beziehung hatten, gewissermaßen solche Heilige, die die Nöte der jeweiligen Berufsgruppe kannten, ja in einem weltlichen Sinne für sie „zuständig" waren.

Im 16. Jahrhundert wird als erste Patronin der Wäscherinnen die heilige Maria Magdalena genannt. Ihre Vita scheint aus zweierlei Gesichtspunkten geeignet für dieses Patronat zu sein. Zum einen hat sie als „große Sünderin" zur Abbitte für ihre Vergehen dem Herrn Jesus Christus mit ihren Tränen die Füße gewaschen, also einen der ersten biblisch bezeugten Waschprozesse vorgenommen. Im übertragenen Sinne, was man bei Patrozinien ja eigentlich immer voraussetzt, war die Waschung ein Symbol für die Reinheit und der Reinlichkeit.

Zum anderen brauchte man zum Waschen das Wasser – und das kam vom Regen. Daher wurde Maria Magdalena zur Gebieterin über den Regen. Wenn es an ihrem Gedenktag regnete, galt der Volksspruch: „Maria Magdalena weint um ihren Herrn, drum regnet es an diesem Tage gern."

In den süddeutschen Gebieten und in Österreich ist die Verehrung für Maria Magdalena bis Anfang des 20. Jahrhunderts lebendig geblieben, wenn auch nicht mehr mit ausdrücklichem Bezug zu den Wäscherinnen.

Als Papst Pius IX. im Jahre 1870 den heiligen Joseph aus Nazareth zum Patron der gesamten katholischen Kirche bestimmte, wurde sein Gedenktag am 19. März zum Patroziniumsfest für die Handwerker. Die Historiker vermuten, dass seine Wahl zum

**Die Wasserheilige**

Maria Magdalena, auch Maria von Magdala genannt, war eine der galiläischen Frauen, die Augenzeuge der Kreuzigung und Grablegung Christi war. Ihr Gedenktag ist der 22. Juli.

Als Gebieterin über den Regen wurde Maria Magdalena von den Wäscherinnen um gutes Wetter für das Trocknen der Wäsche verehrt und bei schlechtem Wetter um Besserung angefleht. Die Kultorte für Maria Magdalena waren oft auch mit einem Brunnen verbunden, der ja auch Wasser für die Wäscherinnen lieferte.

*Abbildung 280:* Der Heilige Laurentius starb in Rom am 10. 8. 58 als Märtyrer durch Folterung auf einem glühenden Rost. Seine Grabkirche zählt zu den sieben römischen Hauptkirchen. Sein Gedenktag ist sein Sterbetag.

Patron der Handwerker eine von den habsburgischen und bayerischen Herrscherhäusern unterstützte Aktion zur Aufwertung der mittelständischen Handwerker war. Doch auch die Wäscherinnen wussten aus dieser Entscheidung der klerikalen Kreise einen Vorteil zu ziehen: Weil der heilige Joseph als Attribut eine Lilie in der Hand trägt, war dies für sie auch ein Symbol der Reinheit, das sie dann in die Verbindung zur Reinlichkeit brachten. Also wurde der heilige Joseph in den katholischen Gegenden zum Schutzpatron der Wäscherinnen.

Aus Österreich wird berichtet, dass an dem Tag, an dem man die Wäsche aufhängen wollte, die Josephsstatue mit dem Gesicht zur Wäsche in das Fenster gestellt wurde. Damit wollte man um gutes Wetter und weiße Wäsche bitten. Wenn es jedoch an diesem Tag regnete, dann stellten ihn die enttäuschten Wäscherinnen mit dem Gesicht zur Wand in eine Ecke des Zimmers. Ähnliche „Schicksale" mussten auch andere Heiligenfiguren erleiden, wenn sich das erhoffte Wetter nicht eingestellt hatte.

In einigen Gegenden Deutschlands und Österreichs wird der Heilige Laurentius als Schutzpatron der Wäscherinnen verehrt. Seine Beziehung zum Wäsche waschen ist aus der Literatur nicht herleitbar. Es ist anzunehmen, dass seine ikonographische Darstellung als Diakon in einem weißen Gewand eine symbolhafte Verbindung zu der sauberen, weißen Wäsche herstellen sollte.

Eine weitere Person zum Schutze der Wäscherinnen war die Heilige Katharina von Siena. Sie wurde um 1347 in Siena geboren und starb am 29.4.1380 in Rom. 1461 ist sie heilig gesprochen worden. Die Wäscherinnen haben die Heilige Katharina zu ihrer Schutzpatronin auserkoren, weil sie in den ikonographischen Darstellungen eine Lilie in der Hand trägt und diese Farbe wie auch die Blume als Symbol für die Reinlichkeit der Wäsche stehen sollte. Ob ein Kult aus der Verehrung dieser in der katholischen Kirche weit bekannten Heiligen zelebriert worden ist, wurde in der Literatur nicht dokumentiert. Ihr Gedenktag ist der 30. April.

Die Heilige Martha verdankte ihr Patrozinium für die Wäscherinnen der besonderen Sorge um den Haushalt, was dadurch belegt ist, dass Jesus in ihrem Haus oft einkehrte. Die Kirchengeschichte machte sie deshalb zur Schutzpatronin der Hausfrauen. Hier nun fühlten sich die Wäscherinnen auch eingeschlossen, weil sie sich mit einem wichtigen Teil des Haushalts, nämlich der Wäsche, beschäftigten. Der Legende nach kam sie mit ihrem Bruder Lazarus nach Südfrankreich. Deshalb ist die Verehrung der Heiligen Martha in Frankreich besonders lebhaft geblieben; ihr Gedenktag ist der 29. Juli.

Die Heilige Klara von Assisi ist wegen ihres Namens zur Schutz-patronien der Wäscherinnen geworden, denn Klara kommt aus dem Lateinischen und bedeutet „hell", wie in der Umgangsspra-che das Wort „klar" in ähnlichem Sinn für „rein, sauber, hell" steht. Klara lebte von 1194 bis 1253 in Assisi und begründete mit ihrem Bruder Franz von Assisi den Zweiten Orden der Fran-ziskaner, die Klarissen. Klara ist 1255 heilig gesprochen wor-den, ihr Gedenktag war der 12.8. und ist nach dem Proprium de Sanctis von 1970 auf den 11.8. verlegt worden.

Im Oberelsaß wird eine heilige Huna verehrt, die den Armen und Hilfsbedürftigen ihre Kleider und Wäsche gewaschen hat. Sie soll die Frau eines adeligen Ortsherrn in dem nach ihr benann-ten Hunaweiler gewesen sein. Als ikonographisches Attribut trägt sie ein Stück Leinwand in der Hand. Ihr Todestag am 6. April 687 ist gleichzeitig auch ihr Gedenktag. Das Volk nannte sie die „Heilige Wäscherin".

Die Pariser Wäscherinnen hatten sich die heilige Perpetua als Schutzpatronin ausgesucht. Sie stammte aus einem vorneh-men nordafrikanischen Geschlecht und ist als Christin 202 zu-sammen mit ihrer Sklavin Felicitas und drei Männern in Kartha-go den wilden Tieren vorgeworfen, von diesen schwer verletzt und schließlich durch einen Dolchstoß durch den Hals getötet worden. Welche Gemeinsamkeiten die Wäscherinnen mit der heiligen Perpetua herausgefunden hatten, ist nicht überliefert. Vielleicht war es der Name Perpetua, das heißt „die Bestän-dige", was die Wäscherinnen in dem Sinne deuteten, dass auch sie beständig ihre Leistung bringen in einem 10 bis 12 Stunden dauernden Arbeitstag. Möglich ist aber auch, dass sie nicht nur die Heilige Perpetua, sondern auch die mit ihr hingerichtete Sklavin Felicitas als Schutzpatronin ausersehen hatten. Beide haben ihr Patrozinium am gleichen Tag, dem 6. März (nach dem Proprium de Sanctis von 1970 ist es der 7. März).

Es würde durchaus zu den Lebensumständen der Wäscherinnen gepasst haben, wenn sie eine Sklavin als Schutzherrin gehabt hätten, denn viel besser erging es den Wäscherinnen im 18. und 19. Jahrhundert nicht.

Über die im Zusammenhang mit den Patrozinien gefeierten Bräu-che ist in der Literatur kaum etwas zu finden. Es gibt lediglich Hinweise auf gemeinsame Kirchgänge und Gebete, teilweise auch auf ein gemeinsames Mahl, aber keine Hinweise auf dörf-liche oder städtische Feiern – mit Ausnahme der Pariser Wä-scherinnen. Sie feierten am Gedenktag der heiligen Perpetua und heiligen Felicitas ihren großen Umzug durch Paris.

*Abbildung 281:* Katharina von Siena gehörte zum 3. Orden des hl. Dominikus und war höchst einflussreich wegen ihrer Visionen und ih-rer klugen Vermittlung in kir-chenpolitischen Dingen. So bewog sie Papst Gregor XI. im Jahre 1377 zur Rückkehr von Avignon (Frankreich) nach Rom.

*Abbildung 282:* In der bildenden Kunst gibt es ein Gemälde aus dem 18. Jahrhundert von F. Albane, das von Jaques Couche in Kupfer gestochen wurde und die Überschrift „SAINTE FAMILIE" trägt. Es ist eine Würdigung der harten Arbeit der Wäscherinnen und zugleich eine Popularisierung der biblischen Gestalten.

## 7.7 Die großen und kleinen Feste der Wäscherinnen

Wie auch immer die Zusammenhänge der Wäscherinnen zu ihren Schutzheiligen entstanden sein mögen, fest steht, dass die Pariser Wäscherinnen jedes Jahr Anfang März ein großes Fest gefeiert haben. Davon gibt es auch einen um 1880 entstandenen kolorierten Holzschnitt; siehe folgende Seiten.

Im österreichischen Linz war der Wäschermädelball der Höhepunkt des schweren Arbeitsjahres. Dieser wurde im Fasching, vorzugsweise am Faschingssamstag beim Jägerwirt im Tal veranstaltet. Seit Ende des 19. Jahrhunderts gibt es diese Veranstaltung und sie ist nach dem Zweiten Weltkrieg zu einem gut besuchten Volksfest der Wäscher geworden. Als Veranstalter traten die Wäschermädchen auf. Sie waren auch die Einladenden, ließen die Programme drucken und baten die Gäste zum Fest. Dieser Brauch ist auch beibehalten worden, als die Wäschermädchen längst in den gewerblichen Betrieben gearbeitet haben. Sie luden dann ihre Arbeitgeber und Frauen zum Ball ein, die sich dann auf die volkstümliche Art des Gebens und Nehmens durch die Übernahme der Bewirtung erkenntlich zeigten. In echter Gemütlichkeit saßen die Wäscherfamilien um die Tische herum.

*Abbildung 283:* Die Wiener Wäschermädel fielen durch ihre schöne Tracht im Straßenbild der Stadt wohltuend auf.

Auch für die Wiener Wäscherinnen bildete einst der Wäschermädelball den Höhenpunkt des Jahres. Interessant ist, dass der erste Wäschermädelball in Wien von dem Linzer Geiger Josef Sperl arrangiert worden ist. Die Einladenden waren genauso wie in Linz die Wäschermädel. In einem Bericht aus dem Jahre 1847 wird ausführlich geschildert, wie ein solcher Wäschermädelball abläuft:

Die Eintretenden wurden von der Zeremonienmeisterin, einer schon etwas „emeritierten" Wäscherin, empfangen und in den Raum geführt, in dem die hübschesten der ballmäßig kostümierten Wäschermädel an einer reich mit Wein und Speisen versehenen Tafel saßen. Eines der jungen Wäschermädel erhob sich und prostete dem Eintretenden zu. Dieser tat das Gleiche. Wenn er sich jedoch weigerte, dann musste er unter dem dröhnenden Gelächter der Anwesenden einen Gulden Papiergeld für die Musikanten als Strafe entrichten. Am Ball wurde abwechselnd getanzt und gesungen. Beim Tanz war die Männerwelt vollkommen ausgeschlossen. Die Wäschermädel tanzten nur zusammen. Das war jedoch kein Walzer im herkömmlichen Sinne, sondern ein Winden durch tausend Verschlingungen, ein Heben und Senken des Körpers, ein pfeilschnelles Durchsausen unter den Armen der Mittanzenden, ein Gedrehtwerden des Körpers wie vom Wirbelwinde. Man nannte diese Tanzweise das „Linzerisch". Den Höhenpunkt des Festes bildeten die

*Abbildung 284:* Der Höhepunkt des Wäscherinnenfestes war der Umzug durch die Straßen von Paris. Von viel Klamauk und Späßen wurde der Umzug begleitet. Auf dem schönsten Festwagen thronte die „Königin der Wäscherinnen". Sie durfte an diesem Tag das Zepter führen.

Aber auch die teilnehmenden Wäscherinnen zeigten an diesem Tag, was sie für die Pariser Gesellschaft wert sind. Trotzdem ist das Fest wohl eher eine Veranstaltung der armen Leute für andere Arme gewesen.

Gesangseinlagen des Wäschermädelchores. Die geladenen Herren trugen durch Schnaderhüpferl und den Fiakertanz zur Belustigung bei.

*Abbildung 285:* Im Jahre 1883 spielte das berühmte Schrammeltrio (Zwei Geigen und Gitarre) auf dem Wiener Wäschermädelball.

Man liest in der Literatur, dass auch die jungen Pariser Wäschermädchen leidenschaftliche Tänzerinnen gewesen seien.

Es gab natürlich auch Schwierigkeiten bei der Veranstaltung des Wiener-Wäschermädelballs wegen der Zuständigkeiten für die Organisation. Im Jahre 1884 eskalierten die Differenzen zum „Wäschermädel-Krieg", in dem die holden „Waschtrogfeen" in zwei Lager gespalten waren. Jede Gruppe wollte ihren eigenen Ball. Trotzdem hat die Tradition bis 1963 gehalten. Seitdem gibt es den Wäschermädelball in Wien nicht mehr, aber auch in Linz kommt er nicht mehr zustande.

Neben dem jährlichen Wäschermädelball gab es unzählige Veranstaltungen für die einfachen Leute. Beliebt war der Tanz auf der Hängstatt, das war der Trockenplatz für die Wäsche. Um die Jahrhundertwende gab es bereits kleine Drehorgeln, mit denen man eine flotte Tanzmusik machen konnte. Diese Orchester für die kleinen Leute gaben dann den musikalischen Rahmen für geplante und improvisierte Tanzveranstaltungen. Zwei besonders interessante Bilder sind nachfolgend wiedergegeben.

In München und Berlin bildete sich gegen Ende des 19. Jahrhunderts ein Bewusstsein für die Tradition der Wäscherinnen heraus. Es entstanden, ähnlich wie in Linz und Wien, die Wäschermädelbälle in der Faschingszeit. Nach dem Ersten Welt-

krieg ging die Regie für diese Bälle in die Hände der Berufsorga-
nisationen über und werden bis heute weitergeführt. Allerdings
haben sie ihre ursprüngliche Bedeutung als eigenverantwort-

*Abbildung 286:* Der Platz
zum Wäsche aufhängen
war für die kleinen Tanz-
veranstaltungen der Wä-
scherinnen bestens geeig-
net. Das von Josef Engel-
hard 1898 gemalte Ölbild
zeigt die bescheidene Idylle mit frohen Personen einer Wiener Hängstatt. Der
Titel des Originalgemäldes
heißt „Ball auf der Häng-
statt", vielleicht ein biss-
chen ironisch gemeint oder
aber aufwertend im Sinne
der Teilnehmer.

*Abbildung 287:* Die von J. M. Kupfer stammende Originalzeichnung
zeigt die Wiener Wäschemädel beim Sonntagstanz. Ihr Tanzplatz ist
die Hängstatt, auf der auch am Sonntag viel Wäsche zum Trocknen
aufgehängt ist. Die Szene zeigt eine sonntägliche Stimmung, an der
auch Kinder und Nachbarn teilhaben.

*Abbildung 288:* Der Wäscherinnenbrunnen in Bonn-Beuel erinnert an die emanzipierten Wäscherinnen von 1824 und die Begründung der Weiberfastnacht im Rheinischen Karneval. Auch das zum Wäschetransport unentbehrliche Gerät, die Bütte, ist in den Karneval als „Bütt" eingeflossen!

liche Veranstaltung der selbständigen Wäscherinnen verloren. Heute sind es gesellschaftliche Veranstaltungen der Organisationen für die gewerblichen Wäschereien. Für die Teilnehmer können sie jedoch genauso schön und unterhaltend sein wie die ursprünglichen.

Eine weitere Gelegenheit, bei der sich die Wäscherinnen als Berufsstand präsentieren konnten, waren die Umzüge und weltlichen Prozessionen in den Dörfern und Städten. Der jährliche Umzug der Pariser Wäscherinnen ist bereits eingangs erwähnt und illustriert worden.

In Deutschland haben die Wäscherinnen einen prägenden Einfluss auf den rheinischen Karneval ausgeübt. Sie taten dies zwar nicht bewusst, sondern es war das Ergebnis eines Protestes gegen die Männer. Und das kam so:

In den Wäscherfamilien war die Frau für das Waschen und der Mann für die Abholung, Auslieferung und die Beschaffung von Heizmaterial sowie die Feuerung und das Wasser zuständig. Dieses männliche Aufgabengebiet war im Vergleich zu dem der Frau wesentlich leichter. Doch damit hätten sich die Frauen schon abgefunden, wenn ihre Männer nicht nach dem Einkassieren des Geldes einen Teil davon in Wein und Bier umgesetzt hätten. Da zunächst alles gute Zureden nicht half, griffen die Frauen zu drastischeren Mitteln. Sie weigerten sich, weiterhin die Wäsche zu waschen, und versteckten den Männern die Hosen, damit sie nicht mehr in die Kneipe gehen konnten. Dies alles soll sich in dem nahe Bonn gelegenen Wäscherdorf Beuel im Jahr 1824 zugetragen haben.

Der Protest der Beueler Wäschersfrauen fand Eingang in den rheinischen Karneval und ist bis heute in der Weiberfastnacht, das ist der Donnerstag vor dem Rosenmontag, erhalten. In Beuel hat man im Bewusstsein des Ursprungs der Weiberfastnacht eine besondere Eigenheit ausgedacht. Die höchste Figur in der Hierarchie der Tollitäten ist hier die Wäscherprinzessin. Das Damenkomitee geht auf das Jahr 1824 zurück. Einmal im Jahr zeigten sie den Männern ihre Emanzipation; das ganze Jahr über, so ist in den alten Dokumenten nachzulesen, seien sie „lammfromm" gewesen.

Die Stadt Bonn hat den Beueler Wäscherinnen in dem 1988 errichteten Wäscherinnenbrunnen ein Denkmal gesetzt.

Sicherlich gab es auch in anderen großen Städten ähnliche Veranstaltungen, mal größere, mal kleinere, doch sind die Quellen darüber sehr spärlich; Bildmaterial dazu war nicht aufzufinden. Erst als die Wäscherinnen in die Lohnarbeit der gewerblichen Wäschereien eingebunden waren, sind dann berufsständische Veranstaltungen durchgeführt worden, doch diese werden nicht mehr der „häuslichen Textilpflege" zugeordnet. ∎

# 8. Literatur und Bildnachweise

## Literatur

- Orland, Barbara; *Wäsche waschen, Technik und Sozialgeschichte der häuslichen Wäschepflege*, Hamburg 1991

- Grünn, Helene; *Wäsche waschen, Volkskunde aus dem Lebensraum der Donau*, Wien 1978

- Pape, Lutz; Weinert, Hans-Jürgen; *Bottichwaschmaschine und Haustelegraph*, Braunschweig 1993

- Radeck, Otto; *Die Behandlung der Wäsche nach den neuen Erfahrungen*, 10. Auflage, Freiburg (Schlesien) 1912

- Heyl, Hedwig; *Häusliche Wäsche*, Berlin 1919

- Schroeder, Kaethe; *Waschen und Bügeln leicht gemacht*, Stuttgart 1930

- Buchholz, Wilhelmine; *Wasser und Seife oder Allgemeines Wäschebuch, umfassend die ganze Praxis der Wäsche*, Hamburg und Leipzig 1868

- Orland, Barbara; *Haushaltsträume, Ein Jahrhundert der Technisierung und Rationalisierung im Haushalt*, Königstein (Taunus) 1990

- Delille, Angela; Grohn, Andrea; *Geschichten der Reinlichkeit, Vom römischen Bad zum Waschsalon*, Frankfurt 1986

- Huber, Josef; *Chemische Wäscherei im eigenen Heim*, Diessen, ohne Jahr

- Graupner, Heinz; *Hygiene des Alltags*, Düsseldorf, 1948

- Sinn, Adalise; *Wäschepflege im Haushalt*, Hamburg 1962

- Barleben, Ilse; *Kleine Kulturgeschichte der Wäschepflege*, Düsseldorf 1951

- Cordes, Wilhelm; *Waschmaschinen*, Lette 1932

- Bohmert, Friedrich; *Hauptsache sauber? Vom Waschen und Reinigen im Wandel der Zeit*, Würzburg 1988

- Hochfelden, Brigitte; Niedner, Maria; *Das Buch der Wäsche, Ein Leitfaden zur zeit- und sachgemäßen Herstellung von Haus-, Bett- und Leibwäsche*, Leipzig ca. 1900

- Bertrich, Fred; *Kulturgeschichte des Waschens*, Düsseldorf 1966

- Andès, Louis Edgar; *Wasch-, Bleich-, Blau-, Stärke- und Glanzmittel*, 2. verb. Auflage Wien/Leipzig 1922

- Bode, Marie; *Rationelle Hauswirtschaft*, Berlin 1927

- Brandt, Fritz; *Der energiewirtschaftliche Wettbewerb zwischen Gas und Elektrizität um die Wärme-Versorgung des Haushaltes*, Staatswiss. Diss., Heidelberg 1931

- Büggeln, Heinrich; *Die Entwicklung der öffentlichen Elektrizitätswirtschaft in Deutschland*, Stuttgart 1930

- *Die Wasserversorgung Berlins und die neuen Wasserwerke in ihrer Bedeutung für die Häuslichkeit und das Familienwohl*, Berlin 1857

- Grothe, H.; *Katechismus der Wäscherei*, Leipzig 1884

- Hoefer, Marie; *Das Wasch- und Plättbuch*, Berlin 1906

- Joclét, Victor; *Die Kunst- und Feinwäscherei in ihrem ganzen Umfange, enthaltend: Die chemische Wäsche, die Fleckenreinigungskunst, Kunstwäscherei,*

*Haus- und Fabrikwäsche, die Strohhut-Bleicherei und Färberei, Federnfärberei, Abziehen der Farben, Appretur-Mittel etc.*, 3. Aufl., Wien/Leipzig o.J. (ca. 1900)

- Johannsen, Otto; *Die Geschichte der Textil-Industrie*, Leipzig/Stuttgart/Zürich 1932

- Silberkuhl-Schulte, Maria; *Der durchdachte Haushalt*, Berlin 1933

- Weinberg, Margarete; *Die Hausfrau in der deutschen Vergangenheit und Gegenwart*, Mönchengladbach 1920

- Bauer, Robert; *Das Jahrhundert der Chemiefasern*, München 1951

- Beier, Rosmarie; *Frauenarbeit und Frauenalltag im Deutschen Kaiserreich, Heimarbeiterinnen in der Berliner Bekleidungsindustrie 1880-1914*, Frankfurt a. M./New York 1983

- Blumberg, Horst; *Die deutsche Textilindustrie in der industriellen Revolution*, Berlin 1965

- Braun, Hans-Joachim; *Gas oder Elektrizität? Zur Konkurrenz zweier Beleuchtungssysteme, 1880-1914*, in: Technikgeschichte, 47/1980, S. 1-19

- Fischer, Wolfgang Chr.; *Entwicklung der privaten Hauswirtschaft*, Baltmannsweiler 1982

- Gawalek, Gerhard; *Wasch- und Netzmittel*, Berlin 1962

- Harder, Hans; Löhr, Albrecht; *Der Wandel der Waschverfahren im Haushalt seit 1945*, in: Tenside Detergents, 18/1981, S 246-252

- Hausen, Karin; *Technischer Fortschritt und sozialer Wandel in Deutschland vom 18. bis ins 20. Jahrhundert*, in: Geschichte und Gesellschaft, 13/1987, S. 273-303

- Henkel & Cie. GmbH (Hg.); *Waschmittelchemie, Aktuelle Themen aus Forschung und Entwicklung*, Heidelberg, 1976

- Keller, Gretel; *Hausgehilfin und Hausflucht*, Dortmund, 1950

- Klug, Theodor; *Die Technologie der Seifenpulver und pulverförmigen Waschmittel*, Berlin 1951

- Kuhn, Annette; Schubert, Doris (Hg.); *Frauen in der deutschen Nachkriegszeit*, Bd. 1, Düsseldorf 1985

- Lindner, Kurt (Hg.); *Textilhilfsmittel und Waschrohstoffe*, Stuttgart 1954

- Muthesius, Volkmar; *Zur Geschichte der Kunstfaser*, Heppenheim 1950

- Reulecke, Jürgen; *Geschichte der Urbanisierung in Deutschland*, Frankfurt a.M. 1985

- Reumuth, Horst; *Der Schmutz in seiner ganzen Vielfalt*, Baden-Baden 1965

- Sieder, Reinhard; *Sozialgeschichte der Familie*, Frankfurt a.M. 1987

- Siemens-Elektrogeräte GmbH (Hg.); *Siemens Haushaltstechnik, Chronik der Entwicklung elektrischer Haushaltsgeräte*, München 1976

- Strobel, Marianne; *Alte Bügelgeräte*, München 1983

- Stübler, Elfriede; *Arbeitsleistung und Mechanisierung in der Hauswäscherei*, München 1970

- Vigarello, Georges; *Wasser und Seife, Puder und Parfüm, Geschichte der Körperhygiene seit dem Mittelalter*, Frankfurt/New York 1988

## Bildnachweise

- Archiv Hohensteiner Institute, Schloss Hohenstein, Bönnigheim

  *Seiten: 1, 4, 5, 22, 31, 32, 36, 37, 38, 39, 58, 59, 61, 62, 63, 66, 69, 70, 75, 77, 78, 79, 80, 81, 84, 85, 86, 87, 88, 90, 91, 94, 95, 96, 97, 99, 100, 101, 150, 152, 163, 164, 165, 166, 167, 215, 218, 257, 258, 259, 260, 266, 271, 274, 275, 283, 284, 287.*

- Betrich, Fred; *Kulturgeschichte des Waschens*, Düsseldorf 1966

  *Seiten: 19, 25, 27, 28, 34, 35, 42, 45, 48, 64, 65, 67, 68, 71, 72, 73, 76, 82, 83, 90, 98, 102, 103, 105, 108, 109, 110, 111, 112, 116, 217, 235, 252, 254, 261, 262, 267, 270, 272, 273, 276, 282.*

- Orland, Barbara; *Wäsche waschen, Technik und Sozialgeschichte der häuslichen Wäschepflege*, Hamburg 1991

  *Seiten: 74, 128, 129, 137, 138, 143, 144, 161, 177, 178, 180, 183, 186, 187, 189, 198, 202, 207, 209, 212, 238, 241, 243, 244, 246, 248.*

- Bohmert, Friedrich; *Hauptsache sauber? Vom Waschen und Reinigen im Wandel der Zeit*, Würzburg 1988

  *Seiten: 2, 3, 7, 9, 11, 15, 16, 33, 40, 47, 53, 117, 136, 139, 179, 184, 221, 241, 247, 253, 255, 256, 263.*

- Grünn, Helene; *Wäsche waschen, Volkskunde aus dem Lebensraum der Donau*, Wien 1978

  *Seiten: 8, 41, 49, 106, 225, 264, 265, 268, 269, 278, 279, 285, 286.*

- Joclet, Victor, *Die Kunst- und Feinwäscherei in ihrem ganzen Umfang*, Dritte Auflage, Wien/Leipzig o. J. (ca. 1900)

  *Seiten: 130, 140, 145, 146, 147, 148, 151, 168, 194, 195, 196.*

- Pape, Lutz; Weinert, Hans-Jürgen; *Bottichwaschmaschinen und Haustelegraph*, Braunschweig 1993

  *Seiten: 130, 171, 176, 181, 211, 220, 222.*

- Radeck, Otto; *Die Behandlung der Wäsche nach den neuen Erfahrungen*, Zehnte Auflage, Freiburg (Schlesien) 1912

  *Seiten: 153, 154.*

- Buchholz Wilhelmine; *Wasser und Seife, oder Allgemeines Wäschebuch*, Hamburg und Leipzig 1868

  *Seiten: 149, 160, 162, 227, 228, 229, 231.*

- Heyl, Hedwig; *Häusliche Wäsche*, Berlin 1919

  *Seiten: 113, 122, 199, 236.*

- Silberzahn-Jandt, Gudrun; *Wasch-Maschine, Zum Wandel von Frauenarbeit im Haushalt*, Marburg 1991

  *Seiten: 20, 21, 37, 39, 39, 46, 56, 126, 133.*

- Schroeder, Käthe; *Waschen und Bügeln leicht gemacht*, Stuttgart 1930

  *Seiten: 127, 200.*

- Orland, Barbara; *Haushaltsträume, Ein Jahrhundert der Technisierung und Rationalisierung im Haushalt*, Königstein/Taunus 1990

  *Seiten: 6, 10, 23, 172, 188, 213, 249, 250, 251.*

- Delille, Angela; Grohn, Andrea; *Geschichten der Reinlichkeit*, Frankfurt 1986:

  *Seiten: 54, 55, 92, 170, 203.*

■ Huber, Josef; *Chemische Wäscherei im eigenen Heim,* Diessen o. J.
  *Seite: 118.*

■ Hochfelden, Brigitte; Niedner, Maria; *Das Buch der Wäsche,* Leipzig o. J. (ca. 1900)
  *Seiten: 93, 115, 208, 210, 214, 216.*

■ Archivbilder Hohensteiner Institute, Bönnigheim, Schloss Hohenstein
  *Seiten: 43, 57, 123, 141, 142.*

■ Sinn, Adalise; *Wäschepflege im Haushalt*
  *Seiten: 223, 224, 237.*

■ Michaelis; Maschinenfabrik, München, Katalog o. J. (ca. 1930)
  *Seiten: 231, 232.*

■ Holler'sche Carlshütte: Rendsburg, Katalog 1928
  *Seite: 234.*

■ Nelson & Kreutter: Chicago, 1901
  *Seite: 245.*

■ Wilhelm Cordes: Lette, Katalog o. J. (ca. 1930)
  *Seiten: 158, 159, 169, 182, 204, 239.*

■ Werkfotos:
  - AEG; *Seite 192;*
  - Bauknecht; *Seite 193;*
  - BSH; *Seite 191;*
  - Miele; *Seiten: 155, 157, 173, 174, 175, 190, 233.*

■ Die nicht zugeordneten Abbildungen sind allgemein zugänglichen Enzyklopädien bzw. Nachschlagewerken oder der Publikumspresse entnommen.

# 9. Sachwortverzeichnis